"十三五"职业教育国家规划教材

校企"双元"合作开发教材
21世纪高职高专规划教材
国际经济与贸易系列

Customs Declaration Practice

报关实务

（第4版）

主　编　叶红玉
副主编　王　巾　张　勇

中国人民大学出版社
·北京·

图书在版编目（CIP）数据

报关实务 / 叶红玉主编．-- 4 版．-- 北京：中国人民大学出版社，2021.6

21 世纪高职高专规划教材．国际经济与贸易系列

ISBN 978-7-300-29434-6

Ⅰ.①报… Ⅱ.①叶… Ⅲ.①进出口贸易—海关手续—中国—高等职业教育—教材 Ⅳ.①F752.5

中国版本图书馆 CIP 数据核字（2021）第 105705 号

"十三五"职业教育国家规划教材

校企"双元"合作开发教材

21 世纪高职高专规划教材·国际经济与贸易系列

报关实务（第 4 版）

主　编　叶红玉

副主编　王巾　张勇

Baoguan Shiwu

出版发行	中国人民大学出版社		
社　　址	北京中关村大街 31 号	**邮政编码**	100080
电　　话	010－62511242（总编室）		010－62511770（质管部）
	010－82501766（邮购部）		010－62514148（门市部）
	010－62515195（发行公司）		010－62515275（盗版举报）
网　　址	http://www.crup.com.cn		
经　　销	新华书店		
印　　刷	北京密兴印刷有限公司	**版　　次**	2013 年 12 月第 1 版
开　　本	787 mm×1092 mm　1/16		2021 年 6 月第 4 版
印　　张	17.75 插页 1	**印　　次**	2023 年 12 月第 9 次印刷
字　　数	400 000	**定　　价**	43.00 元

前 言
PREFACE

党的二十大报告指出，我国要坚持高水平对外开放，加快构建以国内大循环为主体、国内国际双循环相互促进的新发展格局。近年来，虽然我国的进出口贸易总值仍保持增长趋势，但进出口贸易面临国际贸易摩擦和新冠疫情的影响而面临较多的困难。为此，各级海关坚持服务高水平改革开放，持续优化跨境贸易营商环境，支持外贸促稳提质。海关总署坚持全业务领域一体化改革，深入推进“两步申报”等通关改革，深化关检业务融合，不断增强改革的系统性、整体性、协同性。海关管理政策的不断变革，要求高职院校报关类课程的教学要同步调整教学内容。《报关实务》（第 4 版）正是根据海关政策最新变革相应修订而成。

在职业教育领域，党的二十大要求“统筹职业教育、高等教育、继续教育协同创新，推进职普融通、产教融合、科教融汇，优化职业教育类型定位”。《报关实务》（第 4 版）的编写继续遵循职业教育特点，全面融入党的二十大精神。教材根据《报关服务作业规范》《报关服务质量要求》等行业标准设计编写内容，参照最新的国家教学标准设计编写方案，具备以下特点：

1. 类型定位，技能为本

高职教育的类型特点是注重培养学生的实践操作技能，本教材的内容主要是介绍报关业务的操作技能。教材内容的设计理念强化职业教育类型定位，根据“任务引领、项目导向”的思路（如下表所示），先把报关业务总结为贸易管制判断、进出口商品归类、报关单填制、进出口税费核算和不同类型货物的报关业务流程设计等典型工作任务，然后把这些典型工作任务的操作内容和技能要求编写为不同的教学项目，每个项目的编写内容，以实践操作为主，以理论知识为辅，突出关务操作技能的培养。

企业报关业务典型工作任务（技能）	教材对应的编写项目
1. 贸易管制判断	导论（含贸易管制）
2. 进出口商品归类	项目一　进出口商品归类
3. 报关单填制	项目二　报关单填制
4. 进出口税费核算	项目三　进出口税费核算
5. 报关业务流程设计	项目四　一般进出口货物报关 项目五　保税加工货物报关 项目六　跨境电商货物报关

2. 产教融合，课赛融合

本教材的编写团队具有校企合作、产教融合的特点，成员来自高职院校和报关企业。主编叶红玉教授是浙江商业职业技术学院报关类课程的专职教师，副主编王巾是台州职业技术学院副教授，副主编张勇是北京岸谷关务咨询有限公司的业务经理、资深关务专家。编写团队具有丰富课堂教学经验和关务实战经验，融合多年来指导学生关务技能竞赛的心得，兼顾全国关务水平测试的要求，使本教材既适合课堂理论和实训教学，也适合用于指导学生技能竞赛。

3. 科教融汇，资源丰富

本教材属于新形态教材，在教材内容的呈现方面体现“科教融汇”和“教育数字化”的特点。一方面，通过纸质教材的二维码链接更多的拓展类教学资源；另一方面，出版社提供线上教学视频和在线自测练习。出版社向任课教师提供授课 PPT、常见业务单证、练习题答案等教学资源，配备教学交流的 QQ 群，力求使教师在授课时能方便地使用本教材。

4. 图文并茂，易学够用

本教材大部分项目都配备了操作流程图和知识点归纳比较表，并附大量实际工作所涉及的单证，每一个项目都设计了项目导入和操作示范，让学生更容易理解教材内容，体验报关工作的程序、内容和方法，有助于提高学生实际动手能力和解决具体问题的能力。

《报关实务》（第4版）在第3版的基础上作了修订，在每个项目内容开始前增加了引导语，在各项目中插入二维码拓展教学资源，同时对全书的内容做了较多的修改，主要包括：在“导论”中插入“关检融合”的介绍，大幅修改了对外贸易管制的内容，以突出进出口许可和出入境检验检疫两方面的实践操作技能；在“进出口商品归类”项目中增加了商品编码查询的途径，精简了原任务四“各类商品归类”的内容，只保留了食品类商品的归类要点介绍；在“报关单填制”项目中增加了报关单的分类和用途，完善了报关单填制说明，增加了大量的拓展教学资源，补充了退运货物的报关单审核要求；在“进出口税费核算”项目中更新了《进出口税则》的截图、行邮物品的“完税价格表”、计算例题的数据等；在“一般进出口货物报关”项目中增加了进出口报检、“两步申报”的内容和大量的拓展教学资源，修改了代理报关企业接单业务、配合海关查验业务、放行后作业的介绍；在“保税加工货物报关”项目中增加了保税核注清单样式及填制规范，根据海关政策变化更新了电子手（账）册设立、外发加工、深加工结转等业务的介绍；在“跨境电商货物报关”项目中增加了退货管理规定，更新了跨境电商 B2C 网购保税模式进口的通关流程，增加了单一窗口操作的说明。此外，本次修订对教材存在的错误、不规范之处进行了修正，删除了重复或过时的内容，增加部分实用单据及内容。

本教材由叶红玉设计编写方案并负责全书的统稿工作，编写人员分工为：叶红玉负责编写导论、项目一、项目二、项目六，高文雅负责编写项目三、牟子颖负责编写项目四、台州职业技术学院王巾负责编写项目五，北京岸谷关务咨询有限公司张勇经理提供行业实践素材并负责业务指导。

在编写过程中，我们参阅了大量文献，并得到报关企业和海关等朋友的帮助，在此向文献作者和朋友们表示衷心的感谢！

本书可作为高校关务与外贸服务专业、国际经济与贸易专业、国际商务专业、商务英语专业、物流专业及其他相关专业的教材，也可作为企业关务人员的培训参考用书。

编 者

目　录
CONTENTS

导论

报关是商品进出境时必须办理的一项业务，涉及海关及外贸企业、报关行、国际运输企业等部门或机构，是对外开放和对外贸易活动中的重要一环。导论部分从报关的基本概念出发，介绍海关的基本知识和海关管理的重要改革、报关单位的基础知识、海关对报关单位的分类管理，阐述我国对外贸易管制的主要制度及其在报关活动中的应用。

学习目标

［知识目标］

1. 掌握报关、报关单位、通关一体化、许可证件、贸易管制等基本概念，熟悉报关的分类和形式。了解海关任务、通关一体化改革的管理要点、海关的管理体制与组织机构。

2. 熟悉海关对报关单位的分类管理、报关单位注册登记制度、AEO认证制度。

3. 了解我国对外贸易管制的基本框架，熟悉进出口许可制度和出入境检验检疫制度。

［能力目标］

1. 能查询报关活动相关企业的信用等级。

2. 能根据案例情景判断海关对报关单位的分类管理措施。

3. 能根据货物的HS编码查询商品的监管条件及相应的监管证件名称。

4. 能初步判断货物进出口是否有贸易管制措施。

项目导入

小王是2020年应届毕业生，顺利找到了报关岗位的工作，单位为上海YY报关公司。2020年7月，在小王实习工作结束后不久，上海YY报关公司收到上海XX摩托车有限公司（统一社会信用代码：913100007×××98223N）出口一批摩托车（商品编码：8711100010，监管条件代码：46Axy）的报关委托，本批货物非加工贸易项下产品，预计出口时间为2020年8月初。

工作任务：

（1）核实该商品的HS编码，确认有无出口管制措施。

（2）根据任务（1），审核上海XX摩托车有限公司是否提供了充足的报关资料，资料上的数据是否相互一致。

任务一　认识报关

一、报关的含义

报关是指进出口货物收发货人、进出境运输工具负责人、进出境物品的所有人或者他们的代理人向海关办理货物、物品或运输工具进出境手续及相关海关事务的过程。

《中华人民共和国海关法》

现行《中华人民共和国海关法》（以下简称《海关法》）规定："进出境运输工具、货物、物品，必须通过设立海关的地点进境或出境。"因此，通过设立海关的地点进出境并办理规定的海关手续是运输工具、货物、物品进出境的基本规则，也是进出境运输工具负责人、进出口货物收发人、进出境物品的所有人应履行的一项基本义务。

小贴士

报关与通关

在进出境活动中，我们经常使用“报关”和“通关”这两个概念。两者都是对运输工具、货物、物品进出境而言的，但报关侧重从海关行政管理相对人的角度出发，指向海关办理进出境及相关手续，而通关既包括海关行政管理相对人向海关办理有关手续，也包括海关对进出境运输工具、货物、物品依法进行监督管理，核准其进出境的管理过程。

二、报关的分类

（一）按照报关的对象分类

按照报关的对象，报关可分为运输工具的报关、货物的报关和物品的报关。

（二）按照货物的流向分类

按照货物的流向，报关可分为进境报关和出境报关。

（三）按照报关的行为性质分类

按照报关的行为性质，报关可分为自理报关和代理报关。

（1）自理报关：指进出口货物收发货人自行办理报关业务。

（2）代理报关：指接受进出口货物收发货人的委托，代理其办理报关业务的行为。代理报关又分直接代理和间接代理两种类型。

1）直接代理：指代理报关企业以委托人的名义（报关单中“境内收发货人”为委托人）进行报关。

2）间接代理：指代理报关企业在进行报关的时候以自己的名义进行报关。间接代理只适用于经营快件业务的国际货物运输代理业务。

三、报关的形式

（一）有纸报关与无纸报关

有纸报关需要在海关系统进行报关数据申报后，凭海关要求的报关材料再去海关柜面交单，须现场海关在系统内人工放行，凭海关加盖验讫章的放行单证才可提取/装运货物。

无纸报关只需在系统申报，海关可直接在系统中放行单证，放行后报关单位会收到系统回执（无纸化进/出口查验/放行通知书）。

有纸报关与无纸报关法律效力相同，但无纸报关自动化操作程度高、通关速度快、成本低，是现在普遍的报关形式。

（二）口岸报关与一体化报关

口岸报关是指报关单位在货物的实际进出境口岸海关报关。

一体化报关是指全国通关一体化改革后报关单位可以自主选择申报海关，按一体化模式报关。通关一体化模式下全国海关如同一关，可实现属地报关、口岸验放。

（三）逐票报关与集中报关

逐票报关是指每一批货物进出境时都填制报关单向海关进行报关。

集中报关是指境内收发货人在经过备案后，在同一口岸多批次进出口规定范围内的货物，先以清单的形式申报货物进出口，在规定的期限内再以报关单集中办理海关手续的特殊通关方式。

（四）提前报关与运抵报关

提前报关是指先报关、后将货物运抵海关监管区。

运抵报关是指先将货物运抵海关监管区、后报关。

小贴士

报关活动相关网站

1. 中华人民共和国商务部网站（http://www.mofcom.gov.cn）及地方商务主管部门网站

在这里，你可以办理与外贸活动相关的各类业务申请与审批，了解最新贸易管理政策内容、权威统计数据等。

2. 中华人民共和国海关总署网站（http://www.customs.gov.cn）及地方海关网站

在这里，你可以了解海关各项政策，登录“互联网+海关”模块后在线办理相关业务。

3. 中国电子口岸网站（http://www.chinaport.gov.cn）及地方电子口岸网站

在这里，你可以了解口岸动态，在线办理多种通关业务，查询各种通知。

4. 中国国际贸易单一窗口（https://www.singlewindow.cn）

在这里，你可以在线办理各项通关事务，了解通关政策，查询相关数据。

任务二　认识海关

一、海关的性质与任务

（一）海关的性质

《海关法》第二条规定：“中华人民共和国海关是国家的进出关境监督管理机关。”这一规定明确了海关的性质，其包括以下含义：

1. 海关是国家行政机关

海关是国务院的直属机构，是代表国家对进出境的运输工具、货物、物品的进出境活动进行监督管理的行政机关。

2. 海关是国家进出关境监督管理机关

海关实施监督管理的范围是进出关境及与之有关的活动；海关实施监督管理的对象是所有进出关境的运输工具、货物、物品。

3. 海关的监督管理活动是国家行政执法活动

海关执法的依据是《海关法》和其他有关法律、行政法规。海关总署也可以根据法律和国务院的法规、决定、命令制定规章，作为执法依据的补充。省、自治区、直辖市人民代表大会和人民政府不得制定海关法律规范，其指定的地方法规、规章也不是海关执法的依据。

（二）海关的任务

依据现行《海关法》，海关的基本任务有监督管理、征收税费、查缉走私、编制海关统计等。

1. 监督管理

监督管理是海关依法对进出境运输工具、货物、物品进出境活动所实施的一种行政管理，是海关全部行政执法活动的统称。

2. 征收税费

征收税费工作包括征收关税和进口环节海关代征税（包括增值税和消费税），依据是《海关法》和《中华人民共和国进出口关税条例》。

3. 查缉走私

《海关法》第五条规定："国家实行联合缉私、统一处理、综合治理的缉私体制。海关负责组织、协调、管理查缉走私工作。"可见海关是打击走私的主管机关。除海关以外，公安、工商、税务、烟草专卖等也有查缉走私的权力，但这些部门查获的走私案件，必须按法律规定统一处理。

什么是走私

4. 编制海关统计

海关统计以实际进出口货物作为统计和分析的对象，进出境物品超过自用、合理数量的，也列入海关统计。

四项基本任务是一个统一的、有机联系的整体，监督管理是四项基本任务得以实现的基础。除上述四项基本任务外，知识产权海关保护、海关反倾销、反补贴调查等也是当今海关的任务。关检融合后，出入境检验检疫管理也成为海关的任务。

二、海关的管理体制与组织机构

（一）海关的管理体制

1. 海关的领导体制

垂直领导就是下级工作部门直接由上级同类型工作部门指挥和领导。《海关法》第三条规定："国务院设立海关总署，统一管理全国海关。海关的隶属关系，不受行政区划的限制。海关依法独立行使职权，向海关总署负责。"因此，我国海关实行集中统一的垂直领导体制。

2. 海关的设关原则

国家在对外开放的口岸和海关监管业务集中的地点设立海关。

"对外开放的口岸"是指由国务院批准，允许运输工具及所载人员、货物、物品直接出入国（关）境的港口、机场、车站、边境通道。国家规定，在对外开放的口岸必须设置海关、出入境检验检疫机构。

"海关监管业务集中的地点"是指虽非国务院批准对外开放的口岸，但是海关某类或者某几类监管业务比较集中的地方，如转关运输监管、保税加工监管等。

（二）海关的组织机构

海关组织机构设置不受行政区划限制，分为三级：海关总署→直属海关→隶属海关。三级海关的组织架构如图 0－1 所示。其中，海关缉私警察是专司打击走私犯罪活动的警察队伍。由海关总署、公安部联合组建的走私犯罪侦查局，设在海关总署，实行海关总署和公安部双重领导、以海关领导为主的体制。

海关总署是全国海关的最高领导机关；直属海关是指直接由海关总署领导，负责管理一定区域范围内海关业务的海关；隶属海关是指由直属海关领导，负责办理具体海关业务的海关。各级海关还设有办事机构，属于派出机构，其职权和业务范围由派出单位确定并管辖。

海关总署概况

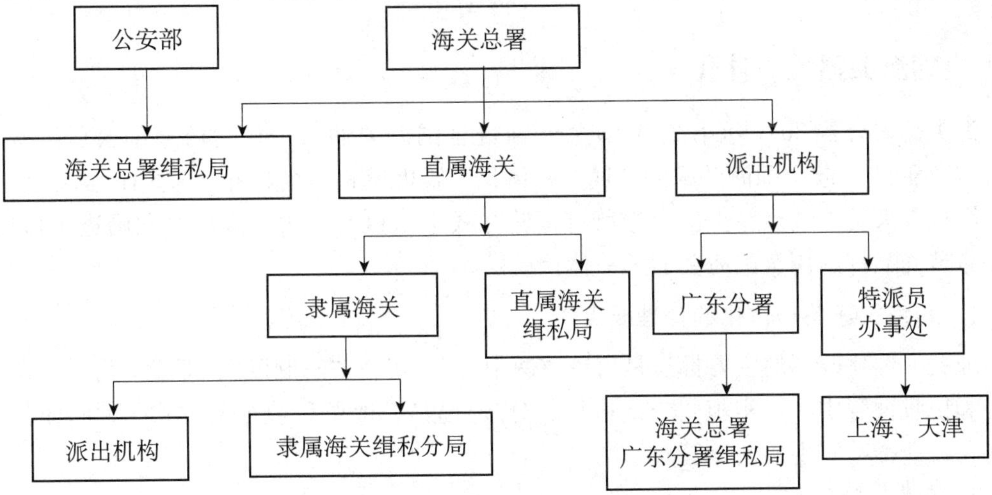

图 0－1　海关的组织机构

各级海关的机构设置如表 0－1 所示。

表 0－1　各级海关的机构设置

海关总署内设机构	直属海关内设机构（举例）	隶属海关内设机构（举例）
办公厅（国家口岸管理办公室）	办公室（党委办公室）	办公室（党委办公室）
政策法规司	法规处	法规科
综合业务司	综合业务处	综合业务科
司自贸区和特殊区域发展司	自贸区和特殊区域发展处	特殊区域管理科
风险管理司		
关税征管司	关税处	关税科
卫生检疫司	卫生检疫处	监管科
动植物检疫司	动植物检疫处	查验科
进出口食品安全局	进出口食品安全处	机场监管科
商品检验司	商品检验处	跨境电商监管科
口岸监管司	口岸监管处	保税监管科
统计分析司	统计分析处	统计分析科

续前表

海关总署内设机构	直属海关内设机构（举例）	隶属海关内设机构（举例）
企业管理和稽查司	企业管理处	企业管理科
缉私局（全国打击走私综合治理办公室）	稽查处	稽查科
国际合作司（港澳台办公室）		
财务司	财务处	财务科
科技发展司	科技处	科技科
督察内审司	督察内审处	督察内控科
人事教育司	人事处（党委组织部）	人事政工科
机关党委（思想政治工作办公室）	教育处	物流管理科
离退休干部局		运输工具监管科

三、全国海关通关一体化

海关总署公告2017年第25号《关于推进全国海关通关一体化改革的公告》确定了2017年7月1日起全国海关采用“通关一体化”管理模式，企业可以选择任意海关完成报关、缴税等海关手续。在全国口岸所有运输方式进出口的《中华人民共和国进出口税则》全部章节商品都适用全国海关通关一体化模式。

（一）海关通关一体化的管理要点

通关一体化改革的主要标志是启用“两中心”、实施“三制度”。即设立海关风险防控中心和税收征管中心，实施“一次申报、分步处置”，改革税收征管方式，通过隶属海关功能化改造推动实现协同监管。

1. 海关风险防控中心

海关总署在上海、青岛、广州黄埔设立了三个一级风险防控中心。海关风险防控中心主要承担货物的安全准入风险防控工作；负责供应链企业的风险评估；负责报关单安全准入风险参数设置及后续处置。海关总署还在各直属海关设立二级风险防控中心。两级风险防控中心分别负责全域性和本关区安全准入风险防控，形成错位分工、协同叠加的工作格局。

2. 税收征管中心

税收征管中心设立了三个，包括海关总署税管中心（上海）、海关总署税管中心（广州）、海关总署税管中心（京津）。税管中心（上海）负责机电大类（机电、仪器仪表、交通工具类）商品，税管中心（广州）负责化工大类（化工原料、高分子、能源、矿产、金属类等）商品，税管中心（京津）负责农林、食品、药品、轻工、杂项、纺织类及航空器等商品。

税收征管中心的主要职责是按照商品和行业分工，对涉税申报要素的准确性进行验证和处置，重点防控涉及归类、价格、原产地等税收征管要素的税收风险。

3. 一次申报、分步处置

海关原来的通关流程是接受申报、审单、查验、征税、放行的“串联式”作业流程。

全国海关通关一体化改革后，采用“一次申报、分步处置”的新型通关管理模式，在企业完成报关和税款自报自缴手续后，安全准入风险主要在口岸通关现场处置，税收征管要素风险主要在货物放行后处置，如表0-2所示。

表0-2 “一次申报、分步处置”管理模式

通关阶段	实施主体	操作内容
企业一次申报	申报企业	申报、自主缴税或担保
海关第一步（放行前）	风险防控中心、口岸海关（通关监管）	货物准入审查
海关第二步（放行后）	税收征管中心、属地海关（后续稽查）	税收征管审查

在“一次申报、分步处置”管理模式下，企业在一次申报阶段可以进行电子申报、计算税费、线上缴纳税款或提供担保等操作。在企业申报后，海关第一步管理包括：由风险防控中心分析货物是否存在禁限管制、侵权、品名规格数量伪瞒报等安全准入风险属性，决定是否下达布控指令，排查准入风险后企业自缴税或提供担保后放行。若需要在放行前验核有关单证、留存相关单证/图像等资料的，由现场验估岗进行放行前处置；若需要实施实货验估的，由现场查验人员根据指令要求实施放行前实货验估处置。海关第二步管理包括：由税收征管中心在货物放行后对报关单税收征管要素实施批量审核，筛选风险目标，统筹实施放行后验估、稽（核）查等作业。

4. 改革税收征管方式

税收征管方式的主要改革是实行“自主申报、自行缴税”（以下简称“自报自缴”）。目前，企业可在办理海关预录入时自行选择是否“自报自缴”。

企业未选择“自报自缴”模式的，进口货物仍按原有税收征管模式办理，海关接受企业申报后审核涉税要素，组织验估、查验等作业，企业按海关审核的税费缴纳后，海关放行货物。

企业选择“自报自缴”模式的，企业在报关单申报系统对系统显示的税费计算结果进行确认，发送报关单并被海关接受后就可自行办理相关税费缴纳手续。货物放行后，海关根据风险分析对企业申报的价格、归类、原产地等税收征管要素进行抽查审核。

5. 隶属海关功能化建设

隶属海关分为口岸型、属地型、综合型三大类。对隶属海关进行功能化的改造，是为了让不同的海关承担不同的任务，分别进行相关业务的处理，其中，口岸型海关主要负责对货物进行通关现场监管，属地型海关主要是对企业进行后续的稽查和信用管理，形成不同海关协同监管。

此外，实施隶属海关功能化改造后，全国海关各现场设立综合业务岗、现场验估岗，使海关所有业务现场可以像银行网点一样，“一窗通办”所有海关业务。

（二）通关一体化的优点

（1）企业便利申报，可以自主选择申报的海关，消除了申报的关区限制。

（2）海关执法统一，在两个中心的处置下，全国通关的政策和规定在执行标准上更加一致。

（3）通关效率大大提高，口岸通关环节弱化海关验核，企业“自报自缴”，通关手续前推（归类预裁定、预审价、原产地预确定）后移（加大通关后报关单批量复核和海关稽查的力度），使企业节约通关时间和通关成本。

四、关检融合

关检融合指的是国家将出入境检验检疫管理职能和队伍划入海关总署，实现报关和报检的融合。为了认真贯彻执行党中央国务院下发的《有关深化党和国家机构改革方案》，海关总署制定了《全国通关一体化关检业务全面融合框架方案》，明确了海关、原国检申报系统及数据合并整合，目标是做到五个统一，即申报统一、系统统一、风控统一、指令下达统一、现场执法统一，并于2018年8月1日起实施。

关检融合的总体思路是“两变两不变”。“两变”指：一是执法内容拓宽，海关将检验检疫作业融入全国通关一体化整体框架和流程，在“两中心”与现场作业各岗位、各环节整合检验检疫工作职责与内容，实现“整合申报”“查检合一”“多查合一”；二是管理手段延伸，海关将管理进一步延伸至进出境商品的境外和境内生产加工、存放、使用单位管理等环节。“两不变”指：一是业务架构不变，保持全国通关一体化“中心—现场式”基本架构；二是作业流程不变，保持“一次申报、分步处置”的基本流程。

任务三　认识报关单位

一、报关单位的含义及类型

报关单位是指依法在海关注册登记的境内进出口货物收发货人和报关企业。

报关单位的类型如图0－2所示。

- 报关单位
  - 进出口货物收发货人（自理报关）
    - 有进出口经营权（有登记备案表）
    - 无进出口经营权（无登记备案表，从事非贸易性活动）
  - 报关企业（代理报关）
    - 货运代理公司［可直接代理，也可间接代理（快件）］
    - 专业报关公司（只能直接代理）

图0－2　报关单位的类型

二、报关单位的注册（备案）登记

报关企业经所在地直属海关或者其授权的隶属海关办理注册登记许可后，方能办理报关业务。进出口货物收发货人可以直接到所在地海关办理注册登记。报关单位可以在办理注册登记手续的同时办理所属报关人员备案。报关企业设立分支机构的，应向分支机构所在地海关备案。报关企业对其分支机构的行为承担法律责任。

进出口收发货人也可选择“多证合一”方式提交申请。申请人办理工商注册登记时，可同步办理《报关单位注册登记证书》（进出口货物收发货人），按照要求勾选进出口货物收发货人的备案登记，并补充填写相关备案信息。市场监管部门按照“多证合一”流程完成登记，并在总局层面完成与海关总署的数据交换。海关确认接收到企业工商注册信息和商务备案信息后即完成企业备案，企业无须再到海关办理备案登记手续。

根据全国海关通关一体化关检业务全面整合有关工作部署，海关总署公告 2018 年第 143 号（关于推进关检整合优化报关单位注册登记有关事项的公告）进一步简化和优化报关单位注册登记，相关规定如下：

（一）关于提交报关单位注册登记申请

自 2018 年 10 月 29 日起，企业在互联网上申请办理报关单位注册登记有关业务（含许可、备案、变更、注销）的，可以通过“中国国际贸易单一窗口”标准版（以下简称“单一窗口”，网址：http://www.singlewindow.cn）“企业资质”子系统或“互联网+海关”（网址：http://online.customs.gov.cn）“企业管理”子系统填写相关信息，并向海关提交申请。申请提交成功后，企业需到所在地海关企业管理窗口提交申请材料。

（二）关于《报关单位情况登记表》

企业办理报关单位注册登记时应当提交加盖企业印章的《报关单位情况登记表》。

报关单位情况登记表样式

（三）关于报关单位注册登记证书发放

自 2018 年 10 月 29 日起，对完成注册登记的报关单位，海关向其核发的《海关报关单位注册登记证书》自动体现企业报关、报检两项资质。报关企业和进出口货物收发货人的《海关报关单位注册登记证书》均为长期有效。

报关单位注册登记证书样式

（四）关于信息查询

企业可以通过“单一窗口”或“互联网+海关”查询本企业在海关的注册登记信息。

三、海关对报关单位的分类管理（以总署令第 251 号为准）

海关总署令第 251 号（《中华人民共和国海关注册登记和备案企业信用管理办法》）及公告 2021 年第 86 号规定了海关对报关单位的信用分类管理相关制度及法律文书。

（一）AEO 制度

AEO（Authorized Economic Operator）是指经中国海关认证的经营者，也就是认证企业。AEO 制度是指中国海关对进出口报关活动相关企业进行 AEO 认证，依法开展与其他国家或者地区海关的 AEO 互认，并给予互认 AEO 企业相应通关便利措施。

海关总署令第 251 号

申请认证的企业应当符合《海关认证企业标准》。海关总署 2018 年公告第 177 号规定了通用标准和进出口货物收发货人、报关企业、外贸综合服务企业单项标准；海关总署公告 2019 年第 229 号规定了跨境电子商务平台企业、进出境快件运营人单项标准。《海关认证企业标准》分为一般认证企业标准和高级认证企业标准。海关对高级认证企业应当每 3 年重新认证一次，对一般认证企业不定期重新认证。重新认证前，海关应当通知企业，

海关总署公告 2021 年第 86 号

并且参照企业认证程序进行重新认证。对未通过重新认证的，调整企业信用等级。

企业向海关申请成为认证企业的，海关按照《海关认证企业标准》对企业实施认证。海关应当自收到企业书面认证申请之日起90日内做出认证结论。特殊情形下，海关认证时限可以延长30日。通过认证的企业，海关制发《认证企业证书》；未通过认证的企业，海关制发《不予适用认证企业管理决定书》。未通过认证的企业1年内不得再次向海关提出认证申请。

认证企业被海关调整为一般信用企业管理的，1年内不得申请成为认证企业。认证企业被海关调整为失信企业管理的，2年内不得成为一般信用企业。高级认证企业被海关调整为一般认证企业管理的，1年内不得申请成为高级认证企业。

（二）海关信用等级管理措施

海关根据报关单位的信用状况将报关单位认定为高级认证企业、一般认证企业、一般信用企业和失信企业，按照诚信守法便利、失信违法惩戒原则，分别适用相应的管理措施，如表0-3所示。

表0-3 不同管理类别企业的差别管理措施

企业类别	高级认证企业	一般认证企业	一般信用企业	失信企业
信用状况	信用突出	信用良好	信用一般	信用较差
管理措施	适用相应的通关便利措施		适用常规管理措施	适用严密监管措施

海关根据社会信用体系建设有关要求，与国家有关部门实施守信联合激励和失信联合惩戒，推进信息互换、监管互认、执法互助（简称“三互”）。

1. 一般认证企业适用的管理原则和措施

（1）进出口货物平均查验率在一般信用企业平均查验率的50%以下。

（2）优先办理进出口货物通关手续。

（3）海关收取的担保金额可以低于其可能承担的税款总额或者海关总署规定的金额。

（4）进出口货物平均检验检疫抽批比例在一般信用企业平均抽批比例的50%以下（法律、行政法规、规章或者海关有特殊要求的除外）。

（5）出口货物原产地调查平均抽查比例在一般信用企业平均抽查比例的50%以下。

（6）优先办理海关注册登记或者备案以及相关业务手续，除首次注册登记或者备案以及有特殊要求外，海关可以实行容缺受理或者采信企业自主声明，免予实地验核或者评审。

（7）海关总署规定的其他管理措施。

2. 高级认证企业适用的管理原则和措施

高级认证企业除适用一般认证企业管理原则和措施外，还适用下列管理措施：

（1）进出口货物平均查验率在一般信用企业平均查验率的20%以下。

（2）可以向海关申请免除担保。

（3）减少对企业稽查、核查频次。

（4）可以在出口货物运抵海关监管区之前向海关申报。

（5）海关为企业设立协调员。

（6）AEO互认国家或者地区海关通关便利措施。

（7）国家有关部门实施的守信联合激励措施。

（8）因不可抗力中断国际贸易恢复后优先通关。

（9）进出口货物平均检验检疫抽批比例在一般信用企业平均抽批比例的 20%以下（法律、行政法规、规章或者海关有特殊要求的除外）。

（10）出口货物原产地调查平均抽查比例在一般信用企业平均抽查比例的 20%以下。

（11）优先向其他国家（地区）推荐食品、化妆品等出口企业的注册。

（12）海关总署规定的其他管理措施。

3. 一般信用企业适用的管理原则和措施

一般信用企业适用常规管理措施，没有特别规定。

4. 失信企业适用的管理原则和措施

（1）进出口货物平均查验率在 80%以上，平均检验检疫抽批比例在 80%以上。

（2）不予免除查验没有问题企业的吊装、移位、仓储等费用。

（3）不适用汇总征税制度。

（4）除特殊情形外，不适用存样留像放行措施。

（5）经营加工贸易业务的，全额提供担保。

（6）提高对企业稽查、核查频次。

（7）国家有关部门实施的失信联合惩戒措施。

（8）海关总署规定的其他管理措施。

（三）报关单位信用状况的认定

申请认证的企业应当符合《海关认证企业标准》。

1. 一般信用企业

企业有下列情形之一的，海关认定为一般信用企业：

（1）首次注册登记的企业。

（2）认证企业不再符合《海关认证企业标准》，并且未发生构成失信企业情形的。

（3）自被海关认定为失信企业之日起连续 2 年未发生构成失信企业情形的。

2. 失信企业

企业有下列情形之一的，海关认定为失信企业：

（1）有走私犯罪或者走私行为的。

（2）非报关企业 1 年内违反海关监管规定行为次数超过上年度报关单、进出境备案清单、进出境运输工具舱单等相关单证总票数千分之一且被海关行政处罚金额累计超过 100 万元的；报关企业 1 年内违反海关监管规定行为次数超过上年度报关单、进出境备案清单、进出境运输工具舱单等相关单证总票数万分之五且被海关行政处罚金额累计超过 30 万元的；当年注册登记或者备案的非报关企业、报关企业，1 年内因违反海关监管规定被海关行政处罚金额分别累计超过 100 万元、30 万元的，海关认定为失信企业。

（3）拖欠应缴税款或者拖欠应缴罚没款项的。

（4）未按照规定向海关提交《企业信用信息年度报告》，被海关列入信用信息异常企业名录超过 90 日的。

（5）假借海关或者其他企业名义获取不当利益的。

（6）向海关隐瞒真实情况或者提供虚假信息，影响企业信用管理的。

（7）抗拒、阻碍海关工作人员依法执行职务，情节严重的。

（8）因刑事犯罪被列入国家失信联合惩戒名单的。

（9）企业有违反国境卫生检疫、进出境动植物检疫、进出口食品化妆品安全、进出口商品检验规定被追究刑事责任的。

（10）海关总署规定的其他情形。

（四）报关单位信用等级的管理

（1）因企业信用状况认定结果不一致导致适用的管理措施相抵触的，海关按照就低原则实施管理。

（2）认证企业涉嫌走私、违反海关监管规定、违反检验检疫管理规定被立案侦查或者调查的，海关可以暂停适用相应管理措施，按照一般信用企业实施管理。

（3）企业因进口禁止进境的固体废物违反海关监管规定，被海关行政处罚的，1年内不得申请适用海关认证企业管理；已经适用认证企业管理的，海关应当向下调整信用等级。

（4）在海关备案的报关企业分支机构，其信用等级应当与所属报关企业信用等级保持一致，报关企业应当对其分支机构行为承担相应的信用管理责任。

（5）企业有分立合并情形的，海关对企业信用状况的认定结果按照以下原则做出调整：

1）企业发生存续分立，分立后的存续企业承继分立前企业的主要权利义务的，适用海关对分立前企业的信用状况认定结果，其余的分立企业视为首次注册登记或者备案企业。

2）企业发生解散分立，分立企业视为首次注册登记或者备案企业。

3）企业发生吸收合并，合并企业适用海关对合并后存续企业的信用状况认定结果。

4）企业发生新设合并，合并企业视为首次注册登记或者备案企业。

（五）企业信用等级查询

报关活动相关企业的信用等级，可以在中国海关企业进出口信用信息公示平台（http://credit.customs.gov.cn）查询。首先，登录平台网站后输入企业名称，如图0-3所示。在弹出的初步信息窗口中点击企业名称，如图0-4所示。

中国海关企业进出口信用信息公示平台

图0-3　企业进出口信用信息公示平台查询界面

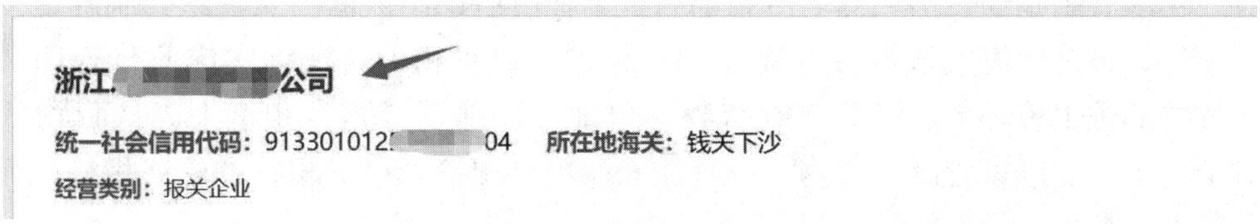

图 0－4　企业信用信息搜索结果

在弹出的界面的右上角显示了该企业的信用等级状况，也可点击“信用等级”按钮查看具体信息，如图 0－5 所示。

图 0－5　企业信用信息详情

任务四　认识对外贸易管制

国际贸易并非自由贸易，不是任何商品都能进口或出口；即使是可以进出口的货物，国家也可能有一些限制性的管理制度，企业需要得到相关主管部门的许可之后才能办理报关业务。为此，企业需要在开展外贸业务之前了解贸易管制方面的相关政策，以保证贸易和通关的顺利完成。

一、对外贸易管制的含义

对外贸易管制是政府的一种强制性行政管理行为，是指一国政府从国家的宏观经济利益、国内外政策需要以及为履行所缔结或加入国际条约的义务出发，为对本国的对外贸易活动实现有效的管理而颁布实行的各种制度以及所设立相应管理机构及其活动的总称。

对外贸易管制的主要内容是对外国商品的进口管制和对本国商品的出口管制。国家对外国商品实施进口限制一般是出于保护本国生产和国内生产厂家的利益、改善本国的国际收支状况等经济目的，而对本国商品实施出口管制一般是出于外交政策和国家安全等方面的目的。

对外贸易管制是通过国家商务主管部门及其他政府部门依据国家贸易管制政策发放各类许可证件、最终由海关依据许可证件对实际进出口货物的合法性实施监督管理来实现的。在货物的进出境环节，海关审查货物、单证、证件三者是否相符来确认货物的合法性。对于进出口受国家管制的货物，只有在确认单单相符、单货相符、单证相符、证货相符的情况下，海关才予以放行。

二、我国对外贸易管制的基本框架和法律体系

（一）基本框架

我国对外贸易管制是一种综合管理制度，主要由下列制度构成：

1. 对外贸易经营者管理制度

我国对外贸易经营者的管理实行备案登记制。依法定程序在商务主管部门备案登记，取得对外贸易经营权，方可在国家允许的范围内从事对外贸易经营活动。

对部分进出口商品实施国营贸易管理，或在一定期限内实施国营贸易管理。实行国营贸易管理的进出口业务只能由授权企业经营，属国营范畴但国家允许非授权企业经营的除外。国营贸易管理的货物和授权企业的目录、名单由商务部动态调整并发布。

2. 进出口许可制度

国家对商品的进出口许可类型分为禁止进出口、限制进出口、自由进出口三种管理模式。

禁止进出口货物目录

（1）禁止进出口。

对于禁止进出口的货物或技术，我国制定了《禁止进口货物目录》《禁止出口货物目录》《禁止进口、限制进口技术管理办法》等制度。要核实某个商品是否属于禁止进/出口的范围，可以查询上述目录，或者通过查询商品的海关监管条件代码的途径得知（监管条件代码“8”表示禁止出口，代码“9”表示禁止进口），如图0－6所示。

商品编码	4402900010				
商品名称	以木材为原料直接烧制的木炭				
申报要素	0:品牌类型;1:出口享惠情况;2:材质;3:是否活化;4:碳含量;5:挥发份;6:GTIN;7:CAS;				
法定第一单位	千克	法定第二单位	无		
最惠国进口税率	6%	普通进口税率	70%	暂定进口税率	-
消费税率	-	出口关税率	0%	出口退税率	0%
增值税率	13%	海关监管条件	8	检验检疫类别	无
商品描述	以木材为原料直接烧制的木炭				

图0－6 禁止出口货物的监管条件

（2）限制进出口。

我国限制进口的货物按照其管理方式可分为许可证件管理和关税配额管理，限制出口的货物按照其管理方式可分为配额管理和许可证件管理（如图0－7所示），进出口企业必须事先获得许可证件或配额才能向海关申报货物进出口，海关核实许可证件无误后才予以

放行，但暂时进出境货物、进入特殊监管区货物等特殊情况免予验证管理。

- 限制进出口的货物
  - 限制进口
    - 许可证件管理
      - 进口许可证管理：部分进口货物、技术，12类重点旧机电产品，两用物项和技术
      - 进口配额许可证管理：受控的消耗臭氧层物质
      - 其他许可证件管理：其他要求许可证件的商品
    - 关税配额管理：部分农产品，部分化肥
  - 限制出口
    - 配额管理：部分农产品、活禽活兽、资源性产品、贵金属、消耗臭氧层物质
    - 许可证件管理：濒危物种，两用物项和技术，黄金及其制品，部分出口商品

图 0-7　限制进出口的货物

关于限制进出口货物的相关政策规定，可以登录商务部网站查询，按“首页”→“政务公开”→“政策发布”→“对外贸易管理”的路径打开页面浏览，“对外贸易管理”的部分公告目录如图 0-8 所示。

图 0-8　商务部网站“对外贸易管理”的部分公告目录

（3）自由进出口。

除国家禁止、限制进出口货物、技术外的其他货物、技术，均属于自由进出口范围。但要注意的是，国家对部分属于自由进口的货物实行自动进口许可管理（货物的监管条件代码为“7”或“O”），对自由进出口的技术实行技术进出口合同登记管理。

3. 出入境检验检疫制度

出入境检验检疫制度是指由国家进出境检验检疫部门依据我国有关法律和行政法规以及我国政府所缔结或者参加的国际条约、协定，对进出境的货物、物品及其包装物、交通运输工具、运输设备和进出境人员实施检验检疫监督管理的法律依据和行政手段的总和。2018 年“关检合一”之后，原国家质量监督检验检疫总局的出入境检验检疫管理职责和队伍划入海关总署，因此我国出入境检验检疫的主管机构为海关。

出入境检验检疫的目的是维护国家声誉和对外贸易有关当事人的合法权益，保证国内的生产、促进对外贸易的健康发展、保护我国的公共安全和人民生命财产安全等，是国家主权的具体体现。

我国出入境检验检疫制度包括进出口商品检验制度、进出境动植物检疫制度、国境卫生监督制度、食品安全监管制度，相关的法律依据分别是《中华人民共和国进出口商品检验法》《中华人民共和国进出境动植物检疫法》《中华人民共和国国境卫生检疫法》《中华人民共和国食品安全法》，以及各自相应的实施条例。

列入《出入境检验检疫机构实施检验检疫的进出境商品目录》（以下简称《法检目录》）以及其他法律法规规定需要检验检疫的货物在进出口时，企业必须办理报检手续并经海关检验检疫合格后方可装运出境、进境后销售或使用。对《法检目录》外的进出境货物，海关实施抽查的监督管理制度。

4. 外汇管理制度

国家对出口货物的收汇、进口货物的付汇都要进行监督管理，主管部门是国家外汇管理局（简称外管局或外汇局）及各地的分支机构，管理依据是《中华人民共和国外汇管理条例》，外汇管理的目的是加强外汇管理，促进国际收支平衡，促进国民经济健康发展。

国家对进出口货物贸易的外汇管理要点是：货物贸易的外汇收支应当具有真实、合法的交易基础。外管局对贸易外汇管理的方式由现场逐笔核销改变为非现场总量核查，通过货物贸易外汇监测系统，全面采集企业货物进出口和贸易外汇收支逐笔数据，定期比对、评估企业货物流与资金流总体匹配情况，便利合规企业贸易外汇收支；对存在异常的企业进行重点监测，必要时实施现场核查。

出口企业的外汇收入，可以自行保留为现汇存款或者卖给银行（结汇）。进口企业对外付汇可以用自有现汇存款或向银行购买外汇（售汇）。经营结汇、售汇业务的银行等金融机构应当对交易单证的真实性及其与外汇收支的一致性进行合理审查，外管局对金融机构的结汇、售汇业务进行监督检查。

外管局根据企业贸易外汇收支的合规性，对企业进行分类管理，将企业分为A、B、C三类：对A类企业进口付汇单证进行简化，可凭进口报关单、合同或发票等任何一种能够证明交易真实性的单证在银行直接办理付汇，出口收汇无须联网核查；银行办理收付汇审核手续相应简化。对B、C类企业在贸易外汇收支单证审核、业务类型、结算方式等方面实施严格监管，B类企业贸易外汇收支由银行实施电子数据核查，C类企业贸易外汇收支须经外汇局逐笔登记后办理。

5. 贸易救济制度

贸易救济措施是国家为了保护本国贸易安全而制定的措施。我国的贸易救济措施主要包括反倾销、反补贴、保障措施。贸易救济措施的管理目标主要通过设置进口货物的惩罚性临时关税来实现。

（二）法律体系

对外贸易管制涉及的法律渊源只限于宪法、法律、行政法规、部门规章、国际条约，不包括地方性法规、规章，也不包括各民族自治区政府的地方条例和单行条例。

（1）法律：如《中华人民共和国对外贸易法》。

（2）行政法规：如《中华人民共和国货物进出口管理条例》。

（3）部门规章：如《货物进出口许可证管理办法》。

（4）国际条约、协定：如《关于消耗臭氧层物质的蒙特利尔议定书》。

三、核实进出口货物是否需要许可证件或检验检疫资质许可

图 0-9 《中国海关报关实用手册》

（一）监管证件许可

要核实货物进出口时是否需要相关的许可证件，可以通过查询商品监管条件的方式获知。查询监管条件可以通过工具书或网站进行。常见的关务查询工具书是《中国海关报关实用手册》（如图 0-9 所示）。

不同于《中华人民共和国进出口税则》，《中国海关报关实用手册》的内容既包括税率，也包括法定计量单位和监管条件，如表 0-4 所示。

表 0-4 《中国海关报关实用手册》的内容示例

商品编号	商品名称及备注	进口关税税率（%）		增值税率（%）	出口退税率（%）	计量单位	监管条件
		最惠国	普通				
0204	鲜、冷、冻绵羊肉或山羊肉						
0204100000	鲜或冷的整头及半头羔羊	15	70	9	6	千克	7AB
0204210000	鲜或冷的整头及半头绵羊肉	23	70	9	6	千克	7AB
0204220000	鲜或冷的带骨绵羊肉	15	70	9	6	千克	7AB
0204230000	鲜或冷的去骨绵羊肉	15	70	9	6	千克	7AB
0204300000	冻的整头及半头羔羊	15	70	9	6	千克	7AB

登录相关的专业网站也可查询商品的监管条件。例如：可以登录通关网的“申报要素查询”功能（http://www.hscode.net/IntegrateQueries/QueryYS）来查询商品的监管条件代码。如图 0-10 所示，在“商品编码”栏输入 HS 编码，点击右边的放大镜进入查询。

货物的监管条件查询网站

鼠标滚动到页面的下方，可以看到查询结果有很多信息，其中包括监管条件，如图 0-11 所示。

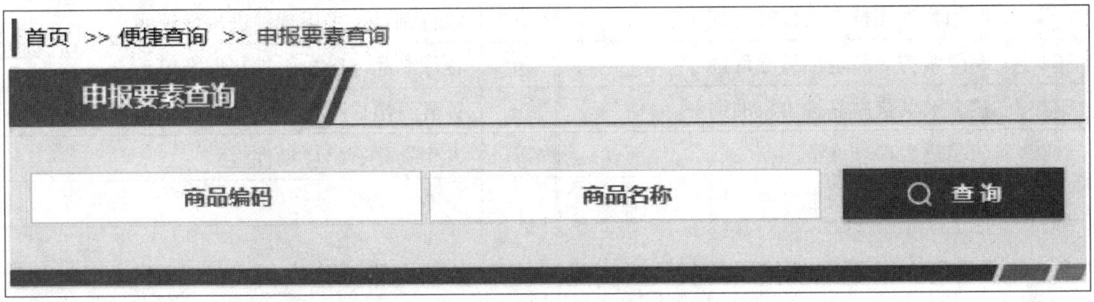

图 0-10 通关网的“申报要素查询”入口

商品编码	1006302001		
商品名称	长粒米精米		
申报要素	1:品名;2:品牌类型;3:出口享惠情况;4:种类;5:加工方法[去壳、未去壳];6:粒长;7:长宽比;8:包装		
法定第一单位	千克	法定第二单位	无
最惠国进口税率	1%	普通进口税率	180%
消费税率	-	出口关税率	0%
增值税率	9%	海关监管条件	4xAByt
商品描述	长粒米精米不论是否磨光或上光(配额内)		

图 0－11　通关网申报要素查询结果

各监管证件的代码和名称详见表 0－5，但要注意，在实际工作中有些监管证件代码并没有罗列在表中。此外，“许可证”与“许可证件”不是同一个意思，“许可证”是“许可证件”中的一种类型。

表 0－5　监管证件代码表（部分）

代码	许可证件或批文名称	代码	许可证件或批文名称
1	进口许可证	O	自动进口许可证（新旧机电产品）
2	两用物项和技术进口许可证	Q	进口药品通关单
3	两用物项和技术出口许可证	R	进口兽药通关单
4	出口许可证	S	进出口农药登记证明
5	纺织品临时出口许可证	U	合法捕捞产品通关证明
6	旧机电产品禁止进口	V	人类遗传资源材料出口、出境证明
7	自动进口许可证	X	有毒化学品环境管理放行通知单
8	禁止出口商品	Z	赴境外加工光盘进口备案证明
9	禁止进口商品	b	进口广播电影电视节目带（片）提取单
A	检验检疫	d	援外项目任务通知函
B	电子底账	f	音像制品（成品）进口批准单
D	出/入境货物通关单（毛坯钻石用）	g	技术出口合同登记证
E	濒危物种允许出口证明书	i	技术出口许可证
F	濒危物种允许进口证明书	k	民用爆炸物品进出口审批单
G	两用物项和技术出口许可证（定向）	m	银行调运人民币现钞进出境证明
I	麻醉精神药品进出口准许证	n	音像制品（版权引进）批准单
J	黄金及黄金制品进出口准许证	u	钟乳石出口批件
L	药品进出口准许证	z	古生物化石出境批件
M	密码产品和设备进口许可证		

凡是有海关监管条件代码的货物，在进出境环节海关都要验核相应的许可证件，因此要特别注意这些许可证件的报关规范，表 0－6 显示了主要的许可证件的报关规范。

海关对多数许可证件实行“一批一证”和“一证一关”的管理制度。“一批一证”表示该许可证件在有效期内只能针对证件上载明的某一批货物使用一次，“非一批一证”则表示该许可证件在有效期内可以使用多次，适用于多批货物的进/出境。“一证一关”则表示该许可证件只能在某一个海关使用。因此，对于许可证件的使用，要注意证件的有效期和延期的相关规定，以及使用次数的限制。

表 0-6　部分许可证件报关规范

<table>
<tr><th>许可证件</th><th>发证机构</th><th>有效期</th><th>使用管理</th><th>备注</th></tr>
<tr><td>进口许可证</td><td rowspan="2">商务部配额许可证事务局、商务部驻各地特派员办事处、地方发证机构（省级商务主管部门）</td><td>1 年，当年有效，最迟延期至次年 3 月 31 日</td><td rowspan="2">“一证一关”，一般情况实行“一批一证”</td><td rowspan="2">“非一批一证”时使用最多不超过 12 次，原油、成品油最后一批装运可溢短装 3%，其他大宗、散装货物可溢短装 5%</td></tr>
<tr><td>出口许可证</td><td>不得超过 6 个月，当年有效，最迟不超过次年 2 月底</td></tr>
<tr><td>两用物项和技术进口许可证</td><td rowspan="2">商务部授权的省级商务主管部门</td><td rowspan="2">1 年，当年有效，最迟延期至次年 3 月 31 日</td><td>“非一批一证”和“一证一关”</td><td rowspan="2">凭批准文件才能申领两用物项和技术进出口许可证</td></tr>
<tr><td>两用物项和技术出口许可证</td><td>“一批一证”和“一证一关”</td></tr>
<tr><td>自动进口许可证（分为机电类代码“O”和非机电类代码“7”两种）</td><td>商务部配额许可证事务局、商务部驻各地特派员办事处、地方发证机构、地方机电产品进出口办公室</td><td>6 个月，当年有效</td><td>“一批一证”，对部分货物“非一批一证”</td><td>“非一批一证”时使用最多不超过 6 次。原油、成品油、化肥、钢材最后一批装运可溢短装 3%，其他大宗、散装货物可溢短装 5%</td></tr>
</table>

（二）检验检疫资质许可

有些商品的进出口还需要企业在办理报检报关手续前事先获得海关或其他主管部门的企业资质或产品资质审批或备案，如表 0-7 所示。

表 0-7　检验检疫企业资质或产品资质情况表（部分）

<table>
<tr><th></th><th>出境</th><th>进境</th></tr>
<tr><td rowspan="6">企业资质</td><td>出境动物及其产品、其他检疫物的生产、加工、存放单位注册登记</td><td>进境动物产品国外生产、加工、存放单位注册登记</td></tr>
<tr><td>出境植物及其产品、其他检疫物的生产、加工、存放单位注册登记</td><td>进境植物产品国外生产、加工、存放单位注册登记</td></tr>
<tr><td>出口食品生产企业备案核准</td><td>进口食品境外生产企业注册</td></tr>
<tr><td>出口食品原料种植场、养殖场备案</td><td>进口食品化妆品进口商备案</td></tr>
<tr><td></td><td>进口食品化妆品境外出口商/代理商备案</td></tr>
<tr><td></td><td>进口棉花境外供货商登记</td></tr>
</table>

续前表

	出境	进境
产品资质	出境特殊物品卫生检疫审批	进境特殊物品卫生检疫审批
		强制性产品认证（CCC）或免予办理强制性产品认证
		进境（过境）动物及其产品检疫审批
		进境（过境）植物及其产品检疫审批
		进口涂料检验检疫登记备案

四、核实进出口货物是否需要报检

（一）查看商品的监管条件代码

根据商品 HS 编码查看商品的监管条件代码可以判断其是否属于《法检目录》内的商品。凡是监管条件代码有“A”的表示该商品进口时需要报检，凡是监管条件代码有“B”的表示该商品出口时需要报检。

需要注意的是，除了《法检目录》内的货物之外，有些货物进出口时也属于法定检验检疫的范围，因而也是需要报检的，如进口捐赠医疗器械、进口成套设备、进口危险化学品、来自传染病疫区的进境货物等，具体要根据海关的规定。

当货物属于法定检验货物时，需要核实货物的检验类别。在通关网查询监管条件时，可同时查到检验检疫类别，如图 0－11 所示。检验检疫类别的代码的含义如表 0－8 所示。

表 0－8　法定检验检疫类别代码表

类别代码	类别代码名称	检查重点
M	进口商品检验	检查商品的质量、规格、重量、包装等是否符合安全、卫生要求
N	出口商品检验	
P	进境动植物、动植物产品检疫	为防止动物传染病、寄生虫病和植物危险性病、虫、杂草以及其他有害生物传入、传出国境
Q	出境动植物、动植物产品检疫	
R	进口食品卫生监督检验	检查进出境食品是否符合质量和卫生要求
S	出口食品卫生监督检验	
L	民用商品入境验证	对国家实行进口质量许可制度和强制性产品认证的民用商品要核验证书
V	进境卫生检疫	为了防止传染病由国外传入或者由国内传出
W	出境卫生检疫	

（二）熟悉需要检验的重点商品

核实进出口货物是否需要报检也可以查询《法检目录》。《法检目录》中的商品在进出口时必须办理报检手续，目录中涉及进口检验的商品要多于出口检验的商品（监管条件代码“A”明显多于“B”），即海关检验的重点在于进口商品。需要检验的重点商品主要有：

1. 进出口动植物产品及食品

动植物产品及食品进口前一般需要向海关申请完成境外生产企业注册、境外出口商备案、国内进口商（收货人）备案。此外，洽谈进口贸易前，国内进口商还需要向海关申请“进境动植物检疫许可证”。货物到港后，进口商委托报关企业向海关报检，若检验合格，海关签发“入境货物检验检疫证明”等证书，然后报关企业才可进行下一步的报关手续。

动植物产品及食品出口前一般需要国内生产/加工/存储企业向海关申请完成备案，报关前先向海关报检，海关检验合格后报关企业才可进行下一步的报关手续。

2. 进出口化工产品

很多化工产品进口或出口时需要报检，有些化工产品还属于危险品。其中，化妆品一般进出口都需要报检，并且洽谈进出口贸易前要先向海关申请获得生产企业（出口时）或收货人（进口时）注册或备案。此外，涂料进口企业也需要在洽谈进口贸易前向海关总署指定的机构申请备案，然后在进口时办理报检手续。

3. 进口机电产品

很多机电产品在进口时需要报检。其中，对列入《强制性产品认证目录》的机电产品，进口商还需要事先向中国国家认证认可监督管理委员会（简称国家认监委）指定的认证机构申请获得“强制性产品认证证书”，并且在货物上加贴“CCC”认证标志。对列入《实施能源效率标识的产品目录》的机电产品，国内生产商（出口时）或进口商（进口进）需要事先向中国标准化研究院备案能效标识，并且在货物上加贴能效标识。

国家认监委网站

对于进口风险程度高的旧机电产品（产品范围由海关公布），进口商需要向海关或其指定的海外检验机构申请“装运前检验”，货物运抵我国口岸后凭“装运前检验证明”办理报检、报关手续。

4. 危险品出口的运输包装、出口货物的木质包装

危险品出口的运输包装容器均列入法定检验的范围。危险品出口前，危险品包装的生产企业应向海关申请获得“出入境货物包装性能检验结果单”，然后危险品货物的生产企业凭“出入境货物包装性能检验结果单”会同其他资料向海关申请获得“出境危险货物运输包装使用鉴定结果单”。

根据国际植物保护公约组织（IPPC）规定，进出口货物的原木材料包装在出口国要进行除害处理，并加贴“IPPC”除害处理标识。出口企业需要向在海关备案过的木质包装生产企业购买除害过的木质包装，并要求提供“出境货物木质包装除害处理合格凭证”。

（三）核实是否属于海关抽检的商品范围

《中华人民共和国进出口商品检验法实施条例》第四条规定：“出入境检验检疫机构对法定检验以外的进出口商品，根据国家规定实施抽查检验。”因此，报关人员需要注意查看海关公告的抽检商品范围。例如：2020 年 8 月 21 日，海关总署发布《关于开展 2020 年度法定检验商品以外进出口商品抽查检验工作的公告》（海关总署公告 2020 年第 95 号），公布了法定检验商品以外的部分进出口商品实施抽查检验的商品范围，自公告发布之日起实施抽查检验。

操作
示范

一、核实对外贸易管制措施

上海 YY 报关公司的报关员首先核实了发货人提供的商品名称及商品编码情况，确认编码无误。该商品的监管代码为“46Axy”，其中的“4”适用该批货物的出口申报，表明该批货物的出口申报需要向海关提供“出口许可证”。

另外，摩托车产品的出口企业需要获得资质认定。小王登录商务部网站的网页，按“首页→政务公开→政策发布→对外贸易管理”的路径找到了一条题为“关于公布 2020 年度符合申请汽车、摩托车、非公路用两轮摩托车及全地形车出口许可证条件企业名单的公告”的公告，内容如图 0－12 所示。

首页 > 政策发布 > 对外贸易管理

来源：商务部对外贸易司　类型：原创　分类：政策　2019-12-31 16:49

关于公布2020年度符合申请汽车、摩托车、非公路用两轮摩托车及全地形车出口许可证条件企业名单的公告

为做好汽车、摩托车产品出口管理工作，根据《商务部 工业和信息化部 海关总署 质检总局 国家认监委关于进一步规范汽车和摩托车产品出口秩序的通知》（商产发〔2012〕318号），商务部、工业和信息化部、海关总署、市场监管总局审核确定了2020年度符合申领汽车和摩托车产品出口许可证条件的企业名单，现予以公布。

附件：1.2020年度符合申领汽车出口许可证条件企业名单.docx

2.2020年度符合申领摩托车出口许可证条件企业名单.doc

3.2020年度符合申领非公路用两轮摩托车和全地形车出口许可证条件企业名单.doc

图 0－12　符合申领摩托车出口许可证条件企业名单

打开“附件 2”链接的页面，报关员核实确认上海 XX 摩托车有限公司具有申领摩托车出口许可证的条件，可以申领出口许可证。

二、审核资料数据

小王审查了上海 XX 摩托车有限公司提供的报关资料，着重检查了出口许可证内容与其他报关资料数据的一致性。在确认所有的报关材料齐全、数据准确后，向海关进行了申报。

出口许可证的内容如表 0－9 所示。

表 0－9　中华人民共和国出口许可证

EXPORT LICENCE OF THE PEOPLE'S REPUBLIC OF CHINA　　No. 7018173

出口商： Exporter： 上海 XX 摩托车有限公司（913100007×××98223N）	3. 出口许可证号： Export Licence No.： 20－××－60138
发货人： Consignor： 上海 XX 摩托车有限公司（913100007×××98223N）	4. 出口许可证有效截止日期： Export licence expiry date： 年　月　日
5. 贸易方式： Terms of trade： 一般贸易	8. 进口国（地区）： Country /Region of purchase： 西班牙
6. 合同号： Contract No.： SP2018056	9. 支付方式： Payment conditions： 信用证
7. 报关口岸： Place of clearance： 浦东海关	10. 运输方式： Mode of transport： 水路运输
11. 商品名称： Description of goods： ××牌四冲程摩托车（排气量≤50cc）	商品编码 Code of goods： 8711100010

12. 规格、等级 Specification	13. 单位 Unit	14. 数量 Quantity	15. 单价（USD） Unit price	16. 总值（USD） Amount	17. 总值折美元 Amount in USD
XS50Q－5	辆	16	430.00	6 880.00	6 880.00
18. 总计 Total	辆	16		6 880.00	6 880.00

19. 备注 Supplementary details	20. 发证机关签章 Issuing authority's stamp & signature 21. 发证日期： Licence date：　年　月　日

问题探究

2017 年 12 月 28 日，重庆通耀铸锻有限公司一票申报出口至美国的 19.93 吨车辆装配用件，在重庆海关隶属黔江海关办结相关手续，总价 27.33 万元，这是黔江海关正式开关当日办理的首票海关业务。

讨论：

（1）为什么会在重庆市黔江区设立海关？

（2）黔江海关属于什么级别的海关？

思考练习

一、不定项选择题

在线自测：导论

二、查询商品的监管条件

请查询以下商品的监管条件，并说明进出口时需要向什么部门办理什么许可证件。

序号	商品编码	商品名称	监管条件
1	0105941000	超过185克改良种用鸡	
2	0203220010	冻带骨野猪前腿肉	
3	2710199100	润滑油	
4	2909110000	乙醚	
5	4401390000	锯末	
6	3926300000	塑料制家具	
7	6204520000	棉制女式裙子	
8	8456301010	数控放电加工机床	
9	8703223090	小轿车	
10	8516102000	即热式电热水器	

项目一
进出口商品归类

商品的HS编码是报关单的一项填报内容（商品编号），进出口商品的归类就是根据商品信息确定商品的HS编码，归类工作必须在货物申报前完成。商品的HS编码归属直接影响进出口商品适用的进出口税率、出口退税率、贸易管制措施、海关贸易统计等，错误的商品归类不仅会直接造成报关单的修改或撤销，也可能导致海关处罚，使企业面临被罚款或补缴税的经济风险、企业信用等级向下调整的信用风险，严重的还可能导致归类相关人员被追究刑事责任。因此，进出口商品归类是一项十分重要且专业性很强的工作。本项目将从商品归类基本制度、归类的法律依据入手，介绍归类总规则，阐述归类的基本方法，归纳食品类商品的归类要点。

学习目标

[知识目标]

1. 掌握《商品名称及编码协调制度》和《中华人民共和国进出口税则》中商品的分类和编码排列规律。

2. 了解进出口商品归类的海关行政管理的内容。

3. 掌握《商品名称及编码协调制度》归类总规则，熟悉食品类商品归类要点。

[能力目标]

1. 能根据商品的具体资料对食品类商品进行正确归类。

2. 能说明归类思路和归类依据。

项目导入

安徽A公司进口了一批薯片，约在1个月后到达上海。该批商品包括罐装薯片和袋装薯片两种规格。由于是初次进口这类商品，安徽A公司在进口前需要核实这批商品的税号，并核实该批货物的监管条件。业务员经了解发现，两种规格的薯片虽然原始材料都是马铃薯，但生产工艺流程却不相同。

罐装薯片生产工艺流程：将马铃薯粉料和液料混合→压片→成型→油炸→加调味料→整理→冷却→包装。

袋装薯片生产工艺流程：马铃薯原料选择→洗涤→去皮→切片→洗片→预煮→冷却→着色→脱水→油炸→调味冷却→包装。

工作任务：

（1）确定该批商品的8位税号。

（2）核实该批商品的监管条件。

任务一　我国的商品归类管理

一、《商品名称及编码协调制度》

（一）《商品名称及编码协调制度》的基本结构

海关合作理事会1983年通过《协调制度公约》及其附件《商品名称及编码协调制度》，简称《协调制度》或HS，以统一确定商品的分类。这个制度于1988年1月1日生效后被广泛用于海关税则、国际贸易统计、原产地规则、贸易管制等多个领域，并进行了数次修订。

《协调制度》分为21类97章，每一章（编码前2位数字）由若干品目（编码前4位数字）构成，品目下又设子目（编码5—8位数字）。为避免各品目和子目所列商品发生交叉归类，在类、章下加有“类注”“章注”和子目注释。

从“类”的排列来看，《协调制度》基本是按照社会生产的分工来对商品进行分“类”的。

从“章”的排列来看，《协调制度》基本按照商品的自然属性或功能、用途来划分。

从“品目”的排列看，一般是原材料先于成品，加工程度低的产品先于加工程度高的产品，列名具体的品种先于列名一般的品种。

（二）HS编码的查询

查询《协调制度》的结构或商品的HS编码，可通过《中华人民共和国进出口税则》（以下简称《进出口税则》）或一些专业网站（如“归类通”）或“中国海关归类化验”App客户端等途径进行。

1. 通过归类通网站查询

归类通网站

在归类通网站（https://hs.e-to-china.com.cn），先在首页的搜索框中随便输入一个商品，然后点击“归类一下”，在得到的搜索结果中，点击“查看税号结构”（如图1-1所示），便可进入海关进出口税则列表页面，把列表中所有减号点一下合起来，便可看到《协调制度》的21类排列结构（如图1-2所示）。

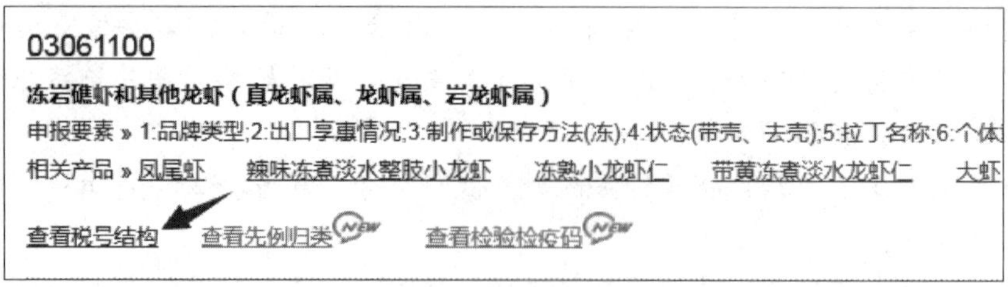
03061100
冻岩礁虾和其他龙虾（真龙虾属、龙虾属、岩龙虾属）
申报要素 » 1:品牌类型;2:出口享惠情况;3:制作或保存方法(冻);4:状态(带壳、去壳);5:拉丁名称;6:个体
相关产品 » 凤尾虾 辣味冻煮淡水整肢小龙虾 冻熟小龙虾仁 带黄冻煮淡水龙虾仁 大虾
查看税号结构 查看先例归类 NEW 查看检验检疫码 NEW

图1-1 归类通搜索结果页面

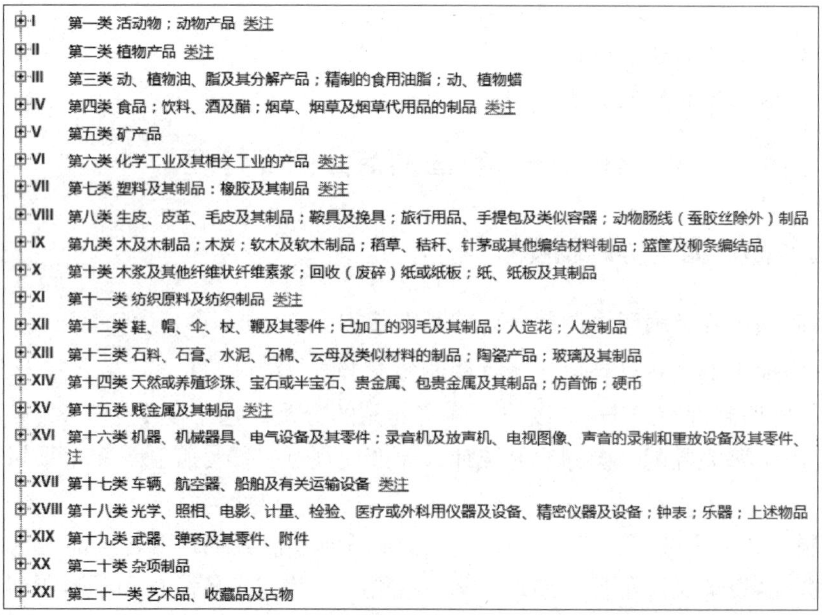
I 第一类 活动物；动物产品 类注
II 第二类 植物产品 类注
III 第三类 动、植物油、脂及其分解产品；精制的食用油脂；动、植物蜡
IV 第四类 食品；饮料、酒及醋；烟草、烟草及烟草代用品的制品 类注
V 第五类 矿产品
VI 第六类 化学工业及其相关工业的产品 类注
VII 第七类 塑料及其制品；橡胶及其制品 类注
VIII 第八类 生皮、皮革、毛皮及其制品；鞍具及挽具；旅行用品、手提包及类似容器；动物肠线（蚕胶丝除外）制品
IX 第九类 木及木制品；木炭；软木及软木制品；稻草、秸秆、针茅或其他编结材料制品；篮筐及柳条编结品
X 第十类 木浆及其他纤维状纤维素浆；回收（废碎）纸或纸板；纸、纸板及其制品
XI 第十一类 纺织原料及纺织制品 类注
XII 第十二类 鞋、帽、伞、杖、鞭及其零件；已加工的羽毛及其制品；人造花；人发制品
XIII 第十三类 石料、石膏、水泥、石棉、云母及类似材料的制品；陶瓷产品；玻璃及其制品
XIV 第十四类 天然或养殖珍珠、宝石或半宝石、贵金属、包贵金属及其制品；仿首饰；硬币
XV 第十五类 贱金属及其制品 类注
XVI 第十六类 机器、机械器具、电气设备及其零件；录音机及放声机、电视图像、声音的录制和重放设备及其零件、注
XVII 第十七类 车辆、航空器、船舶及有关运输设备 类注
XVIII 第十八类 光学、照相、电影、计量、检验、医疗或外科用仪器及设备、精密仪器及设备；钟表；乐器；上述物品
XIX 第十九类 武器、弹药及其零件、附件
XX 第二十类 杂项制品
XXI 第二十一类 艺术品、收藏品及古物

图1-2 《协调制度》21类商品排列结构

2. 通过“中国海关归类化验”App 查询

打开“中国海关归类化验”App 后，首页显示如图 1-3 所示。点击首页的“HS 税目结构”，再按类、章、品目的顺序，点开某一个品目之后，默认显示的是类注，页面底部有“类注”“章注”“品目注释”“HS 税目结构”四个功能菜单可以切换，如图 1-4 所示。在底部点“HS 税目结构”，就能得到子目级的商品排列，如图 1-5 所示。这个 App 提供了“类注”“章注”“品目注释”的查询功能，如图 1-6 所示。

图 1-3　“中国海关归类化验”App 首页

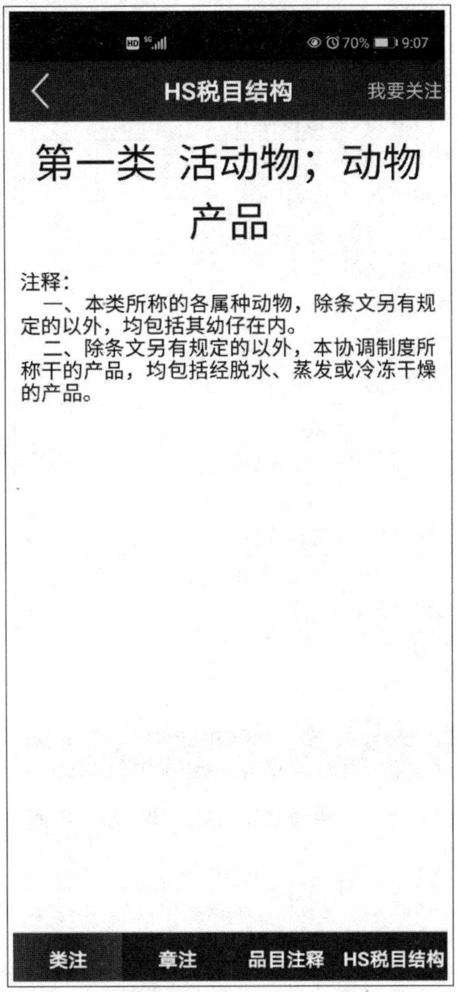

图 1-4　“中国海关归类化验”类注界面

二、我国海关进出口商品分类目录

《协调制度》中的编码只有 6 位数，我国在《协调制度》的基础上增设本国子目（三级和四级子目），分别编制出《进出口税则》和《中华人民共和国海关统计商品目录》，并根据《协调制度》的修订情况对它们同步进行修订。

《进出口税则》中的税则号列简称税号，每个商品的税号是 8 位数，每个税号的商品都对应一定的税率。税号中的第 7～8 位数就是我国根据实际情况加入的“本国子目”，第

7 位数字属于三级子目，第 8 位数字属于四级子目，如图 1－7 所示。

HD 5G 70% 9:08

HS税目结构　我要关注

税则号列	商品名称
0105	家禽，即鸡、鸭、鹅、火鸡及珍珠鸡：
01051	-重量不超过185克：
010511	--鸡：
01051110	---改良种用
01051190	---其他
010512	--火鸡：
01051210	---改良种用
01051290	---其他
010513	--鸭：
01051310	---改良种用
01051390	---其他
010514	--鹅：
01051410	---改良种用
01051490	---其他
010515	--珍珠鸡：
01051510	---改良种用
01051590	---其他
01059	-其他：
010594	--鸡：
01059410	---改良种用

类注　章注　品目注释　HS税目结构

图 1－5　“中国海关归类化验”税目界面

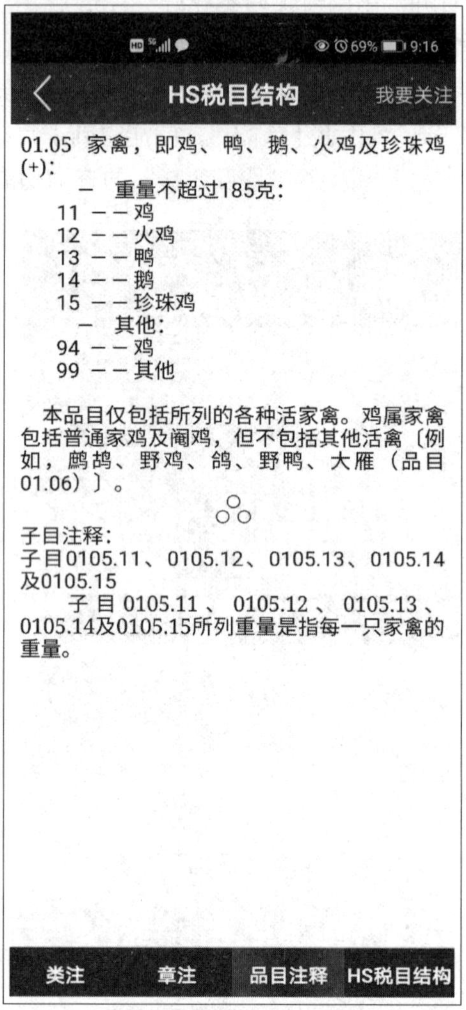

HD 5G 69% 9:16

HS税目结构　我要关注

01.05 家禽，即鸡、鸭、鹅、火鸡及珍珠鸡(+)：

－ 重量不超过185克：
11 －－鸡
12 －－火鸡
13 －－鸭
14 －－鹅
15 －－珍珠鸡
－ 其他：
94 －－鸡
99 －－其他

本品目仅包括所列的各种活家禽。鸡属家禽包括普通家鸡及阉鸡，但不包括其他活禽〔例如，鹧鸪、野鸡、鸽、野鸭、大雁（品目01.06）〕。

子目注释：
子目0105.11、0105.12、0105.13、0105.14及0105.15

子目 0105.11、0105.12、0105.13、0105.14及0105.15所列重量是指每一只家禽的重量。

类注　章注　品目注释　HS税目结构

图 1－6　“中国海关归类化验”品目注释界面

税则号列	货品名称	最惠(%)	普通	增值税率	出口退税	计量单位	监管条件
02.07	**税目 01.05 所列家禽的鲜、冷、冻肉及食用杂碎：**						
	-鸡：　一级子目						
0207.1100	--整只，鲜或冷的　二级子目	20	70	13	5	千克	4ABx
0207.1200	--整只，冻的　二级子目	T2	T2	13	5	千克	4x7AB
	--块及杂碎，鲜或冷的：　二级子目						
	---块：　三级子目						
0207.1311	----带骨的　四级子目	20	70	13	13	千克	4xAB
0207.1319	----其他　四级子目	20	70	13	13	千克	4xAB
	---杂碎：三级子目						

图 1－7　《进出口税则》各级子目说明

例如：在税号 0207.1319 中，前四位编码 0207 是品目，第 5 位编码“1”是一级子目，第 6 位编码“3”是二级子目，第 7 位编码“1”是三级子目，第 8 位编码“9”是四级子目。

报关单中的商品编号要求填报 10 位数，是在 8 位税号的基础上再加上两位本国附加码进行细分（没有细分的加上 00 这两个数字）。如商品编号为 5603.9210.10 的商品编码含义为：

编码	5 6	0 3	9	2	1	0	1 0
位数	1 2	3 4	5	6	7	8	9 10
含义	章号	顺序号	一级子目	二级子目	三级子目	四级子目	附加码

从上述商品编码可以看出，该商品属于第 56 章，属于品目 5603 中的一种商品。

若编码中第 5～8 位数字出现 9，则一般代表未具体列名的“其他”商品。在“9”的前面一般留有空序号，以便用于修订时增添新商品。

三、进出口商品归类的海关行政管理

（一）归类工作的法律依据

进出口货物的商品归类工作，应当遵循以下法律依据：

（1）《进出口税则》。

（2）《进出口税则商品及品目注释》。

（3）《进出口税则本国子目注释》。

（4）海关总署发布的关于商品归类的行政裁定。

（5）海关总署发布的商品归类决定。

以上归类的法律依据如图 1－8 所示。

（二）归类的修改

海关审核认为收发货人或者其代理人申报的商品名称编码不正确的，按有关规则和规定予以重新确定，并根据《中华人民共和国海关进出口货物报关单修改和撤销管理办法》等有关规定通知收发货人或者其代理人对报关单进行修改、删除。

（三）归类管理及争议处理

1. 归类管理机构

海关归类工作采取四级管理，即：海关总署归类职能部门→各归类分中心（大连、天津、上海、广州等）→各直属海关归类职能部门→各现场海关归类执行部门。

2. 争议处理形式

收发货人或者其代理人对海关就某进出口货物确定的归类有争议的，在货物未放行前可以与海关进行归类磋商。在进出口许可证件的管理部门归类结果与海关不一致时或者在申请预归类后对海关的预归类有争议时，也可以采用磋商的形式。如果货物已经结关放行或者磋商未果，收发货人或者其代理人可以向上一级海关提出行政复议。

此外，由于国家税收政策不断调整，国务院税则委员会每年都要对《进出口税则》进

图 1-8　商品归类的主要依据

行一次新的修改和调整，海关总署也是参与修改《进出口税则》的重要部门，因此，除前面几种化解争议的方式外，进出口企业等应积极通过行业协会、主管部门、海关门户网站等多种途径向海关提出商品归类及所适用税率的意见，以利于海关及时掌握市场动向与相关信息，为每年《进出口税则》调整工作提供参考。

小案例

一次商品归类的争议

2015 年 11 月 18 日，XX 公司向深圳大鹏海关申报出口一批 DVD 音响组合（DVD、卡座、收音、功放组合机）产品时受阻，海关查货时怀疑申报的货物与商品编码 8521901290 不符。12 月 4 日，中山海关初步认定：（1）DVD 音响组合/带卡式，DVD 功能、卡式收录音功能是一个整体的，归入 8527910000［其他收录（放）音组合机］类。（2）DVD 音响组合/带收音功能，主机分为 DVD 层、功放层，是分层的，归入 8527990000（其他收音机）类。

对于海关的归类决定，XX 公司提出异议，在其上报给海关的申诉材料中表示：我公司主要生产各种 DVD 音响组合，在向海关申请办理进出口手册时，确认此类产品的商品编码是 8521901290，该商品编码在海关《商品综合分类表》中的解释是“其他数字化视频光盘（DVD）播放机（不论是否装有高频调谐放大器）”。

分析：该公司与海关在商品编码问题上的较真背后是多争取 4%的优惠出口退税率。货物出口当年将部分产品的出口退税率由 13%调高到 17%，其中包括 8521901290 类商品，被认为是对国内DVD产品生产厂家的有益举措。然而，该公司及同行出口企业的DVD音响组合产品被海关归为收音机类，只能按13%退税，无法享受调高的出口退税率。

任务二 《协调制度》归类总规则

一、规则一

条文如下：

> 规则一
> 类、章及分章的标题，仅为查找方便而设；具有法律效力的归类，应按品目条文和有关类注或章注确定，如品目、类注或章注无其他规定，按以下规则确定。

规则一解释：

1. 类、章及分章的标题，仅为查找方便而设

例如：第一类商品为"活动物；动物产品"，按标题，它应该包括所有的活动物和动物产品，但第一类中，根据章注可以知道：流动马戏团、动物园或其他类似巡回展出用的活动物，不包括在第一类里面。因此，"类、章及分章的标题，仅为查找方便而设"。

2. 具有法律效力的归类应按品目条文和有关类注或章注确定

例如：在第1章章注中有规定：本章不包括品目9508的动物，不包括品目3002的培养微生物及其他产品。那么9508的动物、3002的培养微生物就不能归入第1章。因此，"具有法律效力的归类应按品目条文和有关类注或章注确定"。

3. 如品目、类注或章注无其他规定，按以下规则确定

在对商品进行归类的时候，税目条文及相关的章注、类注是最重要的。如果按税目条文及相关的章注、类注还无法确定归类的，才能够按规则二、规则三、规则四、规则五、规则六来归类。

二、规则二

条文如下：

> 规则二
> （一）品目所列货品，应视为包括该货品的不完整品或未制成品，只要在进口或出口时该项不完整品或未制成品具有完整品或制成品的基本特征；还应视为包括该项货品的完整品或制成品在进口或出口时未组装件或拆散件。
> （二）品目中所列材料或物质，应视为包括该种材料或物质与其他材料或物质混合或组成的物品。品目所列某种材料或物质构成的货品，应视为包括全部或部分由该种材料或物质构成的货品。由一种以上材料或物质构成的货品，应按规则三归类。

规则二解释：

1. 规则二（一）

规则二（一）规定税目条文不仅仅限于税目条文本身，还应扩大到：

（1）不完整品（缺少非关键部分，不完整）。例如：缺少门、未安座位等的汽车仍然按汽车归类；缺少电池的便携式计算机按便携式计算机归类。

（2）未制成品（尚未完全制成，需进一步加工才成为制成品）。例如：做手套用已剪成手套形状的针织棉布；需经进一步完善方可作为零件使用的齿轮的毛坯。

（3）未组装件或拆散件（尚未组装或已拆散），包括实际业务中庞大的或易碎的货物。例如：多功能组合机床、桥架、灯具、照明设备等通常都是未组装或拆散开的，通过简单组装即可装配起来。

注意：只要具有完整品或制成品的基本特征，就应按制成品归类。规则二（一）不适用于第一类到第六类商品。同时，只有在规则一无法解决的时候，才能够运用规则二。

2. 规则二（二）

规则二（二）是关于混合及组合材料或物质，以及由两种材料或物质构成的货品的归类。本规则说明，某个税目所列材料或物质还应该扩大到该材料或物质中可以加入其他材料或物质，但条件是加入材料或物质并不改变原来材料或物质或其所构成货品的基本特征。

例如：天然软木制成、外层包纱布的热水瓶塞子。热水瓶塞子虽然包了纱布，但是并没有改变这个瓶塞是软木的基本特征，因此还是归入4503100000的品目。

规则二（二）还有一个含义，即如果由一种以上材料或物质构成的货品，或者看起来可归入两个或两个以上税目的，应按规则三归类。

三、规则三

条文如下：

> 规则三
>
> 当货品按规则二（二）或由于其他原因看起来可归入两个或两个以上品目时，应按以下规则归类：
>
> （一）列名比较具体的品目，优先于列名一般的品目。但是，如果两个或两个以上品目都仅述及混合或组合货品所含的某部分材料或物质，或零售的成套货品中的某些货品，即使其中某个品目对该货品描述得更为全面、详细，这些货品在有关品目的列名应视为同样具体。
>
> （二）混合物、不同材料构成或不同部件组成的组合物以及零售的成套货品，如果不能按照规则三（一）归类时，在本款可适用的条件下，应按构成货品基本特征的材料或部件归类。
>
> （三）货品不能按照规则三（一）或规则三（二）归类时，应按号列顺序归入其可归入的最末一个品目。

规则三解释：

1. 规则三（一）

简称“具体列名”原则，即俗称的“有列名归列名”原则。需要注意的是，列出品名的比列出类名的更为具体。

2. 规则三（二）

简称“基本特征”原则，包括俗称的“没有列名归用途”和“没有用途归成分（不同成分比多少）”原则。

例如：碗装的方便面，由面饼、调味包、塑料小叉构成，商品属于混合物，由于面饼构成了这个商品的基本特征，因此应该按面归类。

又如：一套成套的理发工具，由一个电动理发推子、一把木梳、一把剪刀、一把刷子组成，装于一只塑料盒中，查阅类、章注释，并无提到这类商品的具体列名，在这个商品中最具有主要特征的货品是电动理发推子和剪子，所以应该归入 8510200000。

3. 规则三（三）

简称“从后归类”原则。

例如：由 200 克巧克力糖果和 200 克的奶糖混合而成的一袋 400 克的糖果，由于其中奶糖和巧克力糖果的含量相等，“基本特征”无法确定，因此根据“成分相等，从后归类”的原则应从后归类，奶糖归入品目 1704，巧克力糖果归入品目 1806，那么就归入后一个品目 1806。

4. 运用规则三的注意事项

（1）只有规则一和规则二都不能用的时候才用规则三。

例如：“豆油 70%、花生油 20%、橄榄油 10%的混合食用油”如何归类？如果考虑该商品是混合物，而且豆油的含量最大，构成基本特征，从而运用规则三（二）将其按豆油归入品目 1507，这是错误的。根据规则一，归类的法律依据是税目条文，品目 1517 的商品名称包括“各种动、植物油混合而成的食用油”，而本例的情况是混合食用油，因此先适用规则一，归入品目 1517。

（2）在运用规则三时，必须按其（一）（二）（三）的优先顺序逐条运用。

（3）规则三（二）中的“零售的成套货品”，必须同时符合下列三个条件：

第一，由可以归入不同品目号的若干货品组成。

第二，各货品在用途上相互补充、配合使用。

第三，零售包装。

四、规则四

条文如下：

> 规则四
> 根据上述规则无法归类的货品，应归入与其最相类似的货品的品目。

规则四解释：

简称“最相类似”原则。由于时代的发展和科技的进步，可能出现一些《协调制度》在分类时无法预见的情况，根据规则一、规则二、规则三均无法归类的货品，应归入与其最相类似的货品的品目，即俗称的“没有成分归类别”原则。这里的“最相类似”是指名称、特征、功能、用途、结构等因素。

规则三和规则四可以总结为下列商品归类原则（注意优先使用的逻辑）：具体列名→基本特征→从后归类→最相类似。

五、规则五

条文如下：

规则五

除上述规则外，本规则适用于下列货品的归类：

（一）制成特殊形状仅适用于盛装某个或某套物品并适合长期使用的，如照相机套、乐器盒、枪套、绘图仪器盒、项链盒及类似容器，如果与所装物品同时进口或出口，并通常与所装物品一同出售的，应与所装物品一样归类。但本款不适用于本身构成整个货品基本特征的容器。

（二）除规则五（一）规定的以外，与所装货品同时进口或出口的包装材料或包装容器，如果通常是用来包装这类货品的，应与所装货品一并归类。但明显可重复使用的包装材料和包装容器可不受本款限制。

规则五解释：

规则五解决的是某包装材料或包装容器在什么情况下单独归类，在什么情况下与所装的物品一并归类的问题。

1. 规则五（一）

符合下列5个条件时，容器与所装物品一并归类：

（1）特殊形状专用（照相机套、乐器盒）。

（2）适合长期使用。

（3）与所装物品一同进口或出口（如装香水的瓶子）。

（4）与所装物品一同出售。

（5）本身不构成货物的基本特征，包装物属于从属物品。

例如：与所装电动剃须刀一同报验的电动剃须刀的皮套，由于符合以上条件，因此应与电动剃须刀一并归入品目8510。

又如：银制的茶叶罐装入茶叶，这个茶叶罐相对于茶叶来说比较贵重，那么就构成了这个货品的基本特征，因此银制的茶叶罐应按照银制品归入7114110090，而不是按茶叶来归类。

2. 规则五（二）

规则五（二）说明的是明显可重复使用的包装材料和包装容器可以单独归类，不需要与其所装的物品一并归类。例如：由于装液化石油气的罐子是可以重复使用的，因此应该与液化石油气分开归类。

六、规则六

条文如下：

规则六

货品在某一品目项下各子目的法定归类，应按子目条文或有关的子目注释以及以上各条规则来确定，但子目的比较只能在同一数级上进行。除《协调制度》条文另有规定的以外，有关的类注、章注也适用于本规则。

规则六解释：

规则六是解决如何确定商品的子目的归类原则，而前面五个规则是解决如何确定品目的归类原则。

1. 归类次序

确定子目时，按先确定一级子目，再确定二级子目，然后三级子目，最后四级子目的顺序进行。

2. 比较原则

确定子目时，应遵循“同级比较”的原则。一级子目与一级子目比较，确定一级子目后，再将二级子目与二级子目比较，确定二级子目，依此类推。

例如，“针织女式羊毛制便服套装”在归入品目 6104 项下子目时，应按以下步骤进行：

（1）先确定一级子目，在多个一级子目中比较后确定为“便服套装”。

（2）再确定二级子目，在 3 个二级子目中比较后确定为“其他纺织材料制”。

（3）然后确定三级子目为“羊毛或动物细毛制”，将该商品归入子目 61042910。

小案例

商品的归类

“吊秤，最大称重为 1 000 千克”。这个商品如何归类？

分析：该商品符合品目 8423“衡器”的描述，先确定归入品目 8423。子目的归类先比较一级子目条文，可知应归入 8423.8，然后比较二级子目条文，根据最大称量“1 000 千克”归入 8423.82，再比较三级子目条文归入 8423.8290。如果不遵循“同级比较”的原则，直接按子目列名“吊秤”容易错误地将其归入 8423.8930。

任务三　商品归类的方法和依据

一、商品信息的收集

（一）归类的工作流程

商品归类可以由外贸企业自己完成，也可以由外贸企业委托报关行或专业的归类机构完成。无论哪种情况，归类工作都不是由一个人完成的，需要不同岗位的多人合作。归类的工作流程分为商品信息提供、专员归类、归类复核三个步骤。商品信息由商品的生产商或工程技术人员提供，因为他们最了解商品的情况。在商品信息完整且足以满足归类需要之后，由企业或报关行的归类专员初步确定商品的税号，然后由复核人员进行审核，归类专员与复核人员不能是同一个人。

（二）归类要素

企业如果要确保提供的商品信息能满足归类和后续申报的需要，应当查阅《中华人民共和国海关进出口商品规范申报目录》（以下简称《规范申报目录》）。为规范进出口企业的申报行为，提高进出口商品申报质量，海关总署制定了《规范申报目录》。《规范申报目录》按我国海关进出口商品分类目录的品目顺序编写的，并根据需要在品目级和子目级列出了申报要素（如图 1－9 所示）。进出口货物在向海关申报时，报关单的“商品名称、规格型号”栏必须逐项输入申报要素的内容。

如图1-9所示，申报要素=归类要素+价格要素+其他要素。税号为0304.8100的“大麻哈鱼”的申报要素有5项，其中“归类要素”有3项，“价格要素”有2项。事实上，《规范申报目录》省略了所有商品都涉及的4项“其他要素”：品牌类型、出口享惠情况、GTIN、CAS。

在确定商品税号时，归类人员只需要关注“归类要素”，因为“价格要素”只影响价格，“其他要素”供海关监管时参考，只有归类要素才影响到商品的归类。如果漏报、错报一个归类要素，将会导致无法归类或归类不准确。对于税号为0304.8100的“大麻哈鱼”，如果不说明制作或保存方法（新鲜、冷藏、冷冻），归类人员将无法归类；如果未说明克重或是否带皮则不影响归类，但影响报关单录入。

税则号列	商品名称	申报要素		
		归类要素	价格要素	其他要素
0304.8100	--大麻哈鱼［红大麻哈鱼、细磷大麻哈鱼、大麻哈鱼（种）、大鳞大麻哈鱼、银大麻哈鱼、马苏大麻哈鱼、玫瑰大麻哈鱼］、大西洋鲑鱼及多瑙哲罗鱼	1.品名；2.制作或保存方法（冻）；3.拉丁名称	4.规格［克重/片（块）等］；5.是否带皮、刺、鳞、鳍	

图1-9 《规范申报目录》页面

二、商品归类的一般方法

（一）归类思路

商品归类是一项技术难度较大的工作，总的思路是先确定品目，然后确定子目，基本方法和步骤如下：

1. 确定品目（4位数编码）

第一步，确定所给出的商品名称的中心词，并根据商品的资料分析商品特性（如组成、结构、加工、用途等）；

第二步，初步判断该商品可以归入的章和品目（可能有多个）；

第三步，查找所涉及品目的相关条文；

第四步，查看所涉及的品目所在章和类的注释，检查一下相关章注和类注是否有特别的规定；

第五步，仍然有几个品目可归而不能确定时，则运用归类总规则来确定品目。

2. 确定子目（8位数编码）

品目确定之后就是子目的确定。只有同一数级的子目才能进行比较，因此要先判断商品的一级子目，再到二级子目，依此类推。在查阅《进出口税则》或纸质工具书时，在商品名称前面都有一个或几个横杠，横杠数量代表不同级别的子目：

“-”表示一级子目；

“- -”表示二级子目；

“- - -”表示三级子目；

"- - - -"表示四级子目。

3. 确定编码（10 位数）

子目确定以后，有些商品就确定了税号（8 位数），但也有些商品还需要进一步依据商品的特点区分最后 2 位附加码，以最终确定 10 位数的商品编码。一般我们在练习归类时，只需要写出 8 位编码即可。

（二）归类操作举例

商品描述：供食用的活珍珠鸡（重量大于 2 千克）。

1. 确定品目（4 位数）

（1）查阅章的名称。由于该商品属于活的动物，查阅各章的名称，可初步判断归入第 1 章。

（2）查阅品目条文。查阅第 1 章的品目条文，该商品符合品目 0105（家禽，即鸡、鸭、鹅、火鸡及珍珠鸡）的描述，初步可判断归入品目 0105。

（3）查阅类注、章注规定。查阅第一类的类注和第一章的章注，未发现类注和章注对该商品有排除，因而可以确定该商品归入品目 0105。

2. 确定子目（8 位数）

（1）确定一级子目。查阅 0105 的子目可知有两个一级子目：0105.1 -重量不超过 185 克、0105.9 -其他。由于该商品重量大于 2 千克，因此归入 0105.9。

（2）确定二级子目。查阅 0105.9 可知下面有两个二级子目：0105.94 - -鸡、0105.99 - -其他。从 0105 的品目条文看，珍珠鸡与鸡是并列关系，不是从属关系，因此归入 0105.99。

（3）确定三级子目。查阅 0105.99 可知下面有两个三级子目：0105.991 - - -改良种用、0105.999 - - -其他。该商品属于食用，并非改良种用，因此归入 0105.999。

（4）确定四级子目。查阅 0105.999 可知下面有四个四级子目：0105.9991 - - - -鸭、0105.9992 - - - -鹅、0105.9993 - - - -珍珠鸡、0105.9994 - - - -火鸡。根据四级子目条文归入 0105.9993。二级至四级子目结构如图 1 - 10 所示。

税则号列	货 品 名 称
	-其他：
	--鸡：
0105.9410	---改良种用
0105.9490	---其他
	--其他：
0105.9910	---改良种用
	---其他：
0105.9991	----鸭
0105.9992	----鹅
0105.9993	----珍珠鸡
0105.9994	----火鸡

图 1 - 10　0105.9 子目结构

三、归类依据

归类人员在进行进出口货物预归类、海关发布归类决定的文书时，都会阐述归类思路、税号的确定是依据归类总规则中的哪一条或哪几条规则，即归类依据。

归类总规则一共六条，其中前面五条是关于品目的归类原则，依次考虑适用，第六条则是关于子目的归类原则。由于我们能根据品目条文、类注、章注来确定多数商品的品目，因此确定品目的归类依据在多数情况下是归类总规则一，确定子目的归类依据只有归类总规则六。因此，在海关发布的归类决定文书中，最后一句归类依据常见的是“根据归类总规则一及六，……归入税则号列……”。

【例1-1】 安婴儿A+无糖婴儿配方奶粉。

商品分析：该商品主要成分为玉米糖浆固体53.62%、精炼植物油27.81%、牛奶分离蛋白13.16%、矿物质3.88%以及维生素等。其中牛奶分离蛋白是经物理过滤去除脱脂鲜奶中的乳糖后，经高温灭菌、高压固化及喷雾干燥而获得，主要成分为天然牛奶蛋白（含酪蛋白和乳清蛋白）等。

海关归类决定：该商品中的牛奶分离蛋白不属于品目04.01至04.04所列的商品，因此该商品不能归入品目19.01项下。根据归类总规则一及六，该商品应归入税则号列2106.9090。

【例1-2】 电动睫毛刷。

商品分析：该商品为电动睫毛刷，已装有电池，但尚未安装马达，在塑料盖顶部装有准备连接马达的接触点，进口后装上马达可使睫毛刷自动转动。

海关归类决定：该商品缺少马达，是电动睫毛刷的不完整品，其已具备电动睫毛刷完整品的基本特征，根据归类总规则二（一），应按其他家用电动器具归入税则号列8509.8090。

【例1-3】 数码相机套件。

商品分析：EOS M数码相机套件包括以下零部件（如图1-11所示）：(1) EOS M机身；(2) 两个数码相机镜头：EF-M 18-55mm f/3.5—5.6 IS STM和EF-M 22mm f/2 STM；(3) 闪光灯SPEEDLITE 90EX；(4) EOS数码解决方案光盘；(5) 软件使用说明书光盘；(6) 相机说明书光盘；(7) 电池充电器LC-E12C（含电源线）；(8) 锂电池LP-E12；(9) USB接口连接线；(10) 相机背带EM-100DB。

海关归类决定：该数码相机套件所有零部件装于盒内，虽然含有两个镜头，但其包装形式适于将完整的相机套件直接销售给用户而无须重新包装，根据归类总规则三（二）及六，应将其按零售的成套物品归类，由于该相机是一种无反光镜结构的微型可换镜头数码相机，故应归入税则号列8525.8025。

【例1-4】 喷头。

商品分析：塑料制喷头，可用于花王诗芬亮发营养水的包装瓶上，也可用于洗涤剂包装瓶上。

海关归类决定：该商品可用于亮发营养水的包装瓶上，也可用于洗涤剂包装瓶上，是用于液体的散布或喷雾的器具。根据该商品用途及《税则注释》的相关解释，该商品可归

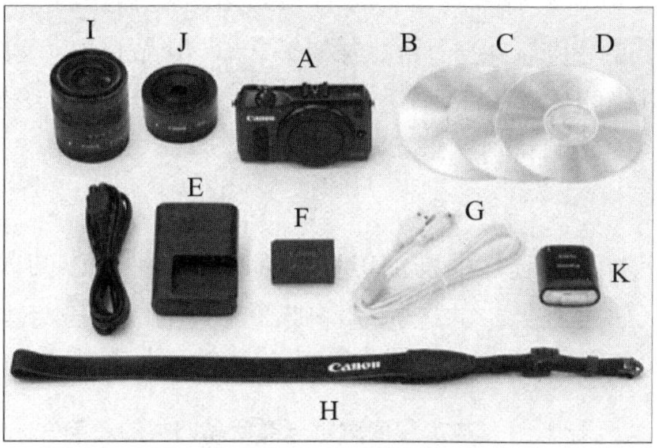

图 1-11　数码相机套件

入品目 84.24 和品目 96.16 项下，根据归类总规则三（三），该商品应归入税则号列 9616.1000。

任务四　食品类商品归类要点①

一、第一类：活动物、动物产品

（一）商品范围

本类共 5 章，包括除特殊情况外的所有种类的活动物以及经过有限的简单加工的动物产品。

1. 第 1 章：活动物

本章包括所有活动物，但不包括：品目 0301、0306、0307 的鱼、甲壳动物、软体动物及其他水生无脊椎动物；品目 3002 的培养微生物及其他产品；品目 9508 的流动马戏团及流动动物园的动物。

2. 第 2 章：肉及食用杂碎

本章不包括：不适合供人食用的产品；动物的肠、膀胱、胃（0504）或动物血（0511、3002）；品目 0209 所列产品以外的动物脂肪（归入第 15 章）。

3. 第 3 章：鱼、甲壳动物、软体动物及其他水生无脊椎动物

本章不包括：品目 0106 的哺乳动物及这些动物的肉；品目 0511 的不适合人食用的死动物；品目 2301 的不适合人食用的动物的粉、粒；品目 1604 鲟鱼子酱及用鱼卵制的鲟鱼子酱代用品。

4. 第 4 章：乳品、蛋品、天然蜂蜜、其他食用动物产品

本章不包括：按重量计乳糖含量超过 95%的乳清制品（1702）；白蛋白（3502）、球蛋白（3504）。

---

① HS 共有 21 大类商品，限于篇幅，本书只介绍食品类商品的归类要点，目的是方便学生练习商品归类的操作技能。若要学习全部商品的归类技能，可参考《进出口商品归类》等专业教材。

5. 第5章：其他未加工或简单加工的各种未列名的动物产品

本章不包括：生皮或毛皮（第41章、第43章），但品目0505的货品及品目0511的生皮或毛皮的边角废料仍归入本章；马毛及废马毛以外的动物纺织原料（第十一类）；供制帚、制刷用的成束、成簇的材料（9603）。

（二）归类要点

对于动物产品的归类，关键是根据加工程度判断是一种可以归入本类的简单加工，还是应归入后面其他类（如第四类）的进一步深加工。其中最容易与本类的食用动物产品发生归类混淆的是第四类第16章的商品，如表1-1所示。

表1-1 加工程度对第一类商品归类的影响

	归入第2、3章的简单加工	归入第16章的深加工
加工程度	新鲜或冷藏的	烹饪的（蒸、煮、煎、烤、炸等）
	冷冻的	加工成精、汁
	盐腌或盐渍的	均化制作
	干制的	混合加调味料
	熏制的	用醋浸泡保藏

例如："用盐腌制的咸鸡"应归入品目0210，而"油炸鸡腿"，经查第2章的品目条文与章注得知，其加工程度已超出第2章的范围，因此应归入品目1602。

（三）归类时应该注意的问题

（1）供人食用的杂碎（如头、脚、尾、心、舌），如果适合供人食用则归入第2章，不适合供人食用（如因保存不善导致变质）则归入第5章。例如：新鲜的猪脚应归入品目0206。

（2）专供制药用的杂碎（如胆囊、肾上腺、胎盘），如为鲜、冷、冻或用其他方法临时保藏的，归入品目0510；如经干制的，则归入品目3001。

（3）既可供人食用，又可供制药用的杂碎（如肝、肾、肺、脑、胰腺、脾、脊髓）归类方法：临时保藏（如用甘油、丙酮、酒精、甲醛、硼酸钠临时保藏）以供药用的，归入品目0510；干制的归入品目3001；其他如果适合供人食用则归入第2章，不适合供人食用则归入第5章。

（4）根据第2章章注二的规定，动物的肠、膀胱、胃或动物血必须按不可食用的动物产品归入第5章（动物血如果符合品目3002的规定，则归入品目3002），但其进一步加工品仍归入第16章。例如：新鲜的猪大肠不能归入品目0206，应该根据该章注的规定归入品目0504。

（5）未炼制、不论是否供人食用的不带瘦肉的肥猪肉、猪脂肪及家禽脂肪属于品目0209；经过炼制的猪脂肪及家禽脂肪则归入品目1501或1503；其他未炼制的动物脂肪（如牛脂肪）应归入第15章。

（6）第2章、第3章产品不包括经"蒸、煮"的产品，但下列情况例外：第2章产品加工成粉的过程中的"蒸、煮"，第3章的鱼在熏制过程中的"蒸、煮"，第3章"蒸、煮”的带壳的甲壳动物。

(7) 第 2 章、第 3 章产品的加工方法包括“熏制”，但仅限于第 2 章产品和第 3 章产品中的鱼类，而第 3 章的甲壳动物、软体动物及其他水生无脊椎动物在“熏制”时应归入第 16 章。

(8) 有些商品名称中带有“鱼”字，但是在生物学分类体系中并不属于鱼类，不能按鱼归类，而应该分别按其生物类属归类，归入哺乳动物、爬行动物或软体动物等所属的品目。

(9) 黄药是指作为中药使用的动物体内结石，包括以下几种：牛黄（牛胆结石）、猴枣（猕猴内脏结石）、其他黄药。

（四）实例分析

(1) 鲜整头乳猪肉（重量不足 10 千克）：0203.1110。

(2) 冻整鸡：0207.1200。

(3) 装入肠衣的熏腌牛肉（未经绞碎、未经调味、供食用）：0210.2000。

(4) 干的猪蹄筋（500 克/袋）：0210.9900。

(5) 新鲜的猪大肠：0504.0019。

(6) 熏制的大西洋鲑鱼：0305.4110。

(7) 水煮过的龙虾（未去壳，冻的）：0306.1100。

(8) 活的淡水小龙虾：0306.3990。

(9)“达能”草莓果粒酸奶，125 克/瓶：0403.1000。

(10) 全脂奶粉（脂肪含量 23%），未加糖，450 克/袋：0402.2100。

(11) 猴枣：0510.0010。

二、第二类：植物产品

（一）商品范围

本类包括绝大多数活植物以及未经过加工，或仅经过有限的简单加工的植物产品，如表 1-2 所示。

表 1-2　第二类商品的范围

分类	章	商品范围
活植物	6	活树及其他活植物；鳞茎、根及类似品；插花及装饰用簇叶
食用植物产品	7	食用蔬菜、根及块茎
	8	食用水果及坚果；柑橘属水果或甜瓜的果皮
	9	咖啡、茶、马黛茶及调味香料
	10	谷物
	11	制粉工业产品；麦芽；淀粉；菊粉；面筋
非食用植物产品	12	含油子仁及果实；杂项子仁及果实；工业用或药用植物；稻草、秸秆及饲料
	13	虫胶；树胶、树脂及其他植物液、汁
	14	编结用植物材料；其他植物产品

（二）归类要点

本类商品与第一类动物产品的归类思路基本一致，即对本类的植物产品也需特别注意其加工程度，只有简单加工的植物产品才归入第二类，如果进行了进一步的深加工，则应归入第四类，如表1-3所示。例如："生花生仁"归品目1202，而"水煮花生仁"，经查第12章的品目条文与章注得知，已超出该章范围，所以应到第四类中查找而归入品目2008。

表1-3　加工程度对第二类商品归类的影响

	第7章、第8章（未加工或简单加工）	第20章（进一步加工）
加工程度	新鲜或冷藏的	用醋或酸醋、糖水保藏的
	冷冻的	烹饪的（蒸、煮、炒、炸等）
	干制的	均化制作
	暂时保藏的（用盐等）	榨汁（原汁，酒精浓度≤0.5%）
	可加工成各种形状	

（三）干蔬菜的归类

根据第7章章注三的规定，品目0712包括归入品目0701～0711的各种干制的蔬菜，但下列各项除外：

（1）作蔬菜用的脱荚干豆（品目0713）。

（2）品目1102～1104所列形状的甜玉米。

（3）马铃薯细粉、粗粉、粉末、粉片、颗粒及团粒（品目1105）。

（4）用品目0713的干豆制成的细粉、粗粉及粉末（品目1106）。

例如：马铃薯细粉尽管属于制成粉状的干蔬菜（马铃薯属于蔬菜），符合0712品目条文的规定，但根据该章注的规定，应归入品目1105。

（四）混合调味香料的归类

根据第9章章注一的规定，品目0904～0910所列产品的混合物应按下列规定归类：

（1）同一品目的两种或两种以上产品的混合物仍应归入该品目。

（2）不同品目的两种或两种以上产品的混合物应归入品目0910。

品目0904～0910的产品如添加了其他物质，只要所得的混合物保持了原产品的基本特性，其归类应不受影响；基本特性已经改变的，则不应归入本章；构成混合调味品的，应归入品目2103。

例如：肉桂（占70%）与丁香（占30%）的混合物，由于肉桂归品目0906，丁香归品目0907，属于不同品目的混合物，因此应归入品目0910；而对于胡椒粉（占70%）与辣椒粉（占30%）的混合物，由于胡椒粉与辣椒粉都归入品目0904，属于同一品目的混合物，因此仍应归入品目0904。

（五）种植用种子的归类

根据第12章章注三的规定，甜菜子、草子及其他草本植物种子、观赏用花的种子、蔬菜种子、林木种子、果树种子、巢菜子（蚕豆除外）、羽扇豆属植物种子，可一律视为种植用种子，归入品目 1209。但下列各项即使作种子用，也不归入品目 1209：

（1）豆类蔬菜或甜玉米（第 7 章）。

（2）第 9 章的调味香料及其他产品。

（3）谷物（第 10 章）。

（4）品目 1201～1207 及 1211 的产品。

例如：种用蚕豆属于豆类蔬菜，根据该章注的规定，应归入品目 0713。

（六）实例分析

（1）天然圣诞树（未经装饰）：0604.9090。

（2）冷冻的煮熟甜玉米粒（塑料袋装）：0710.4000。

（3）干制的小白蘑菇（500 克袋装）：0712.3100。

（4）泰国产鲜芒果：0804.5020。

（5）鲜脐橙：0805.1000。

（6）鲜水蜜桃：0809.3000。

（7）绿茶（150 克塑料袋装）：0902.1090。

（8）普洱茶（净重 1 千克/包）：0902.3020。

（9）硬粒小麦（配额内）：1001.1900。

（10）食用高粱（非种用，净重 50 千克）：1007.9000。

（11）马铃薯淀粉：1108.1300。

（12）晒干的莲子（500 克袋装）：1212.9994。

（13）长寿牌西洋参片（平切，50 克/盒）：1211.2010。

三、第三类：动、植物油脂及其分解产品；精制的食用油脂；动、植物蜡

（一）商品范围

本类仅由 1 个章构成，即第 15 章。主要包括以第一、第二类的动、植物为原料加工得到的动植物油脂及其分解产品，精制的食用油脂，动、植物蜡。

（二）归类要点

不归入本章但易引起归类错误的货品：

（1）未炼制的猪脂肪及家禽脂肪应归入品目 0209。

（2）从乳中提取的黄油及其他油、脂应归入品目 0405（与 1517 人造黄油区别开）。

（3）可可油、可可脂应归入品目 1804。

（4）粗甘油（纯度在 95％以下）归入品目 1520，若纯度在 95％以上则归入 2905.4500 丙三醇（甘油）。

（三）动、植物油脂的归类

动、植物油脂按其加工程度进行归类，如表 1－4 所示。

表 1-4 加工程度对动、植物油脂归类的影响

加工程度	归类方法
油脂（初榨、精制）	动物：归入品目 1501～1506
	植物：归入品目 1507～1515
油脂（化学改性）	归入品目 1516、1518
混合食用油脂	归入品目 1517
动、植物蜡	归入品目 1521
残渣	归入品目 1522

例如，豆油的归类方法如下：初榨的豆油归入 1507.1000，精制的豆油归入 1507.9000，氢化的豆油归入 1516.2000，氧化的豆油归入 1518.0000，混合的豆油归入 1517.9090。

此外，动、植物油脂分解产品中的粗甘油归入品目 1520，而脂肪酸、脂肪醇等以及经过提纯的精制甘油则要按化工品归入第六类。

（四）实例分析

（1）未经过化学改性的精制豆油：1507.9000。

（2）精制的玉米油：1515.2900。

（3）由多种食用植物油调制而成的王牌超级烹调油：1517.9090。

（4）初榨的亚麻子油：1515.1100。

四、第四类：食品；饮料、酒及醋；烟草；烟草及烟草代用品的制品

（一）商品范围

本类共 9 章，包括以动、植物为原料加工得到的食品、饮料、酒、醋、动物饲料、烟草等，如表 1-5 所示。

表 1-5 第四类商品的范围

分类	章	商品范围
动物制品	16	肉、鱼、甲壳动物、软体动物及其他水生无脊柱动物制品
植物制品	17	糖及糖食品
	18	可可及可可制品
	19	谷物、粮食粉、淀粉或乳的制品；糕饼点心
	20	蔬菜、水果、坚果或植物其他部分的制品
其他制品	21	杂项食品
	22	饮料、酒及醋
	23	食品工业的残渣及废料；配制的动物饲料
	24	烟草；烟草及烟草代用品的制品

（二）归类要点

本类商品归类的难点是：根据加工程度来区分归入第一类、第二类，还是第四类。

第一类、第二类商品与第四类商品之间存在着一定的加工程度递进的关系，如下所示：

简单加工产品	第 2 章、第 3 章	第 4 章、第 10 章、第 11 章	第 7 章、第 8 章	第 9 章
↓	↓	↓	↓	↓
对应的复杂加工产品	第 16 章	第 19 章	第 20 章	第 21 章

例如：（1）水煮后经冷冻的去壳对虾，编码为 1605.2100。

解释：根据加工程度，第 3 章的加工程度包括水煮后带壳，不包括水煮后去壳，水煮后去壳已经超出第三章的加工程度，因此归入 1605.2100。

（2）炒熟的夏威夷果（250 克袋装），编码为 2008.1999。

（3）一种韩国泡菜（每坛 2 千克装），将大白菜、萝卜先用盐腌制，然后配上由葱、洋葱、蒜、虾酱、糖、辣椒等做成的调料，再经发酵一段时间即成，编码为 2005.9999。

（三）混合食品的归类

根据章注二，归入第 16 章的前提条件是混合食品中第 2 章、第 3 章的动物原料的含量必须在 20%以上，其中动物原料可以相加。如果低于 20%就不能够归入第 16 章。

例如：（1）鱼占 10%，牛肉占 15%，马铃薯占 75%的罐头食品，编码为 1602.5010。

（2）一种可用微波炉加热的方便快餐食品，净含量 250 克，其中含面条 150 克、鸡块 50 克、卷心菜 30 克、鱿鱼丝 20 克，食品已预先烧制过，装于一次性泡沫塑料盒中，编码为 1602.3299。

解释：商品中鸡和鱿鱼的含量超过了 20%（鸡块加鱿鱼丝 70 克，占 28%），因此归入第 16 章；鸡块的重量比鱿鱼的含量高，因此归入 1602.3299。

（3）一种可用微波炉加热的方便快餐食品，净含量 250 克，其中含面条 200 克、鸡块 20 克、卷心菜 30 克，食品已预先烧制过，装于一次性泡沫塑料盒中，编码为 1902.3030。

解释：商品中鸡肉的含量未超过 20%，因此不能归入第 16 章，按构成商品基本特征的面食归入 1902.3030。

（4）水饺（含猪肉 30%，30%甜玉米，面粉 40%），编码为 1902.2000。

解释：虽然猪肉的含量达到了 20%，但由于水饺属于品目 1902 的包馅食品，因此不归入第 16 章。

（5）以牛肉和蔬菜为基本配料（其中牛肉占 25%），制成细腻糊状、专供婴儿食用的食品（200 克装），编码为 2104.2000。

解释：该商品是含有动物原料和植物原料的婴儿专用的均化混合食品，需注意的是，不能因为动物原料（牛肉）超过了 20%就归入第 16 章，而应归入 2104.2000。

（四）均化食品的归类

只有重量不超过 250 克才按均化食品归类，如果超过这个重量，则不能再按均化食品归类。

例如：（1）密封塑料袋装婴儿均化食品，成分含量为30%牛肉、65%胡萝卜、5%其他配料，净重200克，编码为2104.2000。

（2）密封塑料袋装婴儿均化食品，成分含量为30%牛肉、65%胡萝卜、5%其他配料，净重500克，编码为1602.5090。

解释：此商品净重为500克，不能按均化食品归类。由于牛肉的含量是30%，根据第16章章注二，肉类货品的含量超过了20%，因此按牛肉归入1602.5090。

注意：除了第16章1602.10所提到的品目以外，第20章和第21章都提到了均化食品，具体品目是2005、2007、2104。归类时，均化食品子目优先于同级品目的其他子目。

（1）1602.10：主要由肉组成。

（2）2005.10：主要由蔬菜组成（均化蔬菜）。

（3）2007.10：主要由果实组成。

（4）2104.20：由两种以上混合组成。

（五）糖的归类

各种糖（如蔗糖、乳糖、麦芽糖、葡萄糖及果糖）、糖浆、人造蜜、焦糖、提取或精炼时所剩的糖蜜以及糖食应归入第17章。但是，化学纯糖（蔗糖、乳糖、麦芽糖、葡萄糖及果糖除外）应归入品目2940。

（六）可可食品的归类

第18章可可食品的归类应注意本章章注一的规定，含可可的食品有些可归入第18章，有些则应归入其他章。例如：含可可的饮料不能按含可可食品归入品目1806，而应按饮料归入品目2202。

（七）酒的归类

应能够在正确区别各种常见酒的加工方法的基础上掌握不同酒的归类，即发酵酒归入品目2203～2206，而蒸馏酒归入品目2207～2208。例如：黄酒属于发酵酒，应归入品目2206；威士忌酒属于蒸馏酒，应归入品目2208。

（八）实例分析

（1）含脱脂奶粉、豆粉、植物油、矿物质和维生素等多种添加物的爱儿乐牌奶粉（可可含量4%）：1901.1000。

（2）由添加食盐、味精等调味物质的土豆（马铃薯）粉制成的食用土豆片：1902.1900。

（3）冷冻的马铃薯：0710.1000。

（4）马铃薯细粉：1105.1000。

（5）马铃薯淀粉：1108.1300。

（6）薯条（用土豆切成条后经油炸而得）：2005.2000。

（7）供早餐用的加有少量糖的燕麦片（已经烘炒加工，冲泡后即可食用）：1904.1000。

（8）韩式大麦茶，由大麦烘炒磨碎制得每10克装于纸袋，食用时连袋一起在热水中浸泡：1904.1000。

（9）由多种精制的植物花粉和乳糖制成的营养保健花粉制品：2106.9090。

（10）菠萝原汁中加入了 20% 的水组成的混合物（白利糖度值小于 20，供饮用）：2202.9000。

（11）米酒（酒精浓度 15%，用 2 升的陶罐盛装）：2206.0090。

操作示范

一、确定商品归类

（一）确定品目

1. 确定类

薯片食品的主要成分都是马铃薯，植物食品可考虑归入第二类或第四类。分析食品的加工工艺得知，两种薯片都经过油炸，因此超出了第二类商品允许的加工范围，因此应归入第四类。

2. 确定章和品目

查阅第四类的章标题，初步考虑归入第 19 章（谷物、粮食粉、淀粉或乳的制品；糕饼点心）或第 20 章（蔬菜、水果、坚果或植物其他部分的制品）。

（1）罐装薯片。根据生产工艺流程，罐装薯片是由马铃薯粉料压片成型再经油炸调味制成，查阅《进出口税则商品及品目注释》1905 品目注释内容如下：

> 19.05 面包、糕点、饼干及其他烘焙糕饼，不论是否含可可；圣餐饼、装药空囊、封缄、糯米纸及类似制品：
>
> 一、面包、糕点、饼干及其他烘焙糕饼，不论是否含可可
>
> 本品目包括：
>
> （一）普通面包，通常只含谷物细粉、酵素及盐。
>
> ……
>
> （十五）咸脆食品，例如，用马铃薯的细粉、粗粉、粉末或玉米粗粉和成面团并加奶酪、味精及盐调味，然后用植物油烹炸，制成后可即供食用。

由此可以看出，罐装薯片符合以上描述，应归入品目 1905。

（2）袋装薯片。根据生产工艺流程，罐装薯片是用马铃薯原料去皮、切片、油炸后调味制成，原料是整个的马铃薯，而不是马铃薯粉，因此不符合品目 1905 的描述，考虑归入第 20 章。查阅《进出口税则商品及品目注释》2004 品目注释内容如下：

> 20.04 其他冷冻蔬菜，用醋或醋酸以外的其他方法制作或保藏的，但品目 20.06 的产品除外：
>
> 本品目的冷冻蔬菜是指未冷冻时归入品目 20.05 的蔬菜（参见品目 20.05 的注释）。所称“冷冻”的含义，已在第七章总注释内加以说明。
>
> 贸易上常见的归入本品目的产品举例如下：
>
> 一、马铃薯片或法式马铃薯条，用油炸或半炸后冻藏的。
>
> ……

由此可见，油炸后的马铃薯片，如果冻藏，则归入品目2004，未冻藏，则归入品目2005。因此，袋装薯片应归入品目2005。

（二）确定子目

（1）罐装薯片。查阅1905子目条文，罐装薯片应归入1905.9000。

（2）袋装薯片。查阅2005子目条文，袋装薯片应归入2005.2000。

二、核实商品监管条件

在确定商品编码之后，可以在“通关网”等网站查询该商品的监管条件。经查询，两种规格的薯片的海关监管条件代码都是“AB”，因此安徽A公司在进口该批商品时，需办理法定检验手续。

问题探究

某企业因初次出口一批名为“人参花蕾花饮”的商品，对该商品的归类没有把握。该商品是一种由0.96%的人参花蕾、8.57%的果葡糖浆、90.42%的纯化水，以及苹果酸、苯甲酸钠为原料制成的饮品。玻璃瓶零售包装，246毫升，可直接饮用，每日2次，每次1瓶，具有增强免疫力、缓解体力疲劳的保健功能。该商品已申请获得国家市场监督管理总局签发的“国产保健食品批准证书”，商标上标明不适宜人群为少年儿童。

讨论：

该商品应归入哪个税号？

思考练习

一、不定项选择题

在线自测：项目一

二、实务操作题

请确定以下商品的8位税号（品目和子目之间加点）：

（1）熏带骨猪腿。

（2）盐渍鱿鱼（柔鱼属）。

（3）密封塑料袋装婴儿均化食品，成分含量为30%牛肉（可见小肉块）、65%胡萝卜、5%其他配料，净重500克。

（4）番茄酱罐头。

（5）食用活甲鱼。

(6) 奶粉（脂肪量3%，未加糖等其他物质）。
(7) 冻牛百叶。
(8) 冷藏的芦笋。
(9) 生的核桃，带壳。
(10) 普洱茶（净重1千克/包）。
(11) 鱼占15%、牛肉占10%、马铃薯占75%的罐头食品。
(12) 口香糖。
(13) 块状酒心巧克力（每块净含量150克）。
(14) 含有猪肉馅制成的包子（猪肉含量25%，青菜75%）。
(15) 水煮花生仁。
(16) 雀巢咖啡。
(17) 由多种精致的植物花粉和乳糖制得的营养保健花粉制品。
(18) 运动饮料（具有补充运动中流失的维生素和矿物质和增强体质的作用）。
(19) 坛装黄酒。
(20) 冻带骨猪前腿。

项目二
报关单填制

报关单的内容和填制规范体现了报关活动的基础知识和基本技能。报关单填制是报关人员应掌握的核心技能之一，报关单填制的准确率直接影响企业的工作效率和企业的信用等级。同时，报关单填制也是行业和高校的报关技能比赛的重点内容。本项目从报关单的基本概念出发，详细介绍单一窗口关检融合报关单各项目的填报要求和技巧，阐述报关单审核的基本要点。

学习目标

[知识目标]

1. 掌握报关单各栏目的含义。
2. 熟悉报关单填制的一般要求和各栏目填报要求。
3. 熟悉报关单审核的工作要点。

[能力目标]

1. 能检查委托方提供的报关资料是否齐全有效。
2. 能根据报关资料填报进出口货物报关单。
3. 能检查报关单各栏目填报的内容是否正确并修改。

项目导入

位于上海市浦东新区的外商独资企业上海XX模具有限公司（统一社会信用代码为913101151234567890，海关注册编码为3122243465）进口一批国家鼓励项目下投资总额内的企业自用设备，该批货物的运输工具于2020年8月1日从洋山港口岸申报进境，已准备好"征免税证明"（编号Z22108A00455）及有关单证。该公司委托上海YY报关公司向上海浦东海关（关区代码2210）报关。商品HS编码为8456309090，法定计量单位为台/千克，运费总额为4 800美元，保险费率0.3%。上海YY报关公司要求报关员小王根据货物情况做好报关单申报的准备工作，并填制进口报关单。

上海XX模具有限公司提供的资料包括商业发票（如表2-1所示）、装箱单（如表2-2所示）、征免税证明（如表2-3所示）、提单（如表2-4所示）。

工作任务：

(1) 整理核实报关资料是否齐全、有效，并找出进口报关单各栏目对应的信息。

(2) 以本单位的名义填写报关单草单。

(3) 检查报关单内容是否准确。

表2-1　商业发票

HAIDE TRADING COMPANY

ROOM 1803 EDWA BUILDING，SIMA STREET，BOSTON，USA

COMMERCIAL INVOICE

To：SHANGHAI XX MOLD CO.，LTD.
No. 201，Century Avenue，
Pudong New Area，Shanghai
China

Invoice No.：FP123456
Invoice Date：JUL. 03，2020
S/C No.：HT2020556
S/C Date：JUN. 05，2020

Letter of Credit No. MGL489P4
Issued by：BANK OF CHINA SHANGHAI BRANCH

Marks and Numbers	Number and Kind of Package；Description of Goods	Quantity	Unit Price	Amount
SMC SHANGHAI C/NO. 1-8	ELECTRICAL DISCHARGE MACHINE		FOB BOSTON	
	ART. NO.：DM350	4 SETS	USD 14 860.00	USD 59 440.00
	ART. NO.：DM480	2 SETS	USD 12 530.00	USD 25 060.00
	ART. NO.：DM520	2 SETS	USD 10 790.00	USD 21 580.00
			TOTAL	USD 106 080.00

COUNTRY OF ORIGIN：USA

TOTAL　SAY USD ONE HUNDRED AND SIX THOUSAND AND EIGHTY ONLY

HAIDE TRADING COMPANY

表2-2　装箱单

HAIDE TRADING COMPANY

ROOM 1803 EDWA BUILDING，SIMA STREET，BOSTON，USA

PACKING LIST

To：SHANGHAI XX MOLD CO.，LTD.
No. 201，Century Avenue，
Pudong New Area，Shanghai
China

Invoice No.：FP123456
Invoice Date：JUL. 03，2020
S/C No.：HT2020556

From：BOSTON，USA　To：SHANGHAI，CHINA
Credit No.：MGL489P4　Date of Shipment：JUL. 10，2020

Marks and Numbers	C/No.，Package	Quantity，Description of Goods	G. Weight	N. Weight	Meas.
SMC SHANG-HAI C/NO. 1-8	8 PLYWOOD PALLETS	ELECTRICAL DISCHARGE MACHINE	KGS	KGS	CBM
		ART. NO.：DM350　4 SETS	12 600	12 000	19.80
		ART. NO.：DM480　2 SETS	7 210	6 610	8.70
		ART. NO.：DM520　2 SETS	8 340	7 740	9.30
		TOTAL　8 SETS	28 150	26 350	37.80

TOTAL GROSS WEIGHT TWENTY-EIGHT THOUSAND ONE HUNDRED AND FIFTY KGS ONLY. TOTAL PACKED ON EIGHT PLYWOOD PALLETS.

HAIDE TRADING COMPANY

表 2-3　征免税证明

中华人民共和国海关进出口货物征免税证明

＊＊＊＊＊＊
＊主页＊
＊＊＊＊＊＊

＊＊＊＊＊＊
＊进口＊
＊＊＊＊＊＊

第 1 页　　共 1 页　　　　　　　　　　　　　　　　　　　　　　编号：Z22108A00455

<table>
<tr><td colspan="4">减免税申请人：上海 XX 模具有限公司
913101151234567890</td><td colspan="3">征免性质/代码：
鼓励项目/789</td><td colspan="4">审批依据：
总署税〔2008〕103 号</td></tr>
<tr><td colspan="4">发证日期：2020 年 6 月 15 日</td><td colspan="7">有效期：　　　至 2020 年 12 月 10 日止</td></tr>
<tr><td colspan="4">到货口岸：洋山港区</td><td colspan="5">合同号：HT2012556</td><td colspan="2">项目性质：外资项目内资商品</td></tr>
<tr><td rowspan="2">序号</td><td rowspan="2">货名</td><td rowspan="2">规格</td><td rowspan="2">税号</td><td rowspan="2">数量</td><td rowspan="2">单位</td><td rowspan="2">金额</td><td rowspan="2">币制</td><td colspan="3">主管海关审批征免意见</td></tr>
<tr><td>关税</td><td>增值税</td><td>其他</td></tr>
<tr><td>1</td><td>全自动金属成形放电加工机</td><td>＊＊＊＊DM350</td><td>8456309090</td><td>4</td><td>台</td><td>59 440</td><td>美元</td><td>0%</td><td>13%</td><td></td></tr>
<tr><td>2</td><td>全自动金属成形放电加工机</td><td>＊＊＊＊DM480</td><td>8456309090</td><td>2</td><td>台</td><td>25 060</td><td>美元</td><td>0%</td><td>13%</td><td></td></tr>
<tr><td>3</td><td>全自动金属成形放电加工机</td><td>＊＊＊＊DM520</td><td>8456309090</td><td>2</td><td>台</td><td>21 580</td><td>美元</td><td>0%</td><td>13%</td><td></td></tr>
<tr><td>4</td><td>〈以下空白〉</td><td></td><td></td><td></td><td></td><td></td><td></td><td></td><td></td><td></td></tr>
<tr><td>5</td><td></td><td></td><td></td><td></td><td></td><td></td><td></td><td></td><td></td><td></td></tr>
<tr><td colspan="2">备 注</td><td colspan="9"></td></tr>
<tr><td colspan="2">审批海关签章

负责人：XXX

2020 年 6 月 15 日</td><td colspan="4">核放海关批注

负责人：

年　月　日</td><td colspan="5">注意事项及权利义务提示：
1. 本证明使用一次有效。同一合同项下货物分口岸进口或分批到货的，应向审批海关申明，并按到货口岸、到货日期分别申请此证明。
2. 货物进口时应向海关交验本证明，复印件无效。
3. 本证明有效期应按照具体政策规定填写，但最长不得超过半年；如需延期，应在有效期内向原审批海关提出申请。
4. 规定由海关监管使用的减免税货物，在海关监管年限内，减免税申请人应按照特定用途、特定企业、特定地区使用；未经海关许可，不得擅自转让、抵押、质押、移作他用或者进行其他处置，否则，海关将依法处理。
5. 如不服本证明决定，依照《中华人民共和国行政复议法》第九条、第十二条、第十六条，《海关法》第六十四条的规定，可以在本证明送达之日起六十日内向上一级海关（海关总署）申请行政复议，对复议决定仍不服的，依照《中华人民共和国行政复议法》第三十八条第二款的规定，可以自收到复议决定书之日起十五日内，向人民法院提起诉讼。</td></tr>
</table>

表 2-4 提单

Shipper HAIDE TRADING COMPANY	B/L No. SS137841 中远集装箱运输有限公司 COSCO CONTAINER LINES Port-to-Port or Combined Transport BILL OF LADING
Consignee TO ORDER	RECEIVED in external apparent good order and condition except as other-wise noted. The total number of packages or units stuffed in the container. The description of the goods and the weights shown in this Bill of Loading are furnished by the Merchants, and which the carrier has no reasonable means of checking and is not a part of this Bill of Loading contract. The carrier has issued the number of Bill of Loading stated below, all of this tenor and date. one of the original Bill of Loading must be surrendered and endorsed or signed against the delivery of the shipment and whereupon any other original Bill of Loading shall be void. The merchants agree to be bound by the terms and conditions of this B/L as if each had personally signed this B/L. SEE clause 4 on the back of this B/L. (Terms continued on the back hereof, please read carefully)
Notify Party SHANGHAI XX MOLD CO., LTD. No. 201, Century Avenue, Pudong New Area, Shanghai China	

* Pre-carriage by	* Place of Receipt
Ocean Vessel Voy. No. DASHE 509E	Port of Loading BOSTON, USA
Port of Discharge SHANGHAI CHINA	* Place of Delivery

Marks & Nos. Container/Seal No.	No. of Containers or Packages	Description of Goods	Gross Weight KGS	Measurement CBM
SMC SHANGHAI C/NO. 1-8	8 PLYWOOD PALLETS	ELECTRICAL DISCHARGE MACHINE SAID TO CONTAIN	28 150	37.80
C/NO. COSU3202732	S/NO. 541012			
C/NO. COSU4599235	S/NO. 674523			
		FREIGHT COLLECT		
		FCL/ FCL	ON BOARD JUL. 10, 2020	

	Description of Contents for Shipper's Use Only (Not Part of This B/L Contract)
Total No. of Container and/or Packages (in words)	SAY TOTAL EIGHT PLYWOOD PALLETS ONLY.

Freight & Charges	Revenue Tons	Rate	Per	Prepaid	Collect

Ex. rate	Prepaid at	Payable at	Place and date of Issue: BOSTON, USA JUL. 10, 2020
	Total prepaid	No. of Original B(s)/L THREE(3)	Signed ABC SHIPPING CO. by XXX

Laden on Board the Vessel

Date By

AS AGENT FOR THE CARRIER
COSCO CONTAINER LINES

任务一 认识报关单

报关单填报相关操作的工作包括了解填报规范、审核单据资料并在计算机上录入报关单各栏数据、校对审核报关单等，工作流程如图 2-1 所示。

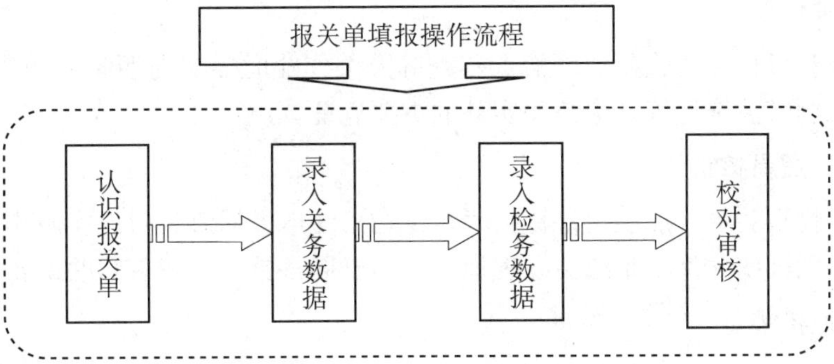

图 2-1 报关单填报操作流程

一、报关单的含义

报关单是指进出口货物的境内收发货人或其代理人，按照海关规定格式对进出口货物的实际情况做出书面申请，以此要求海关对其货物按适用的海关制度办理通关手续的法律文书。

二、报关单的种类

按进出口状态，报关单分为进口货物报关单、出口货物报关单。

按表现形式，报关单分为纸质报关单、电子数据报关单。当前除失信企业外，报关行普遍采用通关无纸化模式报关，一般情况下无须提交纸质报关单。

按用途，报关单分为报关单草单（外贸企业给报关行参考或委托报关行制作)、报关单录入凭单（报关行系统录入的依据)、预录入报关单（系统暂存后未发送)、电子数据报关单（发送后海关接受)、报关单证明联（结关后海关出具)。报关单的数据流转过程如图 2-2 所示。

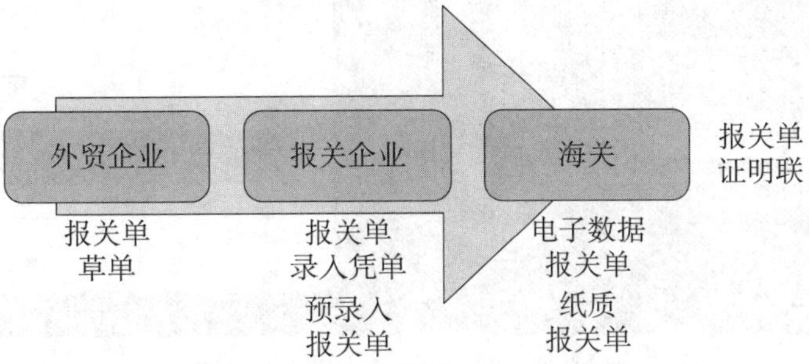

图 2-2 报关单数据流转示意图

三、报关单的用途

企业向海关发送并被海关审核通过的报关单数据在很多对外贸易相关管理部门都要用到。

（一）海关作业

海关在查验货物、征收税费、稽查核查等海关作业时需要对照报关单数据进行核对，报关单也是编制海关统计等其他海关实务的重要凭证。

（二）加工贸易核销

进出口货物报关单（加工贸易核销联）是指接受申报的海关对已实际申报进口或出口的货物所签发的证明文件，是海关办理加工贸易合同核销、结案手续的重要凭证。

（三）外汇核销

进口货物报关单（进口付汇证明联）或出口货物报关单（出口收汇证明联）是海关对已实际进出境的货物所签发的证明文件，是银行和国家外汇管理部门办理售汇、付汇和收汇及核销手续的重要依据之一。

（四）出口退税

出口货物报关单（出口退税证明联）是海关对已实际申报出口并已装运离境的货物所签发的证明文件，是国家税务部门办理出口货物退税手续的重要凭证之一。

四、关检整合报关单的特点

2018年8月1日起，我国取消QP系统中的一次申报功能，改为在中国国际贸易“单一窗口”或“互联网+海关”进行整合申报。其中“单一窗口”的登录界面如图2-3所示。

图2-3 单一窗口办理业务登录界面

登录后报关数据录入界面如图2-4所示，其中表头部分如图2-5所示，表体部分如图2-6所示。

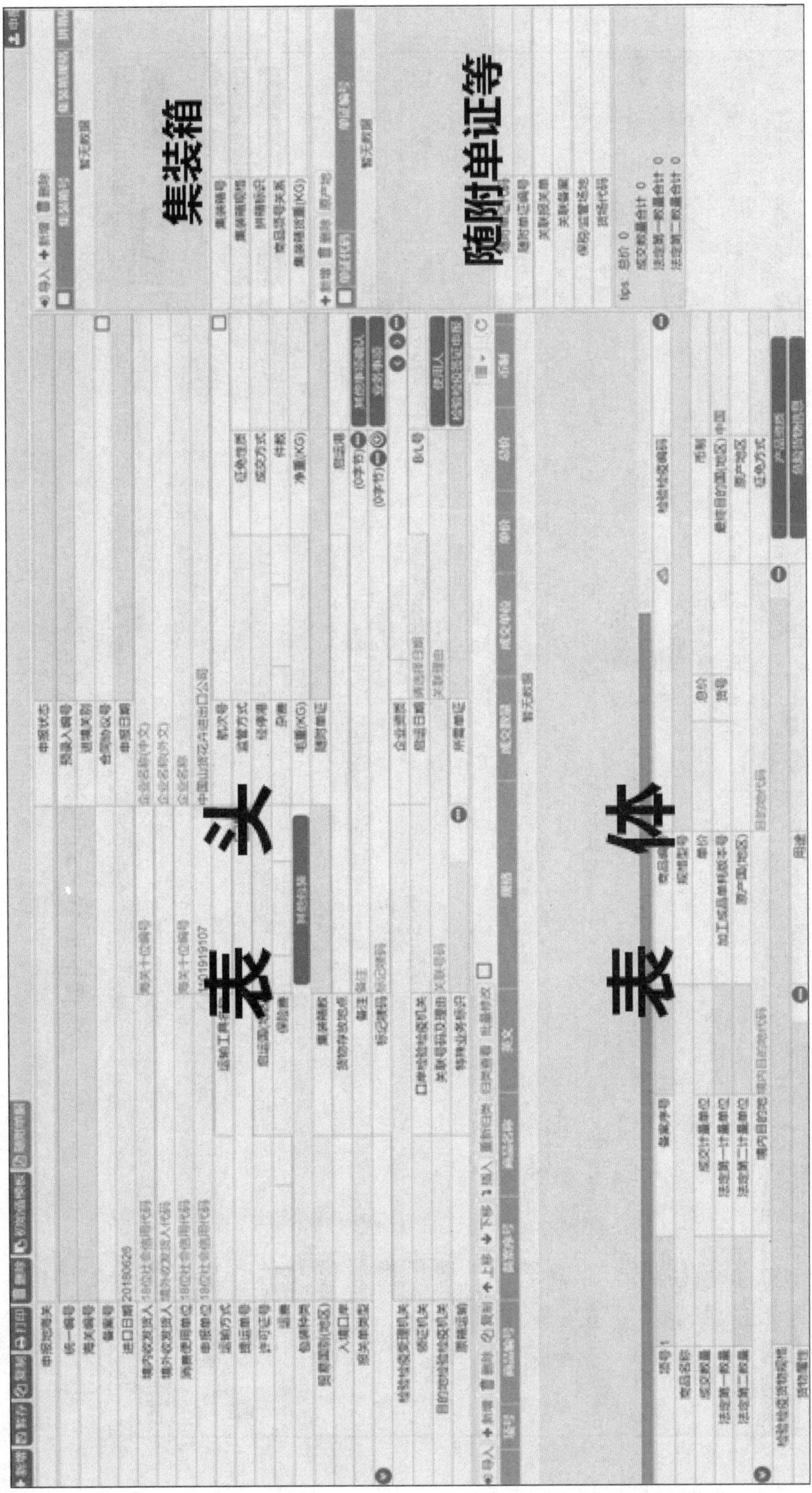

图 2-4　单一窗口报关数据录入页面

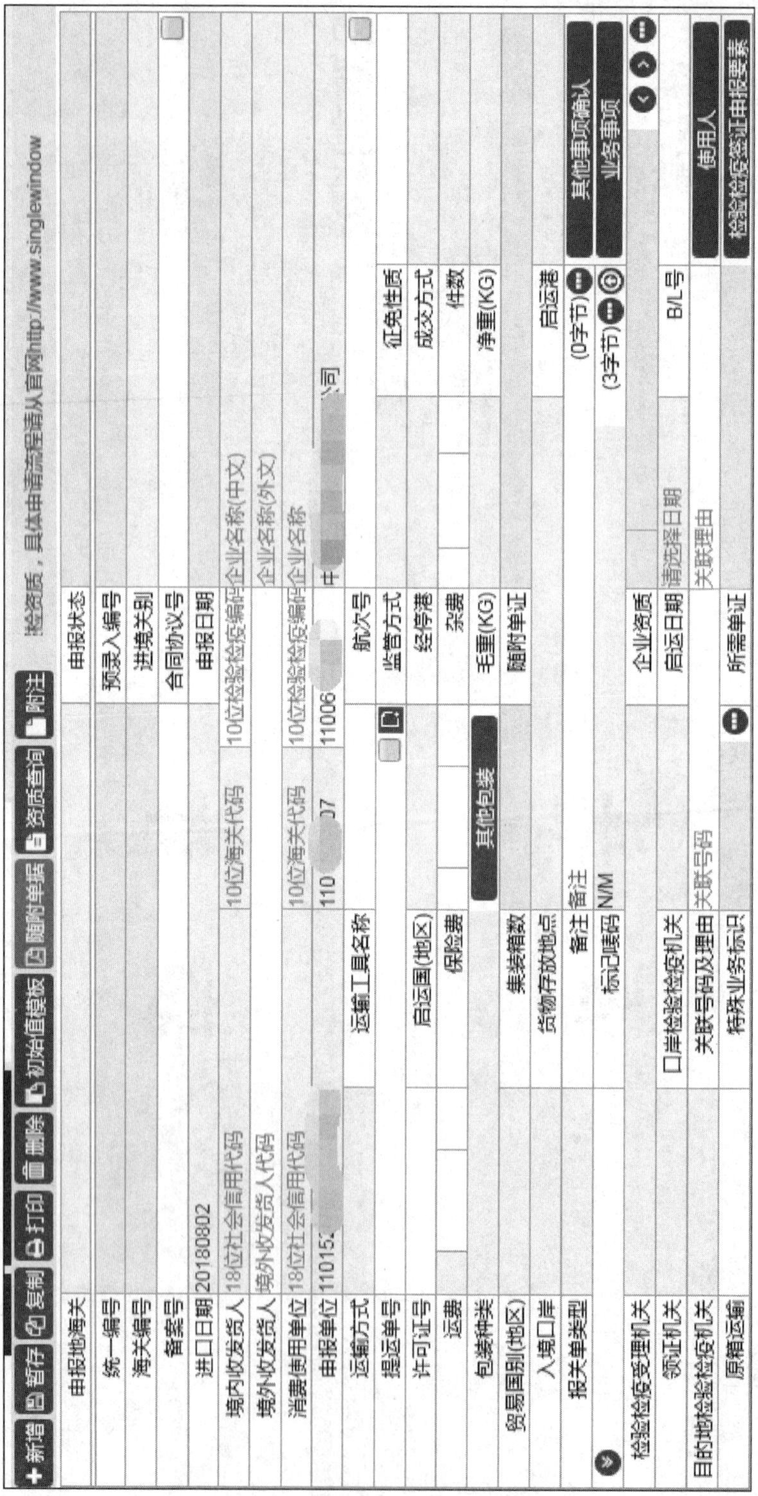

图2-5 单一窗口报关数据录入表头部分

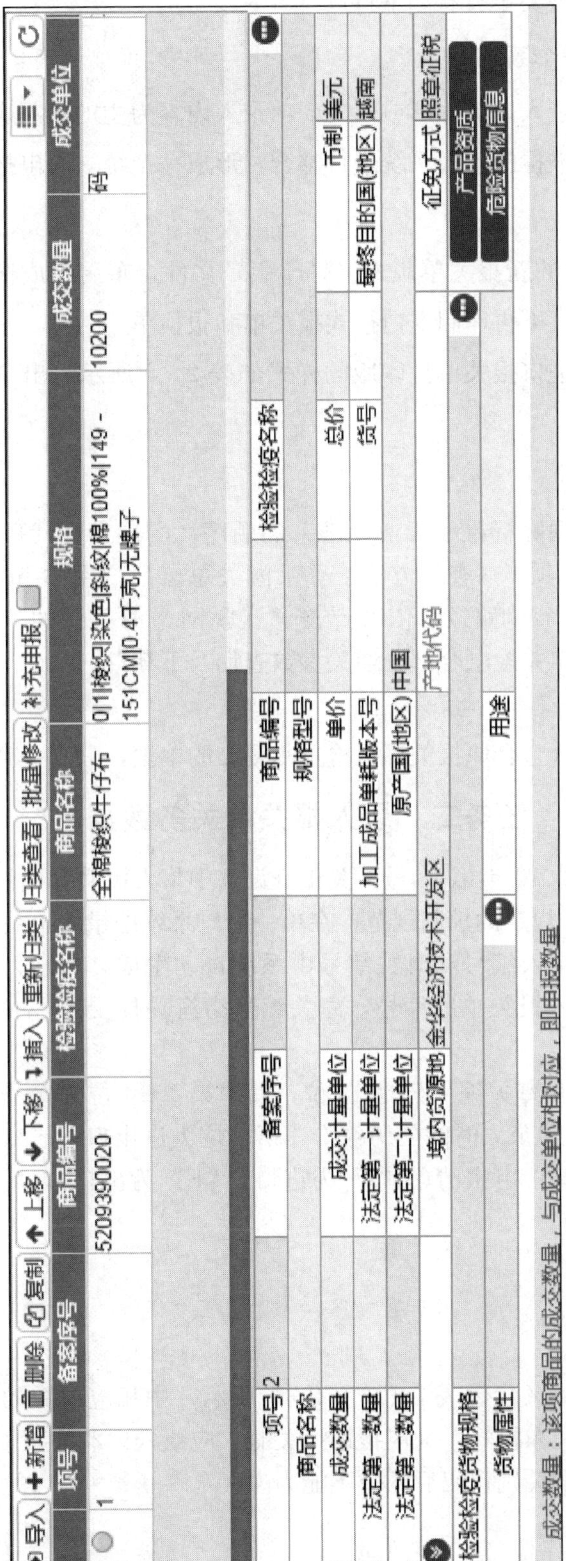

图 2-6　单一窗口报关数据录入表头部分

关检整合申报后，报关单具有如下特点：

（一）一次申报、一个系统

整合原报关、报检录入内容，形成以105项录入内容为主的新报关单。在申报项目整合的基础上，将原报关报检的申报系统进行整合，形成一个统一的申报系统。

（二）版式调整

形成具有56个项目的新报关单版式（打印版）文件，布局改成横版，纸质报关单采用普通打印，取消套打，不再印制空白格式报关单和报检单。

关检整合申报后，进口报关单打印版的样式如表2－5所示，出口报关单打印版的样式如表2－6所示。

（三）参数整合

按照“国家标准—国际标准—行业标准”的顺序，实现参数代码的标准化，涉及参数代码19项。（查看方法：登录海关总署门户网站 http://www.customs.gov.cn，查询路径：依次点击“互联网＋海关”的“我要查”→“通关参数”→“关检融合部分通关参数查询及下载”）。

通关参数代码查询网站

（四）随附单据

通关无纸化模式下，整合原报关、报检重复提交的单据，只需一套随附单据。

任务二　录入报关单关务数据

根据海关总署公告2019年第18号（关于修订《中华人民共和国海关进出口货物报关单填制规范①》的公告）规定的填制规范，在单一窗口系统中录入报关单各申报栏目。

其中，报关单的预录入编号和海关编号由系统自动生成，无须人工录入。预录入编号指预录入报关单的编号，海关编号指海关接受申报时给予报关单的编号。

报关单预录入编号和海关编号都是18位，其中第1～4位为接受申报海关的代码，第5～8位为录入时的公历年份，第9位为进出口标志（“1”为进口，“0”为出口；集中申报清单“I”为进口，“E”为出口），后9位为顺序编号。

2019版报关单填制规范（全文）

一、申报地海关

（一）填报要求

填报海关规定的“关区代码表”（如表2－7所示）中相应海关的名称及代码。例如：选择“浦东机场”为申报地海关时，应录入“2233”。

注意：申报地海关的关别代码后两位不能为“00”。

关区代码表

---

① 报关规范所述尖括号（<>）、逗号（,）、连接符（-）、冒号（:）等标点符号及数字，填报时都必须使用非中文状态下的半角字符。

表 2－5　进口报关单

中华人民共和国海关进口货物报关单

预录入编号：　　海关编号：　　（申报地海关）　　页码/页数：

<table>
<tr><td>境内收货人</td><td colspan="2">进境关别</td><td colspan="2">进口日期</td><td>申报日期</td><td colspan="2">备案号</td></tr>
<tr><td>境外发货人</td><td colspan="2">运输方式</td><td colspan="2">运输工具名称及航次号</td><td>提运单号</td><td colspan="2">货物存放地点</td></tr>
<tr><td>消费使用单位</td><td colspan="2">监管方式</td><td colspan="2">征免性质</td><td>许可证号</td><td colspan="2">启运港</td></tr>
<tr><td>合同协议号</td><td colspan="2">贸易国（地区）</td><td colspan="2">启运国（地区）</td><td>经停港</td><td colspan="2">入境口岸</td></tr>
<tr><td>包装种类</td><td>件数</td><td>毛重（千克）</td><td>净重（千克）</td><td>成交方式</td><td>运费</td><td>保费</td><td>杂费</td></tr>
<tr><td colspan="4">随附单证
随附单证一：</td><td colspan="4">随附单证二：</td></tr>
<tr><td colspan="8">标记唛码及备注</td></tr>
<tr><td colspan="8">项号　商品编号　商品名称及规格型号　数量及单位　单价/总价/币制　原产国（地区）　最终目的国（地区）　境内目的地　征免</td></tr>
<tr><td colspan="8"></td></tr>
<tr><td colspan="8"></td></tr>
<tr><td colspan="8"></td></tr>
<tr><td colspan="8"></td></tr>
<tr><td colspan="8"></td></tr>
<tr><td colspan="8"></td></tr>
<tr><td colspan="8">特殊关系确认：　价格影响确认：　支付特许权使用费确认：　自报自缴：</td></tr>
<tr><td colspan="6">申报人员　申报人员证号　电话　兹申明以上内容承担如实申报、依法纳税之法律责任
申报单位　申报单位（签章）</td><td colspan="2">海关批注及签章</td></tr>
</table>

表 2-6　出口报关单

中华人民共和国海关出口货物报关单

预录入编号：　　海关编号：　　（申报地海关）　　页码/页数：

<table>
<tr><td>境内发货人</td><td colspan="2">出境关别</td><td colspan="2">出口日期</td><td colspan="2">申报日期</td><td>备案号</td></tr>
<tr><td>境外收货人</td><td colspan="2">运输方式</td><td colspan="2">运输工具名称及航次号</td><td colspan="3">提运单号</td></tr>
<tr><td>生产销售单位</td><td colspan="2">监管方式</td><td colspan="2">征免性质</td><td colspan="3">许可证号</td></tr>
<tr><td>合同协议号</td><td colspan="2">贸易国（地区）</td><td colspan="2">运抵国（地区）</td><td colspan="3">指运港</td></tr>
<tr><td>包装种类</td><td>件数</td><td>毛重（千克）</td><td>净重（千克）</td><td>成交方式</td><td>运费</td><td>保费</td><td>杂费</td></tr>
<tr><td colspan="8">随附单证
随附单证一：　　　　随附单证二：</td></tr>
<tr><td colspan="8">标记唛码及备注</td></tr>
<tr><td colspan="8">项号　商品编号　商品名称及规格型号　数量及单位　单价/总价/币制　原产国（地区）　最终目的国（地区）　境内货源地　征免</td></tr>
<tr><td colspan="8"></td></tr>
<tr><td colspan="8"></td></tr>
<tr><td colspan="8"></td></tr>
<tr><td colspan="8"></td></tr>
<tr><td colspan="8"></td></tr>
<tr><td colspan="8"></td></tr>
<tr><td colspan="8">特殊关系确认：　价格影响确认：　支付特许权使用费确认：　自报自缴：</td></tr>
<tr><td colspan="6">申报人员　申报人员证号　电话　兹申明以上内容承担如实申报、依法纳税之法律责任
申报单位　　申报单位（签章）</td><td colspan="2">海关批注及签章</td></tr>
</table>

（二）数据出处

根据报关人员在货物进出口申报时的实际情况进行自主选择。

表 2-7　关区代码表（部分）

关区代码	关区名称	关区代码	关区名称	关区代码	关区名称
0202	新港海关	2233	浦东机场	3104	北仑海关
0402	秦皇岛关	2301	连云港关	3501	马尾海关
0902	大连机场	2365	张家港保税港区	4001	南昌海关
1501	长春海关	2325	昆山海关	4601	郑州海关
2201	浦江海关	2921	义乌海关	5103	清远海关
2202	吴淞海关	2909	杭经开关	7201	南宁海关

二、报关单类型

（一）填报要求

输入报关单类型的代码：0——有纸报关，L——有纸带清单报关，D——无纸带清单报，M——通关无纸化。

有纸报关供没有与海关签订通关无纸化企业报关填报用，报关单不传输随附单据。

有纸带清单报关供没有与海关签订通关无纸化企业报关带有清单的集中申报报关单用，报关单不传输随附单据。

无纸带清单报关供没有与海关签订通关无纸化企业报关带有清单的集中申报报关单用，报关单上传输随附单据（后改为“M——通关无纸化”）。

选择通关无纸化模式的报关企业，需要事先与海关签订通关无纸化协议。

（二）数据出处

根据适用的申报模式进行选择。

三、境内收发货人

（一）填报要求

填报在海关注册的对外签订并执行进出口贸易合同的中国境内法人、其他组织名称及编码。编码填报 18 位法人和其他组织统一社会信用代码，没有统一社会信用代码的，填报其在海关的备案编码。

统一社会信用代码查询网站

在单一窗口系统中录入企业信息时，分统一社会信用代码、海关代码、检验检疫编码、企业名称四个栏目，如图 2-7 所示。只要准确录入其中一个栏目内容，系统会自动返填另几个栏目内容。如果申报货物涉及检验检疫，需要录入 10 位检验检疫编码，否则需要清空检验检疫编码栏。

这里的“海关代码”就是企业在海关注册备案登记后海关给予的 10 位编号，也称海关编码。例如：广州 XX 有限公司的海关编码为 4401931450。其中，第 1～4 位是进出口

境内收发货人	18位社会信用代码	10位海关代码	10位检验检疫编码	企业名称(中文)
境外收发货人	境外收发货人代码			企业名称(外文)
消费使用单位	18位社会信用代码	10位海关代码	10位检验检疫编码	企业名称
申报单位	1101523[illegible]	1101[illegible]	110[illegible]	中国[illegible]出口公司

图2-7　单一窗口系统中相关企业的录入

单位属地的行政区划代码；第5位是市内经济区划代码；第6位是进出口企业经济类型代码；第7～10位是顺序编号。海关编码中的第5位、第6位代码及其含义如表2-8所示。

表2-8　报关单位海关编码的第5位、第6位代码及其含义

经济区划代码	经济区划（编码第5位数字）	企业性质代码	企业性质（编码第6位数字）
1	经济特区	1	国有企业
2	经济技术开发区	2	中外合作企业
3	高新技术开发区	3	中外合资企业
4	保税区	4	外商独资企业
9	其他	5	有进出口经营权的集体企业
注：上海浦东新区、海南洋浦经济开发区的经济区划代码也是“2”。		6	有进出口经营权的私营企业
		7	有进出口经营权的个体工商户
		8	有报关权而无进出口经营权的企业
		9	其他

（二）数据出处

本栏目的名称和代码数据由境内收发货人提供并确认，名称一般是外贸合同或发票上的境内企业的中文名称。

企业的名称和代码可以在企业的营业执照、报关单位注册登记证书或备案回执上查看，企业的18位统一社会信用代码也可通过“国家企业信用信息公示系统（http://www.gsxt.gov.cn）”辅助查询。

（三）特殊情况下填报要求

（1）进出口货物合同的签订者和执行者非同一企业的，填报执行合同的企业。

（2）外商投资企业委托进出口企业进口投资设备、物品的，填报外商投资企业，并在标记唛码及备注栏注明“委托某进出口企业进口”，同时注明被委托企业的18位法人和其他组织统一社会信用代码。

（3）有代理报关资格的报关企业代理其他进出口企业办理进出口报关手续时，填报委托的进出口企业。

（4）海关特殊监管区域收发货人填报该货物的实际经营单位或海关特殊监管区域内经营企业。

四、进（出）境关别

（一）填报要求

根据货物实际进出境的口岸海关，填报海关规定的“关区代码表”中相应口岸海关的名称及代码。

（二）数据出处

在提/运单上会有装货港或卸货港的信息，作为判断进出境关别的依据，也可使用海关总署舱单信息查询系统查询货物的承运运输工具的进出境关别。

（三）特殊情况填报要求

进口转关运输货物填报货物进境地海关名称及代码，出口转关运输货物填报货物出境地海关名称及代码。按转关运输方式监管的跨关区深加工结转货物，出口报关单填报转出地海关名称及代码，进口报关单填报转入地海关名称及代码。

在不同海关特殊监管区域或保税监管场所之间调拨、转让的货物，填报对方海关特殊监管区域或保税监管场所所在的海关名称及代码。

其他无实际进出境的货物，填报接受申报的海关名称及代码。

五、进（出）口日期

（一）填报要求

进口日期填报运载进口货物的运输工具申报进境的日期。

出口日期指运载出口货物的运输工具办结出境手续的日期，在申报时免予填报。

无实际进出境的货物，填报海关接受申报的日期。

进（出）口日期为 8 位数字，顺序为年（4 位）、月（2 位）、日（2 位）。

（二）数据出处

进口日期按进口货物的运输工具申报进境的日期填报，也可使用海关总署舱单信息查询系统查询货物的承运运输工具的进境日期（如图 2－8 所示）。

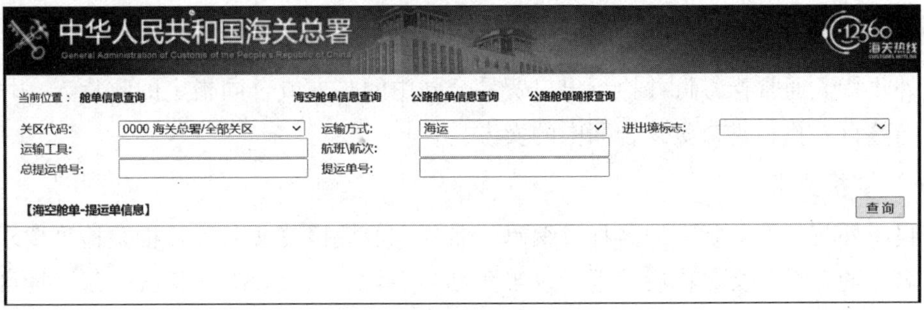

图 2－8　海关总署舱单信息查询系统

六、申报日期

申报日期指海关接受进出口货物收发货人、受委托的报关企业申报数据的日期。以电子数据报关单方式申报的，申报日期为海关计算机系统接受申报数据时记录的日期。以纸质报关单方式申报的，申报日期为海关接受纸质报关单并对报关单进行登记处理的日期。

本栏目在申报时免予填报。

七、备案号

（一）填报要求

填报进出口货物收发货人、消费使用单位、生产销售单位在海关办理加工贸易合同备案或征、减、免税审核确认等手续时，海关核发的“加工贸易手册”、海关特殊监管区域和保税监管场所保税账册、“征免税证明”或其他备案审批文件的编号。

一份报关单只允许填报一个备案号。

备案号长度为12位，其中第1位是标记代码，标记代码的含义如表2－9所示。例如：C2302830001表示某进料加工电子化手册的编号。

表2－9　常见备案号的标记代码

首位代码	备案审批文件	首位代码	备案审批文件
B	加工贸易手册（来料加工）	H	海关特殊监管区域保税加工账册
C	加工贸易手册（进料加工）	T	海关特殊监管区域保税物流账册
D	加工贸易不作价设备登记手册	L	保税监管场所保税物流账册
E	加工贸易电子账册	Z	征免税证明

（二）数据出处

本栏目数据来自海关备案/审批文件的编号，需要由境内收发货人提供并确认。

注意：备案号的数据与报关单“监管方式”“征免性质”“征免”“项号”等栏目的数据互有关联，存在逻辑关系。

八、境外收（发）货人

境外收货人通常指签订并执行出口贸易合同中的买方或合同指定的收货人，境外发货人通常指签订并执行进口贸易合同中的卖方。

（一）填报要求

填报境外收（发）货人的名称及编码。名称一般填报英文名称，检验检疫要求填报其他外文名称的，在英文名称后填报，以半角括号分隔；对于AEO互认国家（地区）企业的，编码填报AEO编码，填报样式为“国别（地区）代码＋海关企业编码”（如新加坡AEO企业填报样式为SG123456789012，韩国AEO企业填报样式为KR1234567）；非互认国家（地区）AEO企业等其他情形，编码免予填报。

特殊情况下无境外收发货人的，名称及编码填报“NO”。

（二）数据出处

在外贸合同、商业发票、装箱单等单据中都可查到境外收（发）货人的英文名称。

境外收货人一般填报出口贸易合同中的买方。境外发货人一般填报进口贸易合同中的卖方。

九、运输方式

运输方式包括实际运输方式和海关规定的特殊运输方式，前者指货物实际进出境的运输方式，按进出境所使用的运输工具分类；后者指货物无实际进出境的运输方式，按货物在境内的流向分类。

（一）填报要求

根据货物实际进出境的运输方式或货物在境内流向的类别，按照海关规定的“运输方式代码表”（如表2-10所示）选择填报相应的运输方式。

表2-10 运输方式代码表

代码	中文名称	代码	中文名称
0	非保税区	9	其他方式运输
1	监管仓库	H	边境特殊海关作业区
2	水路运输	T	综合实验区
3	铁路运输	W	物流中心
4	公路运输	X	物流园区
5	航空运输	Y	保税港区
6	邮件运输	Z	出口加工区
7	保税区	L	旅客携带
8	保税仓库	G	固定设施运输

（二）数据出处

实际进出境的货物，本栏数据填报可从运输单据的类型进行判断。多程运输的，进口货物以运抵我国关境第一个口岸的运输方式为准；出口货物以运离我国关境最后一个口岸的运输方式为准。

无实际进出境的货物，本栏数据应根据货物的流向进行判断。

（三）特殊情况填报要求

（1）非邮件方式进出境的快递货物，按实际运输方式填报。

（2）进口转关运输货物，按载运货物抵达进境地的运输工具填报；出口转关运输货物，按载运货物驶离出境地的运输工具填报。

（3）不复运出（入）境而留在境内（外）销售的进出境展览品、留赠转卖物品等，填报“其他方式运输”（代码9）。

（4）进出境旅客随身携带的货物，填报“旅客携带”（代码L）。

（5）以固定设施（包括输油、输水管道和输电网等）运输货物的，填报“固定设施运输”（代码G）。

（四）无实际进出境货物在境内流转时填报要求

（1）境内非保税区运入保税区货物和保税区退区货物，填报“非保税区”（代码0）。

（2）保税区运往境内非保税区货物，填报“保税区”（代码7）。

（3）境内存入出口监管仓库和出口监管仓库退仓货物，填报“监管仓库”（代码1）。

（4）保税仓库转内销货物或转加工贸易货物，填报“保税仓库”（代码8）。

（5）从境内保税物流中心外运入中心或从中心运往境内中心外的货物，填报“物流中心”（代码W）。

（6）从境内保税物流园区外运入园区或从园区内运往境内园区外的货物，填报“物流园区”（代码X）。

（7）保税港区、综合保税区与境内（区外）（非海关特殊监管区域、保税监管场所）之间进出的货物，填报“保税港区/综合保税区”（代码Y）。

（8）出口加工区、珠澳跨境工业区（珠海园区）、中哈霍尔果斯边境合作中心（中方配套区）与境内（区外）（非海关特殊监管区域、保税监管场所）之间进出的货物，填报“出口加工区”（代码Z）。

（9）境内运入深港西部通道港方口岸区的货物，以及境内进出中哈霍尔果斯边境合作中心中方区域的货物，填报“边境特殊海关作业区”（代码H）。

（10）经横琴新区和平潭综合实验区（以下简称综合试验区）二线指定申报通道运往境内区外或从境内经二线指定申报通道进入综合试验区的货物，以及综合试验区内按选择性征收关税申报的货物，填报“综合试验区”（代码T）。

（11）海关特殊监管区域内的流转、调拨货物，海关特殊监管区域、保税监管场所之间的流转货物，海关特殊监管区域与境内区外之间进出的货物，海关特殊监管区域外的加工贸易余料结转、深加工结转、内销货物，以及其他境内流转货物，填报“其他方式运输”（代码9）。

十、运输工具名称及航次号

（一）填报要求

填报载运货物进出境的运输工具名称或编号及航次号。填报内容应与运输部门向海关申报的舱单（载货清单）所列相应内容一致，否则会被系统退单处理，需要重新录入。

在系统录入时，运输工具名称及航次号是分两个栏目录入的，如图2-9所示。

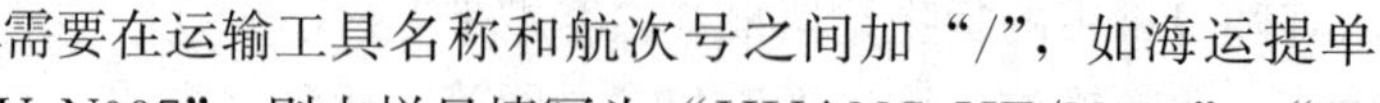

图2-9　单一窗口系统中运输工具及航次号栏目

（二）数据出处

根据提单或运单上所列的运输工具名称（提单OCEAN VESSEL栏或空运单FLIGHT栏等）及航次号（VOYAGE）进行填写，特殊情况请按具体填报要求。

纸质报关单需要在运输工具名称和航次号之间加“/”，如海运提单上的船舶信息为“HUANG HE/V. N097”，则本栏目填写为“HUANG HE/N097”，“V.”不用写。类似的“S/S”“M/V”用于船名之前，“VOG.”用于航次之前，上述简写在录入运输工具信息时都不用填写。

（三）运输工具名称具体填报要求

1. 直接在进出境地或采用全国通关一体化通关模式办理报关手续的报关单填报要求

（1）水路运输：填报船舶编号（来往港澳小型船舶为监管簿编号）或者船舶英文

名称。

（2）公路运输：启用公路舱单前，填报该跨境运输车辆的国内行驶车牌号，深圳提前报关模式的报关单填报国内行驶车牌号＋“/”＋“提前报关”。启用公路舱单后，免予填报。

（3）铁路运输：填报车厢编号或交接单号（出口报关单免填）。

（4）航空运输：填报航班号。

（5）邮件运输：填报邮政包裹单号。

（6）其他运输：填报具体运输方式名称，例如：管道、驮畜等。

2. 转关运输货物的报关单填报要求

（1）进口。

① 水路运输：直转、提前报关填报“@”＋16 位转关申报单预录入号（或 13 位载货清单号）；中转填报进境英文船名。

② 铁路运输：直转、提前报关填报“@”＋16 位转关申报单预录入号；中转填报车厢编号。

③ 航空运输：直转、提前报关填报“@”＋16 位转关申报单预录入号（或 13 位载货清单号）；中转填报“@”。

④ 公路及其他运输：填报“@”＋16 位转关申报单预录入号（或 13 位载货清单号）。

⑤ 以上各种运输方式使用广东地区载货清单转关的提前报关货物填报“@”＋13 位载货清单号。

（2）出口。

① 水路运输：非中转（直转、提前报关）填报“@”＋16 位转关申报单预录入号（或 13 位载货清单号）。如多张报关单需要通过一张转关单转关的，运输工具名称字段填报“@”。

中转货物，境内水路运输填报驳船船名，境内铁路运输填报车名（主管海关 4 位关区代码＋“TRAIN”），境内公路运输填报车名（主管海关 4 位关区代码＋“TRUCK”）。

② 铁路运输：填报“@”＋16 位转关申报单预录入号（或 13 位载货清单号），如多张报关单需要通过一张转关单转关的，填报“@”。

③ 航空运输：填报“@”＋16 位转关申报单预录入号（或 13 位载货清单号），如多张报关单需要通过一张转关单转关的，填报“@”。

④ 其他运输方式：填报“@”＋16 位转关申报单预录入号（或 13 位载货清单号）。

3. 采用“集中申报”通关方式办理报关手续

报关单填报“集中申报”。

4. 无实际进出境的货物

免予填报。

小贴士

允许转关运输的货物

（1）向海关申请办理多式联运手续的货物。

（2）满足规定条件、经主管地海关批准的易受温度、静电、粉尘等自然因素影响或者因其他特殊原因，不宜在口岸海关监管区实施查验的进出口货物。

（3）邮件、快件、暂时进出口货物（含ATA单证册项下货物）、过境货物、中欧班列载运货物、市场采购方式出口货物、跨境电子商务零售进出口商品、免税品以及外交、常驻机构和人员公自用物品。

（四）航次号具体填报要求

1. 直接在进出境地或采用全国通关一体化通关模式办理报关手续的报关单

（1）水路运输：填报船舶的航次号。

（2）公路运输：启用公路舱单前，填报运输车辆的8位进出境日期［顺序为年（4位）、月（2位）、日（2位），下同］。启用公路舱单后，填报货物运输批次号。

（3）铁路运输：填报列车的进出境日期。

（4）航空运输：免予填报。

（5）邮件运输：填报运输工具的进出境日期。

（6）其他运输方式：免予填报。

2. 转关运输货物的报关单

（1）进口。

① 水路运输：中转转关方式填报“@”＋进境干线船舶航次。直转、提前报关免予填报。

② 公路运输：免予填报。

③ 铁路运输：填报“@”＋8位进境日期。

④ 航空运输：免予填报。

⑤ 其他运输方式：免予填报。

（2）出口。

① 水路运输：非中转货物免予填报。中转货物，境内水路运输填报驳船航次号，境内铁路、公路运输填报6位启运日期［顺序为年（2位）、月（2位）、日（2位）］。

② 铁路拼车拼箱捆绑出口：免予填报。

③ 航空运输：免予填报。

④ 其他运输方式：免予填报。

3. 无实际进出境的货物

免予填报。

十一、提运单号

（一）填报要求

填报进出口货物提单或运单的编号。无实际进出境的货物，免予填报。

一份报关单只允许填报一个提单或运单号。一票货物对应多个提单或运单时，应分单填报（分成两个或多个报关单）。报关单中的提运单号必须与舱单信息中的提运单号保持一致，否则报关企业申报后系统会自动退单，因此需要在录入时点“调用舱单”先核对二者数据的一致性。

（二）数据出处

本栏数据来自提单编号（B/L NO.）或航空运单编号（AWB NO. 等）。当涉及多程运输时，出口报关按离境这一程运输信息填报，进口报关按入境这一程运输信息填报。

（三）直接在进出境地或采用全国通关一体化通关模式办理报关手续的填报要求

（1）水路运输：填报进出口提单号。如有分提单的，填报进出口提单号＋“*”＋分提单号。

（2）公路运输：启用公路舱单前，免予填报；启用公路舱单后，填报进出口总运单号。

（3）铁路运输：填报运单号。

（4）航空运输：填报总运单号＋“_”＋分运单号，无分运单的填报总运单号。

（5）邮件运输：填报邮运包裹单号。

（四）转关运输货物的填报要求

1. 进口

（1）水路运输：直转、中转填报提单号。提前报关免予填报。

（2）铁路运输：直转、中转填报铁路运单号。提前报关免予填报。

（3）航空运输：直转、中转货物填报总运单号＋“_”＋分运单号。提前报关免予填报。

（4）其他运输方式：免予填报。

（5）以上运输方式进境货物，在广东省内用公路运输转关的，填报车牌号。

2. 出口

（1）水路运输：中转货物填报提单号；非中转货物免予填报；广东省内汽车运输提前报关的转关货物，填报承运车辆的车牌号。

（2）其他运输方式：免予填报。广东省内汽车运输提前报关的转关货物，填报承运车辆的车牌号。

（五）采用“集中申报”通关方式办理报关手续的填报要求

填报归并的集中申报清单的 16 位数进出口起止日期［按年（4 位）月（2 位）日（2 位）年（4 位）月（2 位）日（2 位）］。

十二、货物存放地点

（一）填报要求

填报进口货物进境后存放的场所或地点，包括海关监管作业场所、分拨仓库、定点加工厂、隔离检疫场、企业自有仓库等。

（二）数据出处

进口货物存放地点，可以通过港口、船代公司、货代公司的网站信息查找，也可电话询问。

十三、消费使用单位/生产销售单位

消费使用单位是指已知的进口货物在境内的最终消费、使用单位，包括自行进口货物的单位或者委托进出口企业进口货物的单位。

生产销售单位是指出口货物在境内的生产或销售单位，包括自行出口货物的单位或委托进出口企业出口货物的单位。

（一）填报要求

（1）编码栏填报18位法人和其他组织统一社会信用代码。无代码的，填报“NO”。

（2）名称栏填报单位名称。

（二）数据出处

属于自营进出口的情形时填报外贸合同上的境内企业（与境内收发货人栏相同），属于代理进出口的情形时填报委托代理协议上的委托方企业，报关人员需要与境内收发货人确认。

（三）特殊情况

（1）减免税货物报关单的消费使用单位/生产销售单位应与“征免税证明”的“减免税申请人”一致；保税监管场所与境外之间的进出境货物，消费使用单位/生产销售单位填报保税监管场所的名称［保税物流中心（B型）填报中心内企业名称］。

（2）海关特殊监管区域的消费使用单位/生产销售单位填报区域内经营企业（“加工单位”或“仓库”）。

（3）进口货物在境内的最终消费或使用以及出口货物在境内的生产或销售的对象为自然人的，填报身份证号、护照号、台胞证号等有效证件号码及姓名。

十四、监管方式

监管方式是以国际贸易中进出口货物的交易方式为基础，结合海关对进出口货物的征税、统计及监管条件综合设定的海关对进出口货物的管理方式。其代码由4位数字构成，前两位是按照海关监管要求和计算机管理需要划分的分类代码，后两位是参照国际标准编制的贸易方式代码。

（一）填报要求

按海关规定的“监管方式代码表”（如表2-11所示）选择填报相应的监管方式简称及代码。

表2-11　监管方式代码表

代码	中文名称	代码	中文名称	代码	中文名称
0110	一般贸易	0845	来料边角料内销	3910	军事装备
0130	易货贸易	0864	进料边角料复出	4019	边境小额
0200	料件销毁	0865	来料边角料复出	4039	对台小额
0214	来料加工	1039	市场采购	4139	对台小额商品交易市场
0245	来料料件内销	1139	国轮油物料	4200	驻外机构运回
0255	来料深加工	1200	保税间货物	4239	驻外机构购进
0258	来料余料结转	1210	保税电商	4400	来料成品退换
0265	来料料件复出	1215	保税工厂	4500	直接退运

续前表

代码	中文名称	代码	中文名称	代码	中文名称
0300	来料料件退换	1233	保税仓库货物	4539	进口溢误卸
0314	加工专用油	1234	保税区仓储转口	4561	退运货物
0320	不作价设备	1239	保税电商 A	4600	进料成品退换
0345	来料成品减免	1300	修理物品	5000	料件进出区
0400	边角料销毁	1371	保税维修	5010	特殊区域研发货物
0420	加工贸易设备	1427	出料加工	5014	区内来料加工
0444	保区进料成品	1500	租赁不满 1 年	5015	区内进料加工货物
0445	保区来料成品	1523	租赁贸易	5033	区内仓储货物
0446	加工设备内销	1616	寄售代销	5034	区内物流货物
0456	加工设备结转	1741	免税品	5100	成品进出区
0466	加工设备退运	1831	外汇商品	5300	设备进出区
0500	减免设备结转	2025	合资合作设备	5335	境外设备进区
0513	补偿贸易	2210	对外投资	5361	区内设备退运
0544	保区进料料件	2225	外资设备物品	6033	物流中心进出境货物
0545	保区来料料件	2439	常驻机构公用	9500	特许权使用费后续征税
0615	进料对口	2600	暂时进出货物	9600	内贸货物跨境运输
0642	进料以产顶进	2700	展览品	9610	电子商务
0644	进料料件内销	2939	陈列样品	9639	海关处理货物
0654	进料深加工	3010	货样广告品	9700	后续补税
0657	进料余料结转	3100	无代价抵偿	9710	跨境电商 B2B 直接出口
0664	进料料件复出	3339	其他进出口免费	9739	其他贸易
0700	进料料件退换	3410	承包工程进口	9800	租赁征税
0715	进料非对口	3422	对外承包出口	9810	跨境电商出口海外仓
0744	进料成品减免	3511	援助物资	9839	留赠转卖物品
0815	低值辅料	3611	无偿军援	9900	其他
0844	进料边角料内销	3612	捐赠物资		

一份报关单只允许填报一种监管方式。一批货物若涉及不同监管方式则需要分单填报。

（二）数据出处

根据进出口货物的用途、流向与境内收发货人确认合适的监管方式。

（三）特殊情况下加工贸易货物监管方式填报要求

（1）进口少量低值辅料（即 5 000 美元以下、78 种以内的低值辅料）按规定不使用“加工贸易手册”的，填报“低值辅料”。使用“加工贸易手册”的，按“加工贸易手册”上的监管方式填报。

（2）加工贸易料件转内销货物以及按料件办理进口手续的转内销制成品、残次品、未完成品，填制进口报关单，填报“来料料件内销”或“进料料件内销”；加工贸易成品凭“征免税证明”转为减免税进口货物的，分别填制进、出口报关单，出口报关单填报“来料成品减免”或“进料成品减免”，进口报关单按照实际监管方式填报。

（3）加工贸易出口成品因故退运进口及复运出口的，填报“来料成品退换”或“进料成品退换”；加工贸易进口料件因换料退运出口及复运进口的，填报“来料料件退换”或“进料料件退换”；加工贸易过程中产生的剩余料件、边角料退运出口，以及进口料件因品质、规格等原因退运出口且不再更换同类货物进口的，分别填报“来料料件复出”“来料边角料复出”“进料料件复出”“进料边角料复出”。

（4）加工贸易边角料内销和副产品内销，填制进口报关单，填报“来料边角料内销”或“进料边角料内销”。

（5）企业销毁处置加工贸易货物未获得收入，销毁处置货物为料件、残次品的，填报“料件销毁”；销毁处置货物为边角料、副产品的，填报“边角料销毁”。企业销毁处置加工贸易货物获得收入的，填报为“进料边角料内销”或“来料边角料内销”。

十五、征免性质

（一）填报要求

按海关规定的“征免性质代码表”（如表2-12所示）选择填报相应的征免性质简称及代码。

一份报关单只允许填报一种征免性质。

持有海关核发的“征免税证明”的，按照“征免税证明”中批注的征免性质填报。

加工贸易货物报关单按照海关核发的“加工贸易手册”中批注的征免性质简称及代码填报。

（二）数据出处

有“征免税证明”或“加工贸易手册”的，按文件上批注的征免性质填报。其他情况根据实际情况结合监管方式栏进行判断，二者有对应的逻辑关系。

（三）加工贸易特殊情况填报要求

（1）加工贸易转内销货物，按实际情况填报（如一般征税、科教用品、其他法定等）。

（2）料件退运出口、成品退运进口货物填报“其他法定”。

（3）加工贸易结转货物，免予填报。

监管方式与征免性质对应关系表

表2-12 征免性质代码表

代码	征免性质简称	征免性质全称	代码	征免性质简称	征免性质全称
101	一般征税	一般征税进出口货物	502	来料加工	来料加工装配和补偿贸易进口料件及出口成品
118	整车征税	构成整车特征的汽车零部件纳税	503	进料加工	进料加工贸易进口料件及出口成品
119	零部件征税	不构成整车特征的汽车零部件纳税	506	边境小额	边境小额贸易进口货物
201	无偿援助	无偿援助进出口物资	510	港澳OPA	港澳在内地加工的纺织品获证出口

续前表

代码	征免性质简称	征免性质全称	代码	征免性质简称	征免性质全称
299	其他法定	其他法定减免税进出口货物	601	中外合资	中外合资经营企业进出口货物
301	特定区域	特定区域进口自用物资及出口货物	602	中外合作	中外合作经营企业进出口货物
307	保税区	保税区进口自用物资	603	外资企业	外商独资企业进出口货物
399	其他地区	其他执行特殊政策地区出口货物	605	勘探开发煤层气	勘探开发煤层气
401	科教用品	大专院校及科研机构进口科教用品	606	海洋石油	勘探、开发海洋石油进口货物
403	技术改造	企业技术改造进口货物	608	陆上石油	勘探、开发陆上石油进口货物
406	重大项目	国家重大项目进口货物	609	贷款项目	利用贷款进口货物
408	重大技术装备	生产重大技术装备进口关键零部件及原材料	611	贷款中标	国际金融组织贷款、外国政府贷款中标机电设备零部件
412	基础设施	通信、港口、铁路、公路、机场建设进口设备	698	公益收藏	国有公益性收藏单位进口藏品
413	残疾人	残疾人组织和企业进出口货物	789	鼓励项目	国家鼓励发展的内外资项目进口设备
417	远洋渔业	远洋渔业自捕水产品	799	自有资金	外商投资额度外利用自有资金进口设备、备件、配件
418	国产化	国家定点生产小轿车和摄录机企业进口散件	801	救灾捐赠	救灾捐赠进口物资
419	整车特征	构成整车特征的汽车零部件进口	802	扶贫慈善	境外向我境内无偿捐赠用于扶贫慈善的免税进口物资
420	远洋船舶	远洋船舶及设备部件	888	航材减免	经核准的航空公司进口维修用航空器材
421	内销设备	内销远洋船用设备及关键部件	898	国批减免	国务院特准减免税的进出口货物
422	集成电路	集成电路生产企业进口货物	997	自贸协定	
423	新型显示器件	新型显示器件生产企业进口物资	998	内部暂定	享受内部暂定税率的进出口货物
499	ITA 产品	非全税号信息技术产品	999	例外减免	例外减免税进出口货物
501	加工设备	加工贸易外商提供的不作价进口设备			

小思考

广州某进出口公司（440143＊＊＊＊）委托广州某公司（440198＊＊＊＊）进口投资总额内生产设备一批，货物到港后，委托广州快件公司持征减税证明 Z501004＊＊＊＊＊向机场海关申报进口，则监管方式、征免性质如何填？

十六、许可证号

（一）填报要求

填报进（出）口许可证、两用物项和技术进（出）口许可证、两用物项和技术出口许可证（定向）、纺织品临时出口许可证、出口许可证（加工贸易）、出口许可证（边境小额贸易）的编号。需要注意的是，自动进口许可证信息不填写在此栏。

一份报关单只允许填报一个许可证号。

（二）数据出处

数据来自上述提到的许可证上的编号，需要查询商品的监管条件确定是否需要许可证。

十七、启运港

启运港是指进口货物在运抵我国关境前的第一个境外装运港。

（一）填报要求

根据实际情况，按海关规定的“港口代码表”（如表2-13所示）填报相应的港口名称及代码［在港口名称后面还有所属的国家（地区）名称］，未在“港口代码表”列明的，填报相应的国家名称及代码。

港口代码表

货物从海关特殊监管区域或保税监管场所运至境内区外的，填报“港口代码表”中相应海关特殊监管区域或保税监管场所的名称及代码，未在“港口代码表”中列明的，填报“未列出的特殊监管区”及代码。

其他无实际进境的货物，填报“中国境内”及代码。

（二）数据出处

查看进口运输单据中的装运港（Port of Loading）。若有转运，填报第一个装运港。

表2-13 港口代码表（部分）

代码	中文名称	英文名称
CHN331	上海（中国）	Shanghai，China
SGP012	新加坡（新加坡）	Singapore，Singapore
CHN731	深圳（中国）	Shenzhen，China
KOR003	釜山（韩国）	Busan，Korea (Republic of)
HKG003	香港（中国香港）	Hong Kong，Hong Kong (China)
NLD066	鹿特丹（荷兰）	Rotterdam，Netherlands
ARE018	迪拜（阿联酋）	Dubai，United Arab Emirates
MYS105	巴生港（马来西亚）	Port Kelang，Malaysia
USA264	洛杉矶（美国）	Los Angeles，United States
DEU063	汉堡（德国）	Hamburg，Germany
CHN000	中国境内	China

十八、合同协议号

（一）填报要求

填报进出口货物合同（包括协议或订单）编号。未发生商业性交易的免予填报。

（二）数据出处

数据来自外贸合同上的编号。

十九、贸易国（地区）

（一）填报要求

发生商业性交易的进口填报购自国（地区），出口填报售予国（地区）。未发生商业性交易的填报货物所有权拥有者所属的国家（地区）。

按海关规定的“国别（地区）代码表”（如表 2－14 所示）选择填报相应的贸易国（地区）中文名称及代码。2018 版“国别（地区）代码表”在原关检参数数据整合的基础上，采用国家标准代码。

国别（地区）代码表

（二）数据出处

数据来自外贸合同或发票上的境外贸易企业所在国家（地区）。

表 2－14　国别（地区）代码表（部分）

代码	中文名称	英文名称	代码	中文名称	英文名称
AUS	澳大利亚	Australia	BRA	巴西	Brazil
ARE	阿联酋	United Arab Emirates (the)	CHN	中国	China
TWN	中国台湾	Taiwan (Province of China)	HKG	中国香港	Hong Kong
DEU	德国	Germany	IND	印度	India
KOR	韩国	Korea (the Republic of)	FRA	法国	France
RUS	俄罗斯联邦	Russian Federation (the)	SGP	新加坡	Singapore
USA	美国	United States of America (the)	JPN	日本	Japan
GBR	英国	United Kingdom of Great Britain and Northern Ireland (the)	EGY	埃及	Egypt

二十、启运国（地区）/运抵国（地区）

不经过第三国（地区）转运的直接运输进出口货物，或者经过第三国（地区）转运但在转运地未发生商业性交易的进出口货物，以进口货物的第一个装货港所在国（地区）为启运国（地区），以出口货物的最后指运港所在国（地区）为运抵国（地区）。

经过第三国（地区）转运的进出口货物，如在中转国（地区）发生商业性交易，则以中转国（地区）作为启运/运抵国（地区）。

（一）填报要求

按海关规定的“国别（地区）代码表”选择填报相应的启运国（地区）或运抵国（地

区）中文名称及代码。

无实际进出境的货物，填报“中国”及代码。

（二）数据出处

数据来自运输单据的装货港（Port of Loading）/目的港（Port of Destination）和转运（transsshipment 或 via 等）情况，需要同时核对外贸合同或商业发票交易对方所在国家（地区）。

小贴士

货物有中转时判断是否发生买卖关系（商业性交易）

例1：我国A公司与美国的B公司签订进口合同，货物从纽约直接运输至上海。那么启运国为美国。（没有发生中转）

例2：我国某公司进口一批货物，货物从伦敦启运途经香港转运至上海。如果在香港中转时没有发生买卖关系，则启运国仍为英国；如果在香港发生了买卖关系，那么启运国为中国香港。是否发生买卖关系，从发票的出票人来判断，看由谁开出的发票。在本例中，如果是由英国公司开出的发票，则在香港中转时没有发生买卖关系，货物仍然是由英国公司卖给我国的企业的，启运国（地区）仍为英国。如果是由香港公司开出的发票，则说明货物是由在香港中转时发生了买卖关系，货物是由香港公司卖给的我国的企业，启运国（地区）为中国香港，启运港仍为伦敦。

二十一、经停港/指运港

经停港是指进口货物在运抵我国关境前的最后一个境外装运港。

指运港是指出口货物运往境外的最终目的港；最终目的港不可预知的，按尽可能预知的目的港填报。

（一）填报要求

根据实际情况，按海关规定的“港口代码表”选择填报相应的港口名称及代码。经停港/指运港在“港口代码表”中无港口名称及代码的，可选择填报相应的国家名称及代码。需要注意的是，应在港口后面加上所属的国家（地区）名称。

无实际进出境的货物，填报“中国境内”及代码。

（二）数据出处

数据来自运输单据的装货港/目的港和转运情况。

二十二、入境口岸/离境口岸

（一）填报要求

按海关规定的“国内口岸编码表”（如表2-15所示）选择填报相应的境内口岸名称及代码。

国内口岸代码表

入境口岸/离境口岸类型包括港口、码头、机场、机场货运通道、边境口岸、火车站、车辆装卸点、车检场、陆路港、坐落在口岸的海关特殊监管区域等。

表 2-15　国内口岸编码表（部分）

代码	出入境口岸名称	代码	出入境口岸名称	代码	出入境口岸名称
110001	北京	310001	上海	330001	杭州
110002	北京平谷国际陆港	310011	中国（上海）自由贸易试验区	331101	杭州保税物流园区（B型）
110003	北京天竺综合保税区	311201	上海站	333301	杭州出口加工区
110101	首都国际机场	310402	吴淞	333302	杭州中和保税区
110301	北京朝阳口岸	311002	洋山港	330002	杭州萧山国际机场

入境口岸填报进境货物从跨境运输工具卸离的第一个境内口岸的中文名称及代码；采取多式联运跨境运输的，填报多式联运货物最终卸离的境内口岸中文名称及代码；过境货物填报货物进入境内的第一个口岸的中文名称及代码；从海关特殊监管区域或保税监管场所进境的，填报海关特殊监管区域或保税监管场所的中文名称及代码。其他无实际进境的货物，填报货物所在地的城市名称及代码。

离境口岸填报装运出境货物的跨境运输工具离境的第一个境内口岸的中文名称及代码；采取多式联运跨境运输的，填报多式联运货物最初离境的境内口岸中文名称及代码；过境货物填报货物离境的第一个境内口岸的中文名称及代码；从海关特殊监管区域或保税监管场所出境的，填报海关特殊监管区域或保税监管场所的中文名称及代码。其他无实际出境的货物，填报货物所在地的城市名称及代码。

（二）数据出处

入境口岸数据参考进口贸易运输单据的目的港（目的地），根据实际情况填写。

离境口岸数据参考出口贸易运输单据的装货港（装货地），根据实际情况填写。

二十三、包装种类

（一）填报要求

填报进出口货物的所有包装材料，包括运输包装种类（如图 2-10 所示）和其他包装（如图 2-11 所示），按海关规定的“包装种类代码表”（如表 2-16 所示）选择填报相应的包装种类名称及代码。

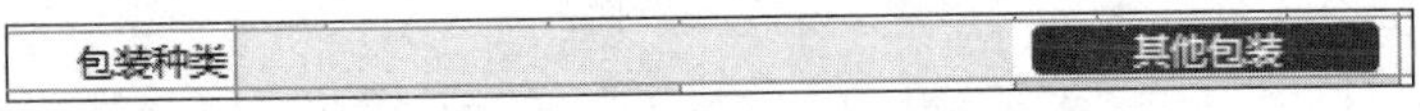

图 2-10　单一窗口系统中包装种类栏目

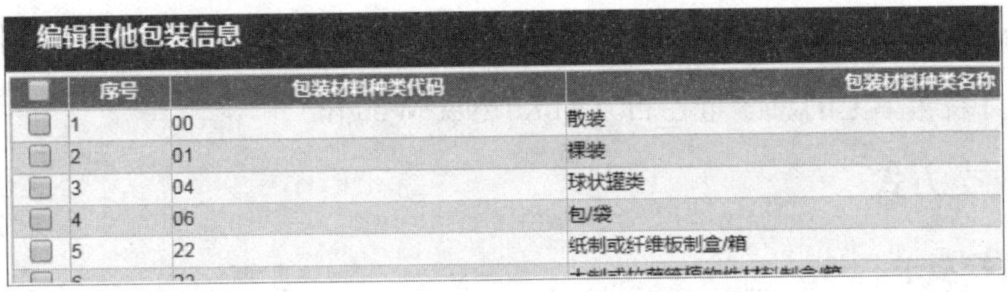

图 2-11　单一窗口系统中其他包装编辑窗口

表2-16　包装种类代码表

代码	中文名称	代码	中文名称	代码	中文名称
22	纸制或纤维板制盒/箱	39	其他材料制桶	00	散装
23	木制或竹藤等植物性材料制盒/箱	92	再生木托	01	裸装
29	其他材料制盒/箱	93	天然木托	04	球状罐类
32	纸制或纤维板制桶	98	植物性铺垫材料	06	包/袋
33	木制或竹藤等植物性材料制桶	99	其他包装		

包装种类填报运输包装，指提/运单所列货物件数单位对应的包装，如托盘、纸箱等。
其他包装包括货物的各类辅助包装，尤其是植物性铺垫材料等。

（二）数据出处

数据来自提/运单、装箱单上的包装情况（Packages等栏目）。包装种类与件数一般会一起显示，如130 CTNS。

二十四、件数

（一）填报要求

填报进出口货物运输包装的件数。报关单的件数必须与舱单的件数一致。
舱单中的件数为集装箱的，填报集装箱个数。舱单中的件数为托盘的，填报托盘数。
件数不得填报为“0”，散装、裸装货物填报为“1”。

（二）数据出处

数据来自舱单、提/运单、装箱单上的唛头（Marks）、包装情况（Packages等栏目）。

二十五、毛重（千克）

（一）填报要求

填报进出口货物及其包装材料的重量之和，计量单位为千克，不足1千克的填报为“1”。

（二）数据出处

数据来自提/运单、装箱单上的总毛重栏目（Total Gross Weight）。

二十六、净重（千克）

（一）填报要求

填报进出口货物的毛重减去外包装材料后的重量，即货物本身的实际重量，计量单位为千克，不足1千克的填报为“1”。

（二）数据出处

数据来自装箱单上的总净重栏目（Total Net Weight）。

二十七、成交方式

（一）填报要求

根据进出口货物实际成交价格条款，按海关规定的“成交方式代码表”选择填报相应的成交方式代码。除常见的 CIF、C&F、FOB 外，成交方式还包括 EXW、C&I、市场价、垫仓。

无实际进出境的货物，进口填报 CIF，出口填报 FOB。

（二）数据出处

数据来自外贸合同或商业发票上的贸易术语，但成交方式不完全等同于贸易术语。贸易术语与成交方式的对应关系如表 2－17 所示。

表 2－17　贸易术语与成交方式的对应关系

发票中的贸易术语	报关单中应填写的成交方式	成交方式代码
CIF、CIP 以及 DDP、DAT（DPU）、DAP	CIF	1
CFR（CNF、C&F）、CPT	C&F	2
FCA、FAS、FOB	FOB	3
EXW	EXW	7

二十八、运费

（一）填报要求

填报进口货物运抵我国境内输入地点起卸前的运输费用，出口货物运至我国境内输出地点装载后的运输费用。

运费可按运费单价、总价或运费率三种方式之一填报，注明运费标记（运费标记“1”表示运费率，“2”表示每吨货物的运费单价，“3”表示运费总价），并按海关规定的“币制代码表”选择填报相应的币种代码。

如图 2－12 所示，在 A 栏输入运费标记，在 B 栏输入运输或运费率，在 C 栏输入货币代码。

图 2－12　单一窗口系统中运费、保费栏目

在纸质报关单上，5%的运费率填报为“5”（百分号不用填写）；24 美元的运费单价填报为“美元/24/2”；7 000 美元的运费总价填报为“美元/7000/3”。货币名称应按“币制代码表”中的名称规范填写，如“日本元”“港币”等，具体见“币制代码表”。

（二）数据出处

本栏数据来自国际运费发票，或由境内收发货人或货代企业提供。

二十九、保费

（一）填报要求

填报进口货物运抵我国境内输入地点起卸前的保险费用，出口货物运至我国境内输出地点装载后的保险费用。运费保费合并计算的，运保费填在运费栏，本栏为空。

保费可按保险费总价或保险费率两种方式之一填报，注明保险费标记（保险费标记“1”表示保险费率，“3”表示保险费总价），并按海关规定的“币制代码表”选择填报相应的币种代码。

保费的填写格式与运费相同。例如：3‰的保险费率填报为“0.3”或“0.3/1”（百分号不用填写）；140港元保险费总价填报为“港币/140/3”。

（二）数据出处

本栏数据来自保险费发票，或由境内收发货人提供。根据海关总署令第213号规定的审价办法，如果进口货物的保险费无法确定或者未实际发生，海关应当按照“货价加运费”两者总额的3‰计算保险费，其计算公式为：保险费＝（货价＋运费）×3‰。

注意：运费与保费栏均为选填项目，只有在境内收发货人承担了运费或保费时才需要填报，具体如表2-18所示。

表2-18　运费与保费是否需要填报比较表

	成交方式	运费	保费		成交方式	运费	保费
进口	CIF	不填	不填	出口	CIF	填	填
	C&F	不填	填		C&F	填	不填
	FOB	填	填		FOB	不填	不填

三十、杂费

（一）填报要求

填报成交价格以外的、按照《中华人民共和国进出口关税条例》相关规定应计入完税价格或应从完税价格中扣除的费用。可按杂费总价或杂费率两种方式之一填报，注明杂费标记（杂费标记“1”表示杂费率，“3”表示杂费总价），并按海关规定的“币制代码表”选择填报相应的币种代码。

应计入完税价格的杂费填报为正值或正率，应从完税价格中扣除的杂费填报为负值或负率。

（二）数据出处

本栏数据来自相关费用的发票，或由境内收发货人提供。

三十一、随附单证及编号

（一）填报要求

随附单证1根据“监管证件代码表”（如导论中表0-5所示）选择填报除“许可证号”栏的许可证件以外的其他进出口许可证件或监管证件；随附单证2为申报时需要上传的电子版随附单据，根据“随附单据代码表”填报随附单据的代码及编号。

随附单证1的数据在单一窗口录入系统的右上区域录入，在表头区域的“随附单证”栏无法录入，如图2-13所示。系统会根据右上区域录入的信息自动返填在表头的“随附单

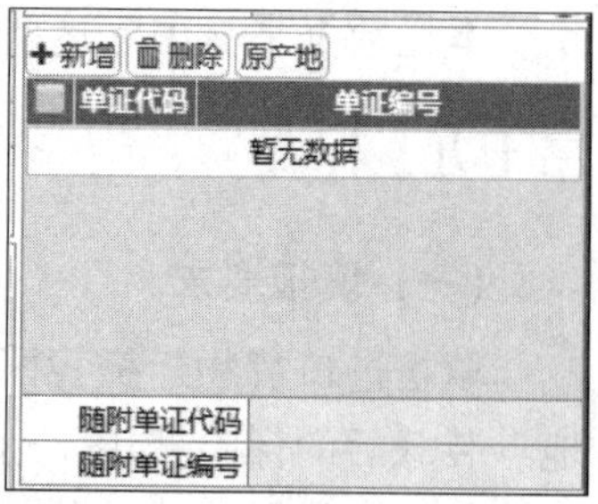

图2-13　单一窗口随附单证栏

证”栏。

随附单证2指通关无纸化模式时，需要在系统中点击“随附单据”按钮上传的随附单据，如图2-14所示，并按海关规定的“随附单据表”录入相应的8位随附单据的文件代码。例如：上传合同时，“随附单据”需录入代码“00000004”，然后上传合同的PDF文档。如果上传的随附单据文件是“电子代理报关委托协议编号”或“减免税货物税款担保证明”时，还需要录入随附单据文件的编号。

图2-14　单一窗口随附单据上传按钮

对于进口货物，必备的随附单据包括合同、发票、监管证件、委托报关协议，装箱单、提/运单在申报时可不提交，海关审核时如需要再提交。对于出口货物，必备的随附单据包括监管证件、委托报关协议，合同、发票、装箱单在申报时可不提交，海关审核时如需要再提交。

（二）数据出处

数据来自境内收发货人获得的监管证件的类型和编号以及准备好的电子版随附单据。

（三）特殊情况

1. 加工贸易内销

使用加工贸易内销征税报关单（使用金关二期加贸管理系统的除外），随附单证代码栏填报“c”，随附单证编号栏填报海关审核通过的内销征税联系单号。

2. 法定检验检疫商品

涉及法定检验检疫要求的进口商品申报时，在报关单随附单证栏中不再填写原通关单代码和编号。企业可以通过“单一窗口”的“货物申报”功能的“进口报关单整合申报”界面录入涉检项目的内容，但随附单证代码及编号无须录入。整合申报后，企业根据系统回执告知的检验检疫编号办理检验检疫手续。

涉及法定检验检疫要求的出口商品申报时，企业无须在报关单随附单证栏中填写原通关单代码和编号，应当填写报检电子回执上的企业报检电子底账数据号，并填写代码“B”。

对于特殊情况下，仍需检验检疫纸质证明文件的，对入境动植物及其产品，在运输途中需提供运递证明的，出具纸质“入境货物调离通知单”。对出口集中申报等特殊货物，或者因计算机、系统等故障问题，根据需要出具纸质“出境货物检验检疫工作联系单”。

海关统一发送一次放行指令，海关监管作业场所经营单位凭海关放行指令为企业办理货物提离手续。

三十二、标记唛码及备注

在录入系统中，标记唛码及备注分标记唛码、备注、关联备案关联报关单、集装箱信息四个部分录入数据，其中标记唛码、备注部分如图2-15所示。

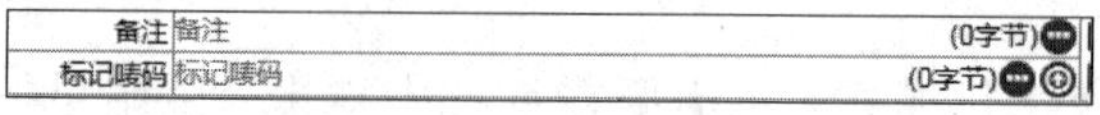

图2-15　单一窗口标记唛码和备注栏目

（一）标记唛码填报要求

标记唛码栏填报标记唛码中除图形以外的文字、数字，在系统中也可上传图片文档；无标记唛码的填报“N/M”。

（二）备注填报要求

（1）受外商投资企业委托代理其进口投资设备、物品的，填报受托进出口企业名称。

（2）办理进口货物直接退运手续的，填报“＜ZT”＋“海关审核联系单号或者《海关责令进口货物直接退运通知书》编号”＋“＞”。

（3）涉及加工贸易货物销毁处置的，填报海关加工贸易货物销毁处置申报表编号。

（4）当监管方式为“暂时进出货物”（2600）和“展览品”（2700）时的填报要求。

1）根据《中华人民共和国海关暂时进出境货物管理办法》（海关总署令第233号，以下简称《管理办法》）第三条第一款所列项目，填报暂时进出境货物类别，例如：暂进六，暂出九。

2）根据《管理办法》第十条规定，填报复运出境或者复运进境日期，期限应在货物进出境之日起6个月内，例如：20180815前复运进境，20181020前复运出境。

3）根据《管理办法》第七条，向海关申请对有关货物是否属于暂时进出境货物进行审核确认的，填报《中华人民共和国××海关暂时进出境货物审核确认书》编号，例如：＜ZS海关审核确认书编号＞，其中英文为大写字母；无此项目的，无须填报。

上述内容依次填报，项目间用“/”分隔，前后均不加空格。

4）收发货人或其代理人申报货物复运进境或者复运出境的：货物办理过延期的，根据《管理办法》填报《货物暂时进/出境延期办理单》的海关回执编号，例如：＜ZS海关回执编号＞，其中英文为大写字母；无此项目的，无须填报。

（5）跨境电子商务进出口货物，填报“跨境电子商务”。

（6）加工贸易副产品内销，填报“加工贸易副产品内销”。

（7）服务外包货物进口，填报“国际服务外包进口货物”。

（8）公式定价进口货物填报公式定价备案号，格式为：“公式定价”＋备案编号＋“@”。对于同一报关单下有多项商品的，如某项或某几项商品为公式定价备案的，则备注栏内填报为：“公式定价”＋备案编号＋“#”＋商品序号＋“@”。

（9）进出口与“预裁定决定书”列明情形相同的货物时，按照“预裁定决定书”填报，格式为：“预裁定”＋“预裁定决定书”编号。例如：某份“预裁定决定书”编号为R-2-0100-2018-0001，则填报为“预裁定R-2-0100-2018-0001”。

（10）含归类行政裁定报关单，填报归类行政裁定编号，格式为：“c”＋四位数字编号，如c0001。

（11）已经在进入特殊监管区时完成检验的货物，在出区入境申报时，填报“预检验”字样，同时在“关联报检单”栏填报实施预检验的报关单号。

（12）进口直接退运的货物，填报“直接退运”字样。

（13）企业提供 ATA 单证册的货物，填报“ATA 单证册”字样。

（14）不含动物源性低风险生物制品，填报“不含动物源性”字样。

（15）货物自境外进入境内特殊监管区或者保税仓库的，填报“保税入库”或者“境外入区”字样。

（16）海关特殊监管区域与境内区外之间采用分送集报方式进出的货物，填报“分送集报”字样。

（17）军事装备出入境的，填报“军品”或“军事装备”字样。

（18）申报 HS 为 3821000000、3002300000 的，属于下列情况的，填报要求为：属于培养基的，填报“培养基”字样；属于化学试剂的，填报“化学试剂”字样；不含动物源性成分的，填报“不含动物源性”字样。

（19）属于修理物品的，填报“修理物品”字样。

（20）属于下列情况的，填报“压力容器”“成套设备”“食品添加剂”“成品退换”“旧机电产品”等字样。

（21）申报 HS 为 2903890020（入境六溴环十二烷），用途为“其他（99）”的，填报具体用途。

（22）申报 HS 为 3006300000、3504009000、3507909010、3507909090、3822001000、3822009000，不属于“特殊物品”的，填报“非特殊物品”字样。如是特殊物品，需要注意在表体栏填报相应的“货物属性代码”以及填报“产品资质”。“特殊物品”定义见《出入境特殊物品卫生检疫管理规定》（国家质量监督检验检疫总局令第 160 号）。

（23）进出口列入目录的进出口商品，以及法律、行政法规规定须经出入境检验检疫机构检验的其他进出口商品实施检验的（涉检货物），填报“应检商品”字样。

（24）申报时其他必须说明的事项。

（三）关联备案、关联报关单、保税/监管场地的填报

1.“关联备案”栏的填报

与本报关单有关联关系的，同时在业务管理规范方面又要求填报的备案号，填报在电子数据报关单中“关联备案”栏（如图 2－16 所示）。

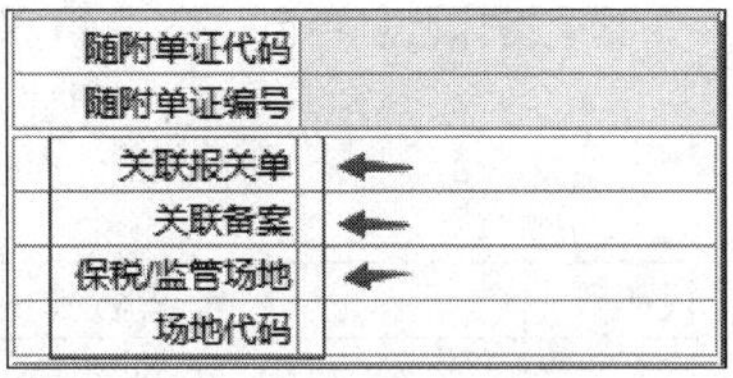

图 2－16　单一窗口系统中关联报关单、关联备案、保税/监管场地栏目

保税间流转货物、加工贸易结转货物及凭“征免税证明”转内销货物，其对应的备案号填报在“关联备案”栏。

减免税货物结转进口（转入），“关联备案”栏填报本次减免税货物结转所申请的《中华人民共和国海关进口减免税货物结转联系函》的编号。

减免税货物结转出口（转出），“关联备案”栏填报与其相对应的进口（转入）报关单“备案号”栏中“征免税证明”的编号。

向香港或者澳门特别行政区出口用于生产《内地与香港关于建立更紧密经贸关系的安排》（香港 CEPA）或者《内地与澳门关于建立更紧密经贸关系的安排》（澳门 CEPA）项下协定税率货物的原材料时，应当在报关单的“关联备案”栏填报香港或澳门生产厂商在香港工贸署或者澳门经济局登记备案的有关备案号。

2. “关联报关单”栏的填报

与本报关单有关联关系的，同时在业务管理规范方面又要求填报的报关单号，填报在电子数据报关单中“关联报关单”栏（如图2-17所示）。

保税间流转、加工贸易结转类的报关单，应先办理进口报关，并将进口报关单号填入出口报关单的“关联报关单”栏。

办理进口货物直接退运手续的，除另有规定外，应先填制出口报关单，再填制进口报关单，并将出口报关单号填报在进口报关单的“关联报关单”栏。

减免税货物结转出口（转出），应先办理进口报关，并将进口（转入）报关单号填入出口（转出）报关单的“关联报关单”栏。

3. “保税/监管场所”栏的填报

保税监管场所进出货物，在“保税/监管场所”栏（如图2-17所示）填报本保税监管场所编码［保税物流中心（B型）填报本中心的国内地区代码］，其中涉及货物在保税监管场所间流转的，在本栏填报对方保税监管场所代码。

（四）集装箱信息的填报

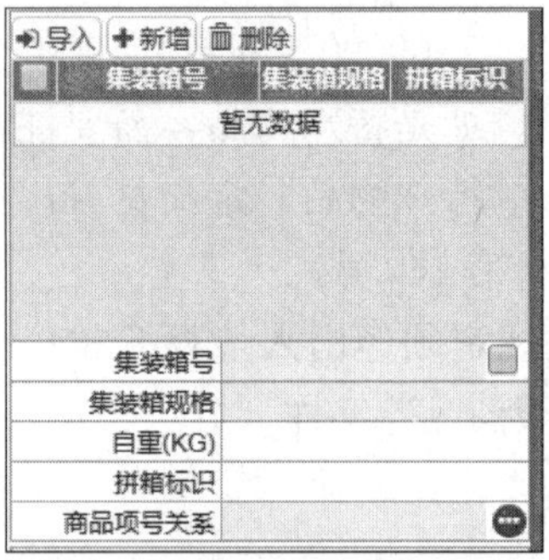

图2-17　单一窗口系统中集装箱体信息栏目

录入系统的左侧报关单表头区域的“集装箱数”栏不允许录入操作。在录入系统的右侧区域录入集装箱信息后，“集装箱数”栏会自动返填。集装箱体信息在系统中录入的页面如图2-17所示。

集装箱体信息填报集装箱号（在集装箱箱体上标示的全球唯一编号）、集装箱规格代码（如表2-19所示）、集装箱自重（千克）、集装箱商品项号关系（单个集装箱对应的商品项号，例如：APLU4116601箱号装载了项号为1、3和5的商品时，应在“商品项号关系”录入“1,3,5”，项号间用半角逗号分隔）。进出口货物装运集装箱为拼箱时，在“拼箱标识”栏中填报“是”。

表2-19　集装箱规格代码表

代码	中文名称	代码	中文名称
11	普通2*标准箱（L）	22	冷藏标准箱（S）
12	冷藏2*标准箱（L）	23	罐式标准箱（S）
13	罐式2*标准箱（L）	31	其他标准箱（S）
21	普通标准箱（S）	32	其他2*标准箱（L）

（五）数据出处

标记唛码的内容来自外贸合同、商业发票等单据上的唛头信息。

备注栏根据实际情况填报。

集装箱的箱号、规格信息在运输单据上有显示，集装箱自重（可不填）、集装箱商品项号关系要由境内收发货人或其代理人提供。

三十三、项号

（一）填报要求

项号在货物申报系统中录入时分两栏填报，如图 2－18 所示。“项号”栏填报报关单中的商品顺序编号；“备案序号”栏专用于加工贸易及保税、减免税等已备案、审批的货物，填报该项货物在“加工贸易手册”或“征免税证明”等备案、审批单证中的顺序编号。

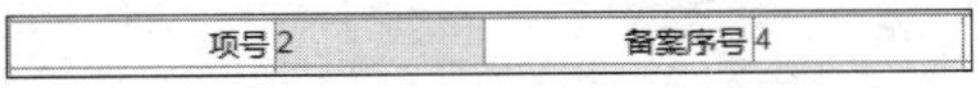

图 2－18　单一窗口中项号、备案序号栏目

“市场采购”贸易方式出口的货物（品类繁多），每票报关单所对应的商品清单所列品种在 5 种以上的可以实行简化申报：货值最大的前 5 种商品，按货值从高到低在出口报关单上逐项申报；其余商品以《进出口税则》中“章”为单位进行归并，每“章”按价值最大商品的税号作为归并后的税号，货值、数量等也相应归并。但货物需征收出口关税或实施检验检疫的，不适用简化申报。

（二）数据出处

“项号”由系统按录入商品的顺序自动排序，无须录入。

“备案序号”来自报关货物在备案、审批文件中相应的顺序编号或项号。需要注意的是，报关单上的商品顺序要与备案、审批文件上的顺序保持一致。

（三）备案序号特殊情况填报要求

（1）深加工结转货物，分别按照“加工贸易手册”中的进口料件项号和出口成品项号填报。

（2）料件结转货物，出口报关单按照转出“加工贸易手册”中进口料件的项号填报；进口报关单按照转进“加工贸易手册”中进口料件的项号填报。

（3）料件复出货物（包括料件、边角料），出口报关单按照“加工贸易手册”中进口料件的项号填报；如边角料对应一个以上料件项号时，填报主要料件项号。料件退换货物（包括料件、不包括未完成品），进出口报关单按照“加工贸易手册”中进口料件的项号填报。

（4）成品退换货物，退运进境报关单和复运出境报关单按照“加工贸易手册”原出口成品的项号填报。

（5）加工贸易料件转内销货物（以及按料件办理进口手续的转内销制成品、残次品、未完成品）填制进口报关单，填报“加工贸易手册”进口料件的项号；加工贸易边角料、副产品内销，填报“加工贸易手册”中对应的进口料件项号。如边角料或副产品对应一个以上料件项号时，填报主要料件项号。

（6）加工贸易成品凭“征免税证明”转为减免税货物进口的，应先办理进口报关手续。进口报关单填报“征免税证明”中的项号，出口报关单填报“加工贸易手册”原出口成品项号，进、出口报关单货物数量应一致。

（7）加工贸易货物销毁，填报“加工贸易手册”中相应的进口料件项号。

（8）加工贸易副产品退运出口、结转出口，填报“加工贸易手册”中新增成品的出口项号。

(9) 经海关批准实行加工贸易联网监管的企业，按海关联网监管要求，企业需申报报关清单的，应在向海关申报进出口（包括形式进出口）报关单前，向海关申报“清单”。一份报关清单对应一份报关单，报关单上的商品由报关清单归并而得。加工贸易电子账册报关单中项号、品名、规格等栏目的填制规范比照“加工贸易手册”。

三十四、商品编号

（一）填报要求

填报由 10 位数字组成的商品编号。前 8 位为《进出口税则》和《中华人民共和国海关统计商品目录》确定的编码，第 9、10 位为监管附加编码。

（二）数据出处

由境内收发货人提供商品的 10 位 HS 编码，或由报关人员按商品实际情况与境内收发货人共同确定 HS 编码。有“加工贸易手册”或“征免税证明”等备案文件的，需要与备案文件中的商品 HS 编码一致（系统会在报关人员录入备案号和备案序号以后自动返填商品编号）。

三十五、商品名称及规格型号

（一）填报要求

纸质报关单分两行填报，第一行填报进出口货物规范的中文商品名称，第二行填报规格型号。在系统中分两栏录入，在录入“商品编号”并按回车键后，系统会弹出规格型号录入窗口，然后逐项输入或核对各项申报要素的内容，如图 2-19 所示。其中，GTIN 是“全球贸易项目代码”，CAS 是“化学物质登录码”。如果事先知道 GTIN 或 CAS 或汽车零件号，录入相应代码后，系统会自动返填商品的各项规格型号。

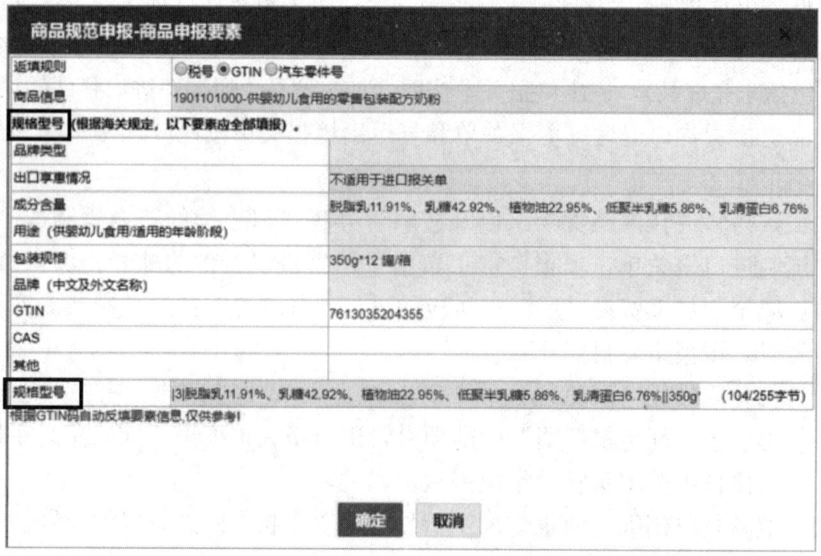

图 2-19　系统中规格型号（申报要素）录入界面

(二) 数据出处

商品的中文名称和具体的规格型号数据由进出口企业按《中华人民共和国海关进出口商品规范申报目录》指出的申报要素提供。企业要提供哪些申报要素项目可以网络查询获得，如在通关网按“首页→申报要素查询”的路径，在“商品编码”栏输入 HS 编码后，点击右边的查询按钮，即得到查询结果，如图 2-20 所示。

商品编码	3920430090				
商品名称	氯乙烯聚合物板,片,膜,箔及扁条				
申报要素	1:品名;2:品牌类型;3:出口享惠情况;4:用途;5:外观（颜色；形状等）;6:成分;7:规格尺寸;8:PVC制品请注明增塑剂含量;9:品牌（中文或外文名称）;10:型号;11:GTIN;12:CAS;13:其他;				
法定第一单位	千克	法定第二单位	无		
最惠国进口税率	6.5%	普通进口税率	45%	暂定进口税率	-
消费税率	-	出口关税率	0%	出口退税率	13%
增值税率	13%	海关监管条件	无	检验检疫类别	无
商品描述	氯乙烯聚合物板,片,膜,箔及扁条增塑剂含量≥6%,未用其他材料强化、层压、支撑				

图 2-20　通关网申报要素查询结果界面

(三) 具体填报要求

(1) 商品名称及规格型号应据实填报，并与进出口货物收发货人或受委托的报关企业所提交的合同、发票等相关单证相符。

(2) 商品名称应当规范，规格型号应当足够详细，以能满足海关归类、审价及许可证件管理要求为准，可参照《中华人民共和国海关进出口商品规范申报目录》中对商品名称、申报要素的要求进行填报。

报关单商品规范申报要素审核标准（海关版）

(3) 已备案的加工贸易及保税货物，填报的内容必须与备案登记中同项号下货物的商品名称一致。

(4) 对需要海关签发“货物进口证明书”的车辆，商品名称栏填报“车辆品牌+排气量（注明 cc）+车型（如越野车、小轿车等）”。进口汽车底盘不填报排气量。车辆品牌按照“进口机动车辆制造厂名称和车辆品牌中英文对照表”中“签注名称”一栏的要求填报。规格型号栏可填报“汽油型”等。

(5) 由同一运输工具同时运抵同一口岸并且属于同一收货人、使用同一提单的多种进口货物，按照商品归类规则应当归入同一商品编号的，应当将有关商品一并归入该商品编号。商品名称填报一并归类后的商品名称；规格型号填报一并归类后商品的规格型号。

(6) 加工贸易边角料和副产品内销，边角料复出口，填报其报验状态的名称和规格型号。

小案例

申报要素的检查

某企业申报的两项商品为：“锂电池（编码为 8506500000），供电用，SAFT，P4-01-0021，600 毫安时，不含汞”；“放大镜（编码为 9013801000），品牌 PEAK，规格 4.5×4.8×4CM”。海关审单时进行了退单处理。

分析：锂电池的申报要素为：1. 品名；2. 用途；3. 材质；4. 品牌；5. 型号；6. 容

量；7. 是否含汞。企业申报的“供电用”是功能而不是用途。放大镜的申报要素为：1. 品名；2. 用途；3. 原理；4. 品牌；5. 型号。企业申报时将规格和型号混淆。

（7）进口货物收货人以一般贸易方式申报进口属于“需要详细列名申报的汽车零部件清单”（海关总署2006年第64号公告）范围内的汽车生产件的，按以下要求填报：

1）商品名称填报进口汽车零部件的详细中文商品名称和品牌，中文商品名称与品牌之间用“/”相隔，必要时加注英文商业名称；进口的成套散件或者毛坯件应在品牌后加注“成套散件”“毛坯”等字样，并与品牌之间用“/”相隔。

2）规格型号填报汽车零部件的完整编号。在零部件编号前应当加注“S”字样，并与零部件编号之间用“/”相隔，零部件编号之后应当依次加注该零部件适用的汽车品牌和车型。汽车零部件属于可以适用于多种汽车车型的通用零部件的，零部件编号后应当加注“TY”字样，并用“/”与零部件编号相隔。与进口汽车零部件规格型号相关的其他需要申报的要素，或者海关规定的其他需要申报的要素，如“功率”“排气量”等，应当在车型或“TY”之后填报，并用“/”与之相隔。汽车零部件报验状态是成套散件的，应当在“标记唛码及备注”栏内填报该成套散件装配后的最终完整品的零部件编号。

（8）进口货物收货人以一般贸易方式申报进口属于“需要详细列名申报的汽车零部件清单”范围内的汽车维修件的，填报规格型号时，应当在零部件编号前加注“W”，并与零部件编号之间用“/”相隔；进口维修件的品牌与该零部件适用的整车厂牌不一致的，应当在零部件编号前加注“WF”，并与零部件编号之间用“/”相隔。其余申报要求同上条执行。

（9）品牌类型。品牌类型为必填项目。可选择“无品牌”“境内自主品牌”“境内收购品牌”“境外品牌（贴牌生产）”“境外品牌（其他）”如实填报（如图2-21所示）。其中，“境内自主品牌”是指由境内企业自主开发、拥有自主知识产权的品牌；“境内收购品牌”是指境内企业收购的原境外品牌；“境外品牌（贴牌生产）”是指境内企业代工贴牌生产中使用的境外品牌，仅适用于出口报关；“境外品牌（其他）”是指除代工贴牌生产以外使用的境外品牌。

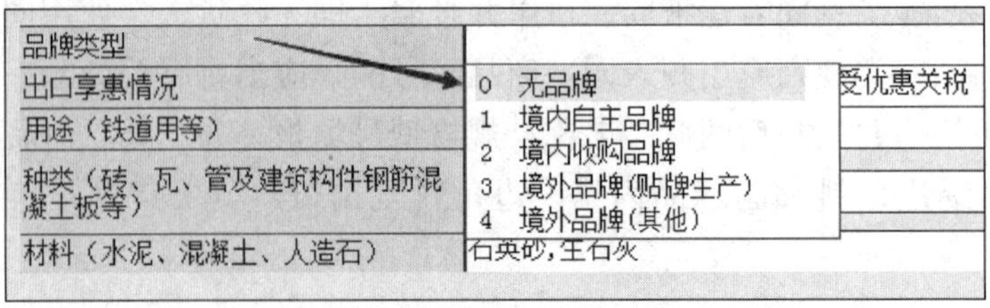

图2-21 系统中品牌类型选择界面

小贴士

品牌类型的选择

1. 申报时如何区别境内品牌和境外品牌?

答：境内品牌和境外品牌按持有品牌的企业所在地划分，与品牌的研发地或使用地点无关。所有权属于境外企业的品牌，按境外品牌申报，反之按境内品牌申报。

2. 同一件商品上出现多个品牌标识时，如何申报？

答：这时需要仔细区别品牌标识是商品的品牌信息还是广告等 logo 标识，以商品的生产品牌为准申报品牌类别。例如国内服装企业为境外企业生产了一批生产线工人使用的工作服，同时印有境内服装企业的品牌标识和境外企业的品牌标识。此时境外企业的品牌标识仅起到提示和标识作用，与商品本身的品牌无关，应按照境内服装企业的品牌申报品牌类别。

3. 同一个海关商品编号涉及多个品牌类别的，如何申报？

答：品牌类别的申报具有唯一性和排他性，在这种情况下，应该在报关单表体中分行申报，确保每个不同的品牌类别都能准确反映出所对应商品的进出口情况。

4. 为在境内开展贴牌生产而进口的加工贸易料件的品牌按“境外品牌（贴牌生产）”申报吗？

答：品牌类别反映的是货物生产时的品牌信息，与货物进出口的目的或用途无关。加工贸易的进口料件应按照料件本身的品牌类别申报，不得申报为“境外品牌（贴牌生产）”。例如：贴牌生产企业从香港进口了一批料件，印有香港品牌标识，应按“境外品牌（其他）”申报。

5. 中外合资企业出口商品，其中一方为品牌持有人，如何申报？

答：视品牌持有人是境内企业还是境外企业而定。如果使用中方投资企业的品牌，则申报为境内品牌；如果使用外方投资企业的品牌，则申报为境外品牌。

6. 进出口货物的外包装上仅有公司名称，商品本身未印有品牌，如何申报？

答：商品或商品的销售包装上不能反映品牌信息时，应按“无品牌”申报。

7. 进出口货物本身没有任何品牌或商标标识，在其外包装上印有企业名称和商标，如何申报？

答：应从其商标分析对应的品牌类别，如属于境外商标的，应按境外品牌申报。

（10）出口享惠情况。出口享惠情况为出口报关单必填项目，进口货物报关单不填报该申报项，可选择：

“0—出口货物在最终目的国（地区）不享受优惠关税”；

“1—出口货物在最终目的国（地区）享受优惠关税”；

“2—出口货物不能确定在最终目的国（地区）享受优惠关税”；

“3—不适用于进口报关单”。

需要注意的是，出口企业由于自身原因不知道货物出口享惠的具体情况，这时不能选择“不确定”这个选项。货物运往保税区（或此类特殊监管区域）的出口报关单，入区后不确定货物最终目的是出境还是出区内销的情形下，可以填报“不确定”。

选择“享受优惠关税”必须同时满足四个条件：

1）最终目的国为与我国签订优惠贸易协定的国家（或地区）。

2）该批货物已签发（或将要签发）原产地证书。

3）该货物符合相关自贸协定中享受优惠关税的条件。

4）进口方计划使用该原产地证书进行申报以享受优惠关税。

（11）申报进口已获3C认证的机动车辆时，填报以下信息：

1）提运单日期。填报该项货物的提/运单签发日期。

2）质量保质期。填报机动车的质量保证期。

3）发动机号或电机号。填报机动车的发动机号或电机号，应与机动车上打刻的发动机号或电机号相符。纯电动汽车、插电式混合动力汽车、燃料电池汽车为电机号，其他机动车为发动机号。

4）车辆识别代码（VIN）。填报机动车车辆识别代码，须符合国家强制性标准《道路车辆 车辆识别代号（VIN）》（GB 16735－2019）的要求。该项目一般与机动车的底盘（车架号）相同。

5）发票所列数量。填报对应发票中所列进口机动车的数量。

6）品名（中文名称）。填报机动车中文品名，按“进口机动车辆制造厂名称和车辆品牌中英文对照表”（原质检总局2004年第52号公告）的要求填报。

7）品名（英文名称）。填报机动车英文品名，按“进口机动车辆制造厂名称和车辆品牌中英文对照表”（原质检总局2004年第52号公告）的要求填报。

8）型号（英文）。填报机动车型号，与机动车产品标牌上整车型号一栏相符。

（12）进口货物收货人申报进口属于实施反倾销反补贴措施货物的，填报“原厂商中文名称”“原厂商英文名称”“反倾销税率”“反补贴税率”和“是否符合价格承诺”等计税必要信息。

格式要求为：“|<><><><><>”。“|”“<”和“>”均为英文半角符号。第一个“|”为在规格型号栏目中已填报的最后一个申报要素后系统自动生成或人工录入的分割符（若相关商品税号无规范申报填报要求，则需要手工录入“|”），“|”后面5个“<>”内容依次为“原厂商中文名称”“原厂商英文名称（如无原厂商英文名称，可填报以原厂商所在国或地区文字标注的名称，具体可参照商务部实施贸易救济措施相关公告中对有关原厂商的外文名称写法）”“反倾销税率”“反补贴税率”“是否符合价格承诺”。其中，“反倾销税率”和“反补贴税率”填写实际值，例如：税率为30%，填写“0.3”。“是否符合价格承诺”填写“1”或者“0”，“1”代表“是”，“0”代表“否”。填报时，5个“<>”不可缺项，如第3、4、5项“<>”中无申报事项，相应的“<>”中内容可以为空，但“<>”需要保留。

三十六、数量及单位

（一）填报要求

纸质报关单分三行填报。常见计量单位代码如表2－20所示。

第一行按进出口货物的法定第一计量单位填报数量及单位。

凡列明有法定第二计量单位的，在第二行按照法定第二计量单位填报数量及单位。无法定第二计量单位的，第二行为空。

计量单位代码表

成交计量单位及数量填报在第三行。

表 2-20　常见计量单位代码表

代码	名称	代码	名称	代码	名称	代码	名称
001	台	011	件	025	双	120	箱
003	辆	012	支	030	米	125	包
006	套	016	把	035	千克	127	打
007	个	017	块	070	吨	136	袋
008	只	018	卷	095	升	140	盒

系统录入时，分若干栏目分别填报即可，如图 2-22 所示。

图 2-22　单一窗口系统中数量及单位栏目

（二）数据出处

成交数量及单位以外贸合同、商业发票、装箱单上相应内容（Quantity）为准。

法定计量单位可以通过查询《报关实用手册》或《进出口税则对照使用手册》等工具书获得，也可通过“通关网→申报要素查询”等网络途径查询获得。如果查询到的法定计量单位显示“个/千克”，说明有两个法定计量单位，斜线前的为法定第一计量单位，斜线后的为法定第二计量单位。在单一窗口系统中，输入商品名称和税号以后，系统会自动调出法定计量单位。

（三）具体填报要求

（1）法定计量单位为“千克”的数量填报，特殊情况下填报要求如下：

1）装入可重复使用的包装容器的货物，按货物扣除包装容器后的重量填报，如罐装同位素、罐装氧气及类似品等。

2）使用不可分割包装材料和包装容器的货物，按货物的净重填报（即包括内层直接包装的净重重量），如采用供零售包装的罐头、药品及类似品等。

3）按照商业惯例以公量重计价的商品，按公量重填报，如未脱脂羊毛、羊毛条等。

4）采用以毛重作为净重计价的货物，可按毛重填报，如粮食、饲料等大宗散装货物。

5）采用零售包装的酒类、饮料、化妆品，按照液体/乳状/膏状/粉状部分的重量填报。

（2）成套设备、减免税货物如需分批进口，货物实际进口时，按照实际报验状态确定数量。

（3）具有完整品或制成品基本特征的不完整品、未制成品，根据《商品名称及编码协调制度》归类规则按完整品归类的，按照构成完整品的实际数量填报。

（4）已备案的加工贸易及保税货物，成交计量单位必须与“加工贸易手册”中同项号下货物的计量单位一致，加工贸易边角料和副产品内销、边角料复出口，填报其报验状态的计量单位。

（5）优惠贸易协定项下进出口商品的成交计量单位必须与原产地证书上对应商品的计量单位一致。

（6）法定计量单位为立方米的气体货物，折算成标准状况（即摄氏零度及1个标准大气压）下的体积进行填报。

小思考

冷轧铁条/直径13.9毫米，10 900千克；冷轧铁条/直径18毫米，4 520千克。分别为手册（编号B0900 *******）的第2、3项，则项号、商品名称与规格型号、数量及单位如何填写？

三十七、单价/总价/币制

（一）填报要求

总价填报同一项号下进出口货物实际成交的商品总价格。无实际成交价格的，填报货值。

单价填报同一项号下进出口货物实际成交的商品单位价格。无实际成交价格的，填报单位货值。

币制按海关规定的“货币代码表”（如表2-21所示）选择相应的货币名称及代码填报，如“货币代码表”中无实际成交币种，须将实际成交货币按申报日外汇折算率折算成“货币代码表”列明的货币填报。

货币代码表

表2-21　主要币制代码表

代码	中文名称	英文名称	代码	中文名称	英文名称
HKD	港币	Hong Kong Dollar	GBP	英镑	Pound Sterling
JPY	日本元	Yen	RUB	俄罗斯卢布	Russian Ruble
SGD	新加坡元	Singapore Dollar	CAD	加拿大元	Canadian Dollar
CNY	人民币	Yuan Renminbi	USD	美元	US Dollar
EUR	欧元	Euro	AUD	澳大利亚元	Australian Dollar

（二）数据出处

数据来自外贸合同、商业发票。

三十八、原产国（地区）、优惠贸易协定享惠

（一）原产国（地区）填报要求

按海关规定的“国别（地区）代码表”选择填报相应的国家（地区）名称及代码。

原产国（地区）依据《中华人民共和国进出口货物原产地条例》《中华人民共和国海关关于执行〈非优惠原产地规则中实质性改变标准〉的规定》以及海关总署关于各项优惠贸易协定原产地管理规章规定的原产地确定标准填报。同一批进出口货物的原产地不同的，分别填报原产国（地区）。进出口货物原产国（地区）无法确定的，填报“国别

不详”。

（二）原产国（地区）数据出处

数据来自原产地证或原产地申明，外贸合同、商业发票、提/运单上的唛头也会显示“MADE IN...”产地信息。

（三）优惠贸易协定享惠类栏目填报要求

1. 基本规定

根据海关总署公告 2021 年第 34 号（关于优惠贸易协定项下进出口货物报关单有关原产地栏目填制规范和申报事宜的公告），自 2021 年 5 月 10 日起，进出口货物收发货人或者其代理人在办理优惠贸易协定项下货物（包括从海关特殊监管区域和保税监管场所进口的货物）海关申报手续时，应当如实填报报关单商品项“协定享惠”类栏目（如图 2－23 所示），同时在商品项对应的“原产国（地区）”栏填报依据《中华人民共和国进出口货物原产地条例》和海关总署令第 122 号确定的货物原产地，不再需要按照海关总署公告 2019 年第 18 号附件中有关优惠贸易协定项下进口货物填制要求填报“随附单证及编号”栏目。优惠贸易协定项下实施特殊保障措施的农产品仍然按照海关总署 2019 年第 207 号公告要求申报。

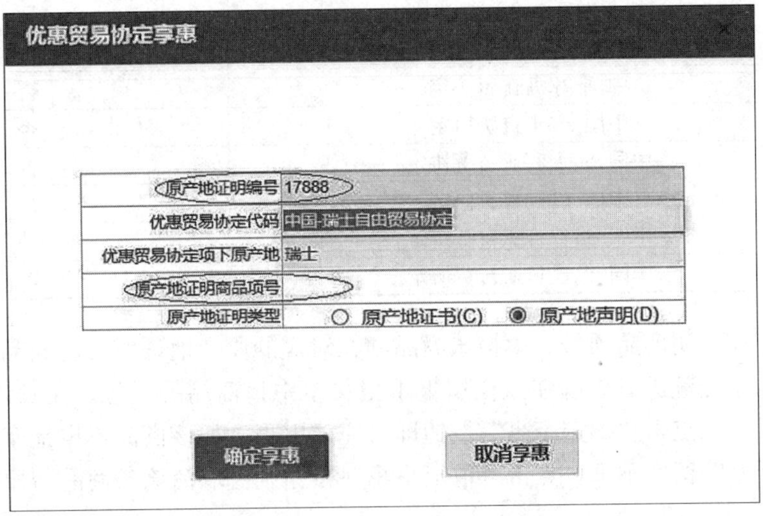

图 2－23　“优惠贸易协定享惠”信息录入界面

2. “协定享惠”类栏目填制要求

一份报关单仅可对应一份原产地证明，“协定享惠”栏目填制要求如下：

（1）原产地证明编号。需要享惠的商品，在该商品详情处点击享惠商品项“协定享惠”按钮。在弹出的“优惠贸易协定享惠”框中，根据原产地证明实际情况填写“原产地证明编号”（未实现原产地电子信息交换的优惠贸易协定，需先在原产地要素申报系统录入原产地证明电子信息）。原产地证明编号包括原产地证书编号或者原产地声明序列号。小金额货物该栏填写“XJE00000”。

输入原产地证明编号后，系统自动检索录入该份原产地证明的电子数据。如查找到该编号对应的唯一原产地证明，系统自动返填“优惠贸易协定代码”（如表 2－22 所示）、

“优惠贸易协定项下原产地”和“原产地证明类型”（免提交原产地证明的小金额进口货物该栏默认为空）。如查找到该编号对应的多份原产地证明，则“优惠贸易协定代码”“优惠贸易协定项下原产地”和“原产地证明类型”需手动填入。

表2-22　我国签署的优惠贸易协定及原产地电子信息交换实现情况

代码	优惠贸易协定名称	是否实现原产地电子信息交换
01	亚太贸易协定	仅韩国实现
02	中国-东盟自贸协定	仅新加坡、印度尼西亚实现
03	内地与香港关于建立更紧密经贸关系的安排	是
04	内地与澳门关于建立更紧密经贸关系的安排	是
06	大陆对台湾地区部分农产品零关税措施	否
07	中国-巴基斯坦自贸协定	是
08	中国-智利自贸协定	是
10	中国-新西兰自贸协定	是
11	中国-新加坡自贸协定	是
12	中国-秘鲁自贸协定	否
13	最不发达国家特别优惠关税待遇	仅孟加拉国、尼日尔、埃塞俄比亚、莫桑比克、东帝汶实现
14	海峡两岸经济合作框架协议	是
15	中国-哥斯达黎加自贸协定	否
16	中国-冰岛自贸协定	否
17	中国-瑞士自贸协定	否
18	中国-澳大利亚自贸协定	否
19	中国-韩国自贸协定	是
20	中国-格鲁吉亚自贸协定	是
21	中国-毛里求斯自贸协定	否

（2）原产地证明商品项号。填报该商品项在对应的原产地证明中的商品项号，免提交原产地证明的小金额进口货物在该栏填报本报关单中该商品的项号。在确认“协定享惠”栏目信息无误后，点击“确定享惠”按钮即可完成申报。如该商品不申请享惠，则“原产地证明商品项号”留空不填。点击“取消享惠”按钮则会取消该条商品与原产地证明的对应关系。

例如：凭编号为ABC12345的原产地证书进口《中国-东盟自贸协定》项下物，报关单商品项对应原产地证书的第3项，则“优惠贸易协定”类栏目应填报为：

优惠贸易协定代码	02
原产地证明类型	原产地证书
原产地证明编号	ABC12345
优惠贸易协定项下原产地	泰国
原产地证明商品项号	3

又如：进口一批《中国-韩国自贸协定》项下小金额货物，报关单商品项第4项的“优惠贸易协定”类栏目应填报为：

优惠贸易协定代码	19
原产地证明类型	
原产地证明编号	XJE00000
优惠贸易协定项下原产地	韩国
原产地证明商品项号	4

三十九、最终目的国（地区）

（一）填报要求

按海关规定的“国别（地区）代码表”选择填报相应的国家（地区）名称及代码。

最终目的国（地区）填报已知的进出口货物的最终实际消费、使用或进一步加工制造国家（地区）。不经过第三国（地区）转运的直接运输货物，以运抵国（地区）为最终目的国（地区）；经过第三国（地区）转运的货物，以最后运往国（地区）为最终目的国（地区）。同一批进出口货物的最终目的国（地区）不同的，分别填报最终目的国（地区）。货物不能确定最终目的国（地区）时，以尽可能预知的最后运往国（地区）为最终目的国（地区）。

（二）数据出处

数据来自提/运单上最终目的港/目的地所属的国家（地区）。

四十、境内目的地/境内货源地

该项目在进口申报时需要填写境内目的地和目的地两栏，在出口时需要填写境内货源地和产地两栏，如图 2-24、图 2-25 所示。同一批出口货物如果有多个货源地的，需要分项填报（分成两个或多个项号分别录入，相当于多个商品）。

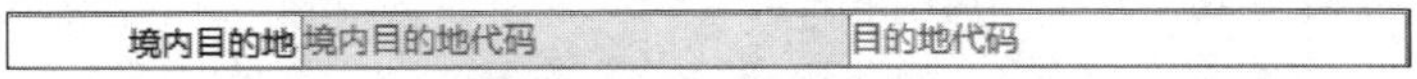

图 2-24　单一窗口系统中目的地栏目

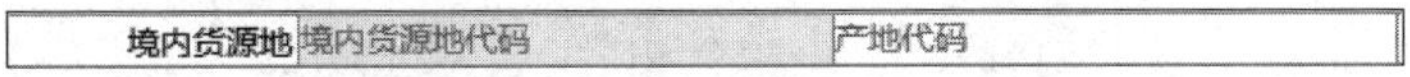

图 2-25　单一窗口系统中产地栏目

（一）境内目的地/境内货源地填报要求

按海关规定的“国内地区代码表”（如表 2-23 所示）选择填报相应的国内地区名称及代码，境内目的地栏还需根据“中华人民共和国行政区划代码表”选择填报其对应的县级行政区名称及代码。无下属区县级行政区的，可选择填报地市级行政区。

境内目的地填报已知的进口货物在国内的消费、使用地或最终运抵地，其中最终运抵地为最终使用单位所在的地区。最终使用单位难以确定的，填报货物进口时预知的最终收货单位所在地。

国内地区代码表

境内货源地填报出口货物在国内的产地或原始发货地。出口货物产地难以确定的，填报最早发运该出口货物的单位所在地。境内货源地由表头填报改为表体填报后，每个品名后面可对应一个货源地，不同品名可实现多个货源地的申报。

海关特殊监管区域、保税物流中心（B型）与境外之间的进出境货物，境内目的地/境内货源地填报本海关特殊监管区域、保税物流中心（B型）所对应的国内地区名称及代码。

表2-23　国内地区代码表（部分）

代码	地区名称	代码	地区名称	代码	地区名称
11019	东城区	13079	张家口	12072	天津经济技术开发区
15029	包头其他	14019	太原其他	51016	成都高新综合保税区
23029	齐齐哈尔	21079	锦州	32052	苏州工业园区
31089	闸北	31169	南汇	31222	上海浦东新区
42099	黄冈	37029	青岛其他	44051	汕头特区
53019	昆明其他	61019	西安其他	44036	深圳前海湾保税港区
33029	宁波其他	33109	丽水	33015	浙江杭州出口加工区

（二）目的地/产地填报要求

中华人民共和国行政区划代码表

目的地/产地的代码根据“中华人民共和国行政区划代码表”（如表2-24所示）选择填报对应的县级行政区名称及代码。无下属区县级行政区的，可选择填报地市级行政区。出口报关单的产地按2019年填制规范的规定不用填写。

例如：某批货物的境内目的地是广州市花都区，则在“境内目的地代码”栏输入44019，栏目自动生成“44019—广州其他”。同时在“目的地代码”栏录入“440114”，栏目自动生成“广州市花都区”。

表2-24　中华人民共和国行政区划代码表（部分）

代码	行政区划名称	代码	行政区划名称	代码	行政区划名称
440114	花都区	110101	东城区	130722	张北县
330109	萧山区	310101	黄浦区	310115	浦东新区
421122	红安县	440507	龙湖区	450102	兴宁区
460105	秀英区	520102	南明区	530102	五华区
120101	和平区	440104	越秀区	370211	黄岛区

（三）数据出处

按货物的流向确定境内目的地/境内货源地的地址，查询“国内地区代码表”和“中华人民共和国行政区划代码表”后确定。

在系统中默认境内收发货人海关编码的前5位为境内目的地/境内货源地的代码，如果实际流向与此不符则按实际货物流向确定。

境内收发货人的 10 位海关编码也可通过网络查询，例如：在中国海关企业进出口信用信息公示平台（http：//credit. customs. gov. cn）查询，如图 2－26 所示，输入企业名称后可查到海关编码，如图 2－27 所示。

图 2－26　企业基本情况查询界面

图 2－27　企业基本情况查询结果

四十一、征免

（一）填报要求

按照海关核发的“征免税证明”或有关政策规定，对报关单所列每项商品选择海关规定的“征减免税方式代码表”（如表 2－25 所示）中相应的征减免税方式填报。

加工贸易货物报关单根据“加工贸易手册”中备案的征免规定填报；“加工贸易手册”中备案的征免规定为“保金”或“保函”的，填报“全免”。

表 2－25　征减免税方式代码表

代码	征减免税方式名称	代码	征减免税方式名称	代码	征减免税方式名称
1	照章征税	4	特案	7	保函
2	折半征税	5	随征免性质	8	折半补税
3	全免	6	保证金	9	全额退税

（二）数据出处

按实际情况，结合“监管方式”“征免性质”栏的内容确定。报关单相关栏目的逻辑对应关系如表 2－26 所示。

需征税的“一般贸易”货物，征免性质填“一般征税”；外资企业在投资额度内进口减免税设备、物品时，征免性质为“鼓励项目”，外资企业在投资额度外进口减免税设备、物品时，监管方式填“一般贸易”，征免性质为“自有资金”。

表2-26　报关单部分栏目逻辑对应关系示例

备案号	/	手册编号	手册编号	征免税证明编号	征免税证明编号	征免税证明编号
监管方式	一般贸易	来料加工	进料对口	合资合作设备	外资设备物品	一般贸易
征免性质	一般征税	来料加工	进料加工	鼓励项目	鼓励项目	自有资金
征免	照章征税或保证金、保函	全免	全免	全免/特案	全免/特案	全免/特案

四十二、特殊关系确认

点开系统中的“其他事项确认”（如图2-28所示）后系统弹出三个确认事项的填写窗口，如图2-29所示。

图2-28　单一窗口系统中其他事项确认栏目

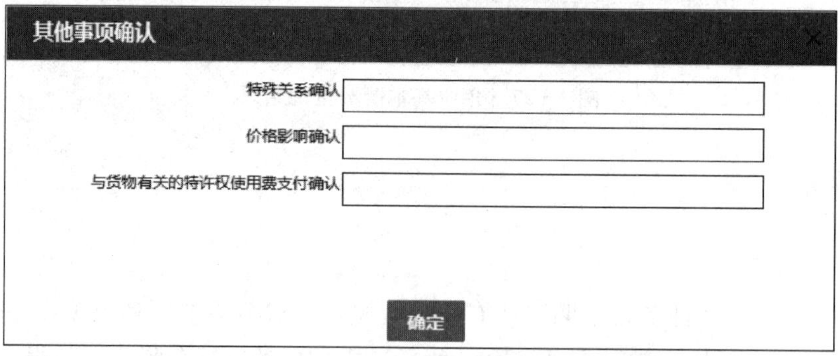

图2-29　单一窗口系统中其他事项确认录入窗口

（一）填报要求

根据《中华人民共和国海关审定进出口货物完税价格办法》（简称《审价办法》）第十六条，填报确认进口行为中（出口无须填报）买卖双方是否存在特殊关系，有下列情形之一的，应当认为买卖双方存在特殊关系，应填报“是”，反之则填报“否”：

（1）买卖双方为同一家族成员的。

（2）买卖双方互为商业上的高级职员或者董事的。

（3）一方直接或者间接地受另一方控制的。

（4）买卖双方都直接或者间接地受第三方控制的。

（5）买卖双方共同直接或者间接地控制第三方的。

（6）一方直接或者间接地拥有、控制或者持有对方5%以上（含5%）公开发行的有表决权的股票或者股份的。

（7）一方是另一方的雇员、高级职员或者董事的。

（8）买卖双方是同一合伙的成员的。

买卖双方在经营上相互有联系，一方是另一方的独家代理、独家经销或者独家受让人，如果符合前款的规定，也应当视为存在特殊关系。

需要注意的是，出口货物本栏免予填报，加工贸易及保税监管货物（内销保税货物除外）免予填报。

（二）数据出处

由境内收货人提供。

四十三、价格影响确认

（一）填报要求

根据《审价办法》第十七条，填报确认纳税义务人是否可以证明特殊关系未对进口货物（出口无须填报）的成交价格产生影响，纳税义务人能证明其成交价格与同时或者大约同时发生的下列任何一款价格相近的，应视为特殊关系未对成交价格产生影响，填报“否”，反之则填报“是”：

（1）向境内无特殊关系的买方出售的相同或者类似进口货物的成交价格。

（2）按照《审价办法》第二十三条的规定所确定的相同或者类似进口货物的完税价格。

（3）按照《审价办法》第二十五条的规定所确定的相同或者类似进口货物的完税价格。

需要注意的是，出口货物免予填报，加工贸易及保税监管货物（内销保税货物除外）免予填报。

（二）数据出处

由境内收货人提供。

四十四、支付特许权使用费确认

（一）填报要求

根据《审价办法》第十一条和第十三条，填报确认买方是否存在向卖方或者有关方直接或者间接支付与进口货物有关的特许权使用费，且未包括在进口货物的实付、应付价格中。

买方存在需向卖方或者有关方直接或者间接支付特许权使用费，且未包含在进口货物实付、应付价格中，并且符合《审价办法》第十三条的，在“支付特许权使用费确认”栏目填报“是”。

买方存在需向卖方或者有关方直接或者间接支付特许权使用费，且未包含在进口货物实付、应付价格中，但纳税义务人无法确认是否符合《审价办法》第十三条的，填报“是”。

买方存在需向卖方或者有关方直接或者间接支付特许权使用费且未包含在实付、应付价格中，纳税义务人根据《审价办法》第十三条，可以确认需支付的特许权使用费与进口货物无关的，填报“否”。

买方不存在向卖方或者有关方直接或者间接支付特许权使用费的，或者特许权使用费已经包含在进口货物实付、应付价格中的，填报“否”。

需要注意的是，出口货物免予填报，加工贸易及保税监管货物（内销保税货物除外）免予填报。

（二）数据出处

由境内收发货人提供。

四十五、业务事项

进出口企业、单位采用“自主申报、自行缴税”（自报自缴）模式向海关申报时，填报“是”，反之则填报“否”。

在系统中需要点开“业务事项”栏才能选择“自报自缴”通关模式。另外，如果采用税单无纸化、自主报税、水运中转、担保验放等通关模式，也在此勾选相关业务，如图2-30所示。

图2-30　单一窗口系统中业务事项弹出窗口

四十六、申报单位

自理报关的，填报进出口企业的名称及编码；委托代理报关的，填报报关企业名称及编码。编码填报18位法人和其他组织统一社会信用代码。报关人员登录申报系统后，系统自动返填申报单位的信息。

报关人员填报在海关备案的姓名、编码、电话，并加盖申报单位印章。

四十七、加工成品单耗版本号

申报加工贸易货物出口报关单时，申报系统自动返填与“加工贸易手册”以及“加工贸易账册”中备案成品单耗一致的版本号。

四十八、货号

申报加工贸易货物进出口报关单时，根据“加工贸易手册”以及“加工贸易账册”中备案的料件、成品货号在申报系统中填报本栏目。

任务三　录入报关单检务数据

一、报关单检务项目的录入操作

（一）进口申报时需要录入检务项目的情形

1. 按政策规定需要办理检验检疫项目进口申报的商品范围

（1）HS 编码海关监管条件含 A 的。

（2）进口捐赠医疗器械，监管方式为“捐赠物资”（3612），产品为医疗器械。

（3）进口成套设备，货物属性为成套设备。

（4）进口以 CFCS 为制冷剂的工业、商业用压缩机。

（5）进口危险化学品。

（6）进境货物使用木质包装或植物铺垫材料的。

（7）来自传染病疫区的进境货物，如中东呼吸综合征疫区：沙特阿拉伯、阿联酋、卡塔尔、黎巴嫩。

（8）所有进口拼箱货物。

（9）所有进口旧品，货物属性为旧品的。

（10）所有的进口有机认证产品。

（11）所有退运货物。

2. 企业主动申报

如果企业进口的货物并非政策规定必须申报检务项目，但企业录入报关数据时录入了“检验检疫名称”，则表示企业主动申报检务项目。

（二）录入检务项目的操作

在报关单的表头、表体部分都有一些项目是出入境检验检疫的申报内容，需要点开折叠菜单才能显示申报的项目，如图 2－31、图 2－32 所示。不涉检的，不需录入涉检项目。

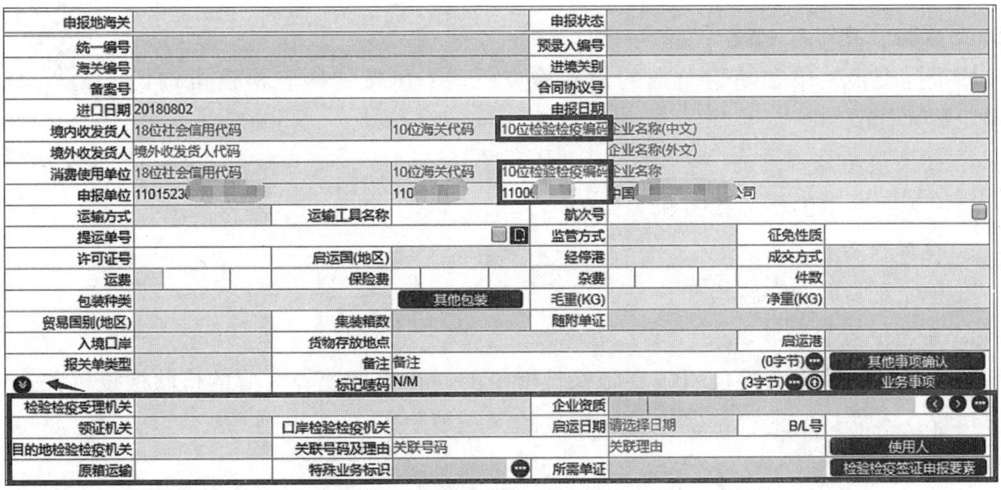

图 2－31　报关单表头中的检务项目

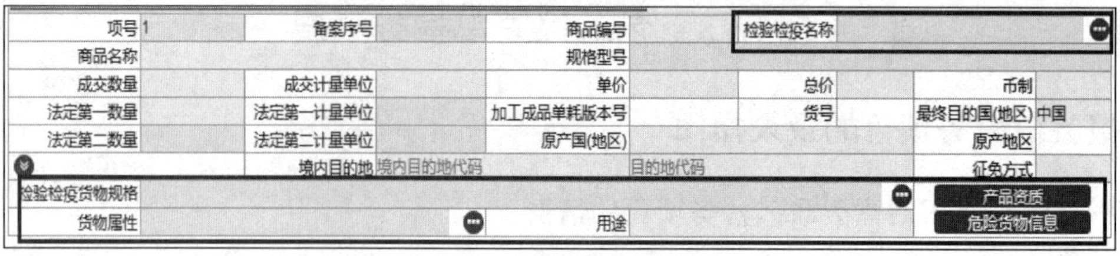

图 2-31　报关单表体中的检务项目

凡填报检验检疫名称的报关单，要在“备注”栏输入“应检商品”，且必须把所有涉及检务的项目全部填报。

同一份进口报关单申报多项商品时，只要存在涉检商品，无论其他申报商品是否涉检，全部商品的涉检项目都必须填写。

（三）涉检货物的申报方式

进口商品中的一般进出口货物通过单一窗口实施统一申报。

出口商品如涉检，需在报关前先进行使用申报系统的“出境检验检疫申请”功能，向产地/组货地海关提出申请。海关实施检验检疫监管后建立电子底账，向企业反馈电子底账数据号，符合要求的按规定签发检验检疫证书。企业报关时应填写电子底账数据号，办理出口通关手续。

（四）检务项目的必填项

单一窗口检验检疫必填项目包括：表头部分的境内收发货人检验检疫 10 位编码、申报单位检验检疫 10 位编码、检验检疫受理机关、口岸检验检疫机关、领证机关、目的地检验检疫机关、启运日期、B/L 号；表体部分的检验检疫名称、用途、货物属性。

二、报关单表头折叠的检务项目

（一）相关的检验检疫机关

1. 检验检疫受理机关

填报提交报关单和随附单据的检验检疫机关。可按“检验检疫机构代码表”输入代码。

出入境检验检疫机构代码表

2. 领证机关

填报领取证单的检验检疫机关。

3. 口岸检验检疫机关

填报对入境货物实施检验检疫的检验检疫机关。

4. 目的地检验检疫机关

需要在目的地检验检疫机关实施检验检疫的，在本栏填写对应的检验检疫机关。

注意：不需目的地机构实施检验检疫的无须填写。

（二）企业资质

按进出口货物种类及相关要求，须在本栏选择填报货物的生产商/进出口商/代理商必须取得的资质类别，分别填报“企业资质类别代码表”规定的代码和资质对应的注册/备案编号，如图 2－33 所示。

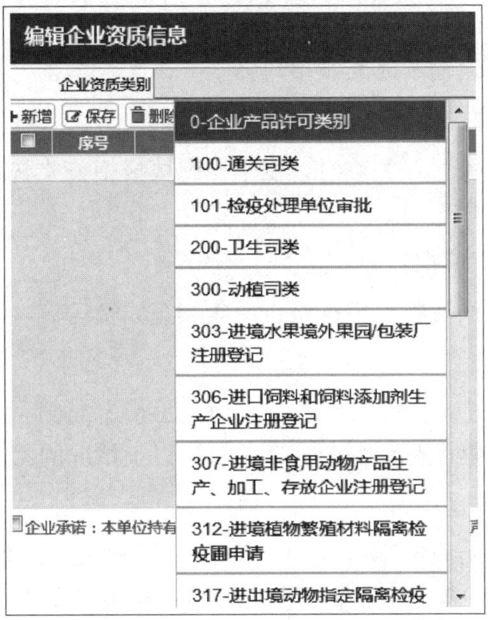

图 2－33　单一窗口系统企业资质信息录入界面

多个资质的须全部填写。包括：

(1) 进口食品、食品原料类：填写进口食品境外出口商代理商备案、进口食品进口商备案。

(2) 进口水产品：填写进口食品境外出口商代理商备案、进口食品进口商备案、进口水产品储存冷库备案。

(3) 进口肉类：填写进口肉类储存冷库备案、进口食品境外出口商代理商备案、进口食品进口商备案、进口肉类收货人备案。

(4) 进口化妆品：填写进口化妆品收货人备案。

(5) 进口水果：填写进境水果境外果园/包装厂注册登记。

(6) 进口非食用动物产品：填写进境非食用动物产品生产、加工、存放企业注册登记。

企业资质类别代码表

(7) 饲料及饲料添加剂：填写饲料进口企业备案、进口饲料和饲料添加剂生产企业注册登记。

(8) 其他：进境植物繁殖材料隔离检疫圃申请、进出境动物指定隔离场使用申请、进境栽培介质使用单位注册、进境动物遗传物质进口代理及使用单位备案、进境动物及动物产品国外生产单位注册、进境粮食加工储存单位注册、境外医疗器械捐赠机构登记、进出境集装箱场站登记、进口棉花境外供货商登记注册、对出口食品包装生产企业和进口食品包装的进口商实行备案。

(三) 启运日期（进口填报）

填报装载入境货物的运输工具离开启运口岸的日期。

本栏目为8位数字，顺序为年（4位）、月（2位）、日（2位）。

（四）B/L号（进口填报）

入境货物的B/L号和提/运单号填写相同的内容。

当运输方式为“航空运输”时无须填写。

（五）关联号码及理由

进出口货物报关单有关联报关单时，在本栏中填报相关关联报关单号码，并在下拉菜单中选择关联报关单的关联理由。

（六）原箱运输（进口填报）

申报使用集装箱运输的货物，根据是否原集装箱原箱运输，勾选“是”或“否”。

（七）特殊业务标识

属于国际赛事、特殊进出军工物资、国际援助物资、国际会议、直通放行、外交礼遇、转关等特殊业务，根据实际情况勾选，不属于以上情况的无须勾选。

（八）所需单证

如果进出口企业申请出具检验检疫证单，应根据相关要求，在“所需单证”项下的“检验检疫签证申报要素”中，勾选申请出具的检验检疫证单类型（申请多个的可多选），确认申请单证正本数和申请单证副本数后保存数据。

注意：系统会根据报关单已填制的信息，自动返填境内收发货人名称（外文）、境外收发货人名称（中文）、境外收发货人地址、卸毕日期和商品英文名称等字段信息。

（九）使用人（进口选填）

如果需要填写使用人的信息，则点击“使用人”按钮，在弹出的编辑窗口填报“使用单位联系人”“使用单位联系电话”。

三、报关单表体折叠的检务项目

检验检疫名称参数（商检码）表

（一）检验检疫名称

如果申报的货物涉及检验检疫，在输入商品的HS编码后还必须填报检验检疫名称，点开“检验检疫名称”的折叠按键（如图2-34所示），在“检验检疫编码列表”栏选择相应的检验检疫名称（如图2-35所示），打印在报关单上则显示为三位数的检验检疫编码（CIQ代码）。

图2-34 单一窗口系统中商品编号、检验检疫名称栏目

（二）用途

根据进境货物的使用范围或目的，按照海关规定的“用途代码表”在本栏下拉菜单中填报。例如：进口货物为核苷酸类食品添加剂（HS2934999001）时，用于工业时，应在本栏选择“工业用途”；用于食品添加剂时，应在本栏选择“食品添加剂”。

用途代码表

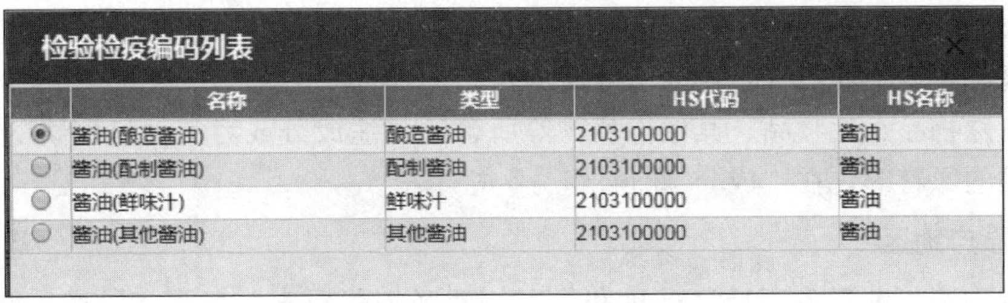

图 2-35　弹出的检验检疫编码列表

（三）货物属性

根据进出口货物的 HS 编码和货物的实际情况，按照海关规定的“货物属性代码表”，在系统弹出窗口中勾选货物属性的对应代码（如图 2-36 所示）。有多种属性的要同时选择。

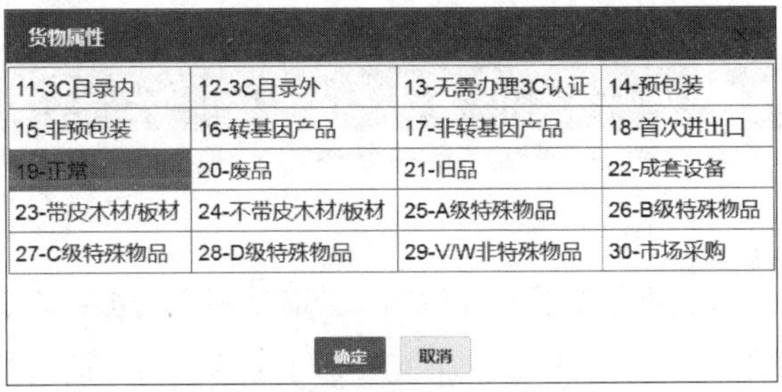

图 2-36　单一窗口系统中货物属性弹出窗口

注意：

（1）入境强制性产品认证产品，必须在入境民用商品认证（11-3C 目录内、12-3C 目录外、13-无需办理 3C 认证）中勾选对应项。

（2）食品、化妆品是否预包装、是否首次进口，必须在食品及化妆品（14-预包装、15-非预包装、18-首次进出口）中勾选对应项。

（3）凡符合原质检总局 2004 年第 62 号令规定含转基因成分须申报的，必须在转基因（16-转基因产品、17-非转基因产品）中勾选对应项。

（4）“成套设备”“旧机电”产品，必须在货物属性（18-首次进出口、19-正常、20-废品、21-旧品、22-成套设备）中勾选对应项。

（5）特殊物品、化学试剂，必须在特殊物品（25-A 级特殊物品、26-B 级特殊物品、27-C 级特殊物品、28-D 级特殊物品、29-V/W 非特殊物品）中勾选对应项。

（6）木材（含原木）板材是否带皮，必须在是否带皮木材（23-带皮木材/板材、24-不带皮木材/板材）中勾选对应项。

（四）检验检疫货物规格

在“检验检疫货物规格”项下，填报“成分/原料/组分”“产品有效期”“产品保质期”“境外生产企业”“货物规格”“货物型号”“货物品牌”“生产日期”和“生产批次”等栏目。

注意：

（1）品牌以合同或装箱单为准，需要录入中英文品牌的，录入方式为“中文品牌/英文品牌”。

（2）境外生产企业名称默认为境外发货人。

（3）特殊物品、化妆品、其他检疫物等所含的关注成分或者其他检疫物的具体成分、食品农产品的原料等，在“成分/原料/组分”栏填报。

（五）原产地区

入境货物按“世界各国地区名称和一级行政区划代码表”填写在原产国（地区）内的生产区域，如州、省等。例如：申报原产于美国纽约的樱桃，在本栏录入“840097—美国纽约”。

原产地区代码表

（六）产品资质

进出口货物需要取得许可、审批或备案等资质后，应填报“产品资质”项下的内容，如图2-37所示。

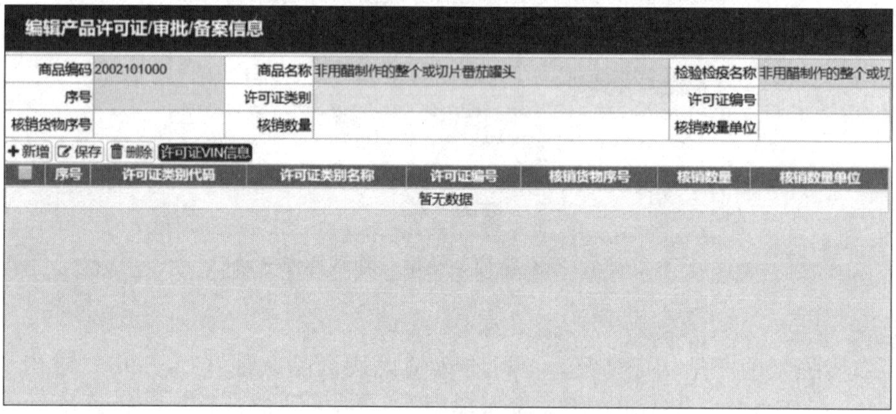

图2-37 编辑产品许可/备案/审批信息窗口

（1）“许可证类别”中填报对应的许可、审批或备案证件类别。

（2）“许可证编号”中填报对应的许可、审批或备案证件编号。

（3）“核销货物序号”中填报被核销文件中对应货物的序号。

（4）“核销数量”中填报被核销文件中对应货物的本次实际进出口数（重）量。

注意：同一商品有多个许可、审批或备案证件时，上述内容须全部录入。

申报进口已获3C认证的机动车辆时，“许可证VIN信息”栏填报机动车车辆识别代码，包括：VIN序号、车辆识别代码（VIN）、单价、底盘（车架号）、发动机号或电机号、发票所列数量、品名（英文名称）、品名（中文名称）、提运单日期、型号（英文）、质量保质期共11项内容。

（七）危险货物信息

进出口货物为危险货物的，须填报危险货物信息，如图2-38所示。

按照《关于危险货物运输的建议书》，在“危险货物信息”中填写危险货物对应的UN编码。企业填报的商品HS编码可能是危险化学品时，会弹出“危险货物信息”窗口进行提示，企业可在“非危险化学品”栏目选择“是”或“否”。按照海关规定的“危包规格代码表”选择填报危

危包规格代码表

险货物的包装规格代码。按照“危险货物运输包装类别划分方法”，勾选危险货物的包装类别。在“危险货物名称”中，填写危险货物的实际名称。

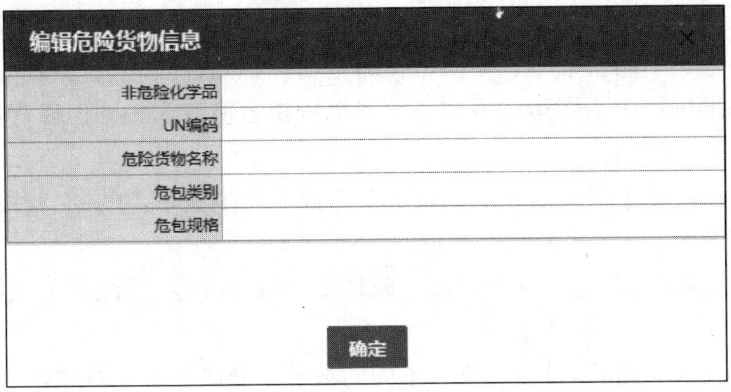

图 2-38　单一窗口系统中编辑危险货物信息窗口

任务四　校对审核报关单

报关单的填报质量直接影响报关单位的企业信用，对境内收发货人的利益关系也直接相关，因此双方都要对报关数据进行校对审核。

一、报关单填报前审核

（一）确认重要事项

报关单部分栏目的数据仅从报关资料上是找不到的，例如：商品的中文名称、申报要素、监管方式、集装箱商品项号关系、特殊关系确认、价格影响确认、与货物有关的特许权使用费支付确认、其他需要备注的事项等，这些事项需要由报关单位与报关委托单位（一般是境内收发货人）确认，以便报关人员填写报关单相关栏目。

（二）确认 HS 编码

商品的 HS 编码直接影响海关的监管证件要求、进出口税率、出口退税率等重要事项，因此报关人员需要在落实商品名称、具体规格型号后与境内收发货人一起确认货物的 HS 编码，以免给后续的操作带来麻烦。

（三）核实报关材料

报关单位在接受报关委托之后，要根据货物的 HS 编码检查报关材料的种类是否齐全、单据的内容是事完整、相关证件是否有效，并检查不同单据之间的数据是否一致。

二、报关单填报后校对

（一）逐项校对报关单各栏目的内容

将填写好的报关单草单与原始的报关材料核对，做到“单单相符”“单证相符”“单货相符”，即所填报关单各栏目必须与商业发票、装箱单、批准文件和随附单据相符，必须与进出口货物实际情况相符。

（二）审核的一般原则

（1）报关人员必须按照《海关法》《海关进出口申报管理规定》《海关进出口货物报关单填制规范》的有关规定，向海关如实申报，不可以伪报、瞒报、虚报和迟报。

（2）分单填报。不同备案号、不同批文的货物，不同合同的货物，同一批货物中不同监管方式、同一批货物中不同运输方式、同一批货物运输方式相同但航次不同，不同征免性质的货物，均应分单填报。

（3）一份原产地证书只能对应一份报关单。同一份报关单上的同一种商品不能同时享受协定税率和减免税。

（4）一份报关单最多填报50项商品。超过20项商品时，要注意申报海关的计算机系统是否可以接受。

（5）分项填报（分商品填报）。反映不同的项号、商品名称、规格型号、数量及单位、单价、境内货源地等，均要分项填制（分成多个项号，相当于多个商品）。

（三）审核部分栏目之间的逻辑

（1）报关单的监管方式与征免性质、征免、备案号等栏目存在一定的逻辑关系，应核对这几个栏目的逻辑对应关系是否正确。

（2）成交方式与运费、保费的填报存在逻辑关系，应核对这三个栏目的逻辑对应关系是否正确。

（3）境内收发货人属于代理进出口的情况。在代理进出口的情况下，“境内收发货人”与“生产销售单位/消费使用单位”“备注”存在逻辑关系。当境内收发货人代理非外资企业进出口时，“境内收发货人”填报境内收发货人，“生产销售单位/消费使用单位”填报代理进出口贸易的委托方，“备注”栏无影响。当境内收发货人代理外资企业进出口时，“境内收发货人”和“生产销售单位/消费使用单位”都填报外资企业的名称和代码，“备注”栏要注明是委托某企业进出口。

（四）审核重要栏目内容

（1）货物的HS编码要确认没有填错。

（2）货物的件数必须与舱单一致，在同一批货物分单填报的情况下注意报关单上的件数之和与报关资料上的总件数是否一致。

（3）集装箱的箱号要确认无误，否则申报后会删改单，可能影响提货和装运。

（4）货物的总价、数量、币制对海关统计影响较大，填报错误会引起海关处罚，严重的会造成企业信用等级降级。尤其是存在分单、分行填报的情况下更要核对好总价、数量的总值。

（五）特殊货物报关单审核要点

1. 特定减免税进口设备

特定减免税货物是指海关根据国家政策规定准予减免税进境，并使用于特定地区、特定企业、特定用途的货物。特定地区指保税区和出口加工区等特殊监管区域；特定企业主要指三种外资企业；特定用途指国内投资项目、利用外资项目、科教用品项目、残疾人专用品项目等。特定减免税

特定减免税货物
拓展学习材料

货物在入境时凭事先向海关申领的“征免税证明”减免进口关税，但在进口申报时一般不能免交进口许可证件，并且货物进口后在特定的海关监管期限内仍然要接受海关监管。

特定减免税进口设备报关单填制的审核要点如表2-27所示。

2. 暂准进出境货物

暂准进（出）境货物是指为了特定的目的，经海关批准暂时进（出）境，并在规定的期限内复运出（进）境的货物。

暂准进（出）境货物的特点是在报关时暂时不缴纳税费，也不用提交许可证件（原因是非实际进出境），但在规定期限内（6个月）要按原状复运出（进）境，最后要按货物实际使用情况办结海关手续。

暂准进出境货物
拓展学习材料

暂准进出境货物报关单填制审核要点如表2-28所示。

表2-27 特定减免税进口设备报关单填制的审核要点

项目 栏目	投资总额内进口			投资总额外进口	减免税设备结转	
	合资合作企业	外商独资企业	国内投资项目			
	进境	进境	进境	进境	形式进口	形式出口
监管方式	合资合作设备	外资设备物品	一般贸易	一般贸易	减免设备结转	
征免性质	鼓励项目			自有资金	根据实际情况填报	免填
征免	特案				全免	
备案号	征免税证明编号				征免税证明编号	结转联系函编号
收发货人 消费使用单位	合资合作企业	外商独资企业	设备进口企业		转入企业	转出企业
运输方式	进境实际运输方式				其他运输	
启运国	实际启运国（地区）				中国	
原产国	设备实际原产国（地区）				设备原生产国（地区）	中国
备注					结转联系函编号	转入进口报关单号；转入方征免税证明编号

表2-28 暂准进出境货物报关单填制审核要点

项目 栏目	进境展览品		其他暂准进境货物	
	进境	复出境	进境	复出境
监管方式	展览品		暂时进出货物	
征免性质	其他法定		其他法定	
征免	保证金/保函	全免	保证金/保函	全免
备注	暂时进出境货物类别；复运出境日期；暂时进出境货物审核确认书编号	原进口报关单号	暂时进出境货物类别；复运出境日期；暂时进出境货物审核确认书编号	原进口报关单号

3. 退运货物

退运货物分为一般退运货物和直接退运货物两种，不包括加工贸易项下退换料件或成品。

一般退运货物是指海关放行后退运的货物，包括出口之后退运进境、进口之后退运出境两种方向。出口货物自出口放行之日起1年内因品质、规格等原因“原状”退运进境的，申请人提交情况说明、双方退运协议、税务机关出具的出口未退税或退税后已补税证明、第三方机构出具的品质规格检测证明、原出口报关单、原出口单据（合同、发票、装箱单等）、通常的进口单据，经海关核实后，不予征收进口税，原来出口时已征收的出口税准予退还。进口货物自进口之日起1年内“原状”退货复运出境的，经海关核实后可以免征出口关税，原来进口时已征收进口关税和代征税的，自缴纳进口税款之日起1年内准予退还。凡不符合免税条件的，收发货人可以“一般贸易”等其他监管方式报关。如果是出口以后退运进境维修的，也可以考虑以“保税维修”的监管方式报关，把货物运到保税区进行维修后复运出境，以规避烦琐的一般退运报关手续。

直接退运货物是指进境后、海关放行前由收货人或承运人申请将货物直接退运境外的货物，只有退运出境一种方向。直接退运货物的范围包括：错发、误卸或者溢卸货物；收发货人双方协商一致同意退运；货物残损或者国家检验检疫不合格。上述情况可由当事人向海关申请直接退运，提交进口货物直接退运表、证明文书等及其他通常的报关资料。直接退运货物还包括由海关责令退运的擅自进口的违禁货物等。

退运货物报关单填制审核要点如表2-29所示。

表2-29 退运货物报关单填制审核要点

项目 栏目	一般退运		直接退运
	符合免税条件	不符合免税条件	
监管方式	退运货物	一般贸易	直接退运
征免性质	其他法定	一般征税	其他法定
征免	全免	照章征税	全免
备注	关联报关单号、退运原因等		关联报关单号、“进口货物直接退运表”或者“责令直接退运通知书”编号等

三、报关单发送前审核

暂存报关单数据后、在系统中发送报关单之前，报关人员需要查看舱单回执，确保海关已经接收舱单。海运出口货物需要查询“运抵报告”。“通关无纸化”模式申报的要核实随附单据已经成功上传到系统，并检查报关单表头“报关单类型”栏是否选择了“通关无纸化”（代码M）。

小贴士

进出境快件的报关

自2016年6月1日起，海关启用新版快件通关管理系统。

1. 快件分类

快件系统适用于文件类进出境快件（以下简称A类快件）、个人物品类进出境快件（以下简称B类快件）和低值货物类进出境快件（以下简称C类快件）报关。其中：

A类快件是指无商业价值的文件、单证、票据和资料（依照法律、行政法规以及国家有关规定应当予以征税的除外)。

B类快件是指境内收寄件人(自然人)收取或者交寄的个人自用物品(旅客分离运输行李物品除外)。

C类快件是指价值在5 000元人民币(不包括运、保、杂费等)及以下的货物(涉及许可证件管制的,需要办理出口退税、出口收汇或者进口付汇的除外)。

2. 快件报关所需要材料

A类快件报关时,快件运营人应当向海关提交A类快件报关单、总运单(复印件)和海关需要的其他单证。

B类快件报关时,快件运营人应当向海关提交B类快件报关单、每一进出境快件的分运单、进境快件收件人或出境快件发件人身份证复印件和海关需要的其他单证。B类快件的限量、限值、税收征管等事项应当符合海关总署关于邮递进出境个人物品相关规定。

C类快件报关时,快件运营人应当向海关提交C类快件报关单、代理报关委托书或者委托报关协议、每一进出境快件的分运单、发票和海关需要的其他单证,并按照进出境货物规定缴纳税款。进出境C类快件的监管方式为"一般贸易"或者"货样广告品",征免性质为"一般征税",征减免税方式为"照章征税"。

3. 快件报关与一般贸易报关的区别

快件报关的特点是手续简便、海关要求的单证少(一般不需要许可证/批文),因而费用较低、通关速度快,适用于小件散货、货样广告品、紧急货、个人自用物品等。

以快件方式进出口的货物,快件报关单上的收发货人为快件公司;而以货运方式进出口的货物,报关单上的境内收发货人为货主。

以快件方式进出口的货物,货主无法进行收汇或付汇;而以货运方式进出口的货物,货主可以凭报关单进行收汇或付汇。

操作
示范

一、检查报关资料

(一) 核实资料并确认信息

上海YY报关公司报关员小王在接到任务以后,先核实了报关需要提供的材料,确认报关委托方已经提交了基本资料,包括合同、发票、装箱单、提单、征免税证明等。同时委托方属于外商独资企业,该批进口的货物属于可以免税的企业自用设备物品,委托方事先已经获得了编号为Z22108A00455进出口商品征免税证明。因此,小王认为海关规定申报时应提交的监管证件和其他应提供的报关材料已经齐全并且有效。

小王还跟委托方确认了以下事项:

是否代理进口:委托方确认是自营进口贸易。

特殊关系确认:买卖双方不存在特殊关系。

价格影响确认:成交价格与境内无特殊关系的其他进口商的相同或者类似进口货物的成交价格相近。

与货物有关的特许权使用费支付确认：该进口货物不存在有关的特许权使用费支付。

监管方式：因为进口货物是外商独资企业进口国家鼓励项目下投资总额内的企业自用设备，所以确定为外资设备物品。

征免性质：结合监管方式确认为鼓励项目。

相关费用：进口成交方式为FOB，需要填报运费和保费。委托方确认进口货物的国际运费总额为4 800美元，保险费率0.3%，无其他杂费需要申报。

HS编码：委托方确认商品中文名称为全自动金属成形放电加工机，确认其HS编码为8456309090，商检编码为999，并确认委托单位已经提供了其他申报要素，包括品牌类型为境外其他品牌（代码4），出口享惠情况为不适用（代码3），控制方式为非数控，功能为金属加工，加工方式为切削，品牌为BIRD，型号DM350的机器功率为3KW，型号DM480和DM520功率为1KW。

集装箱商品对应关系：确认集装箱一（20'）为型号DM350的4台机器，集装箱二（20'）为型号为DM480的2台机器、型号为DM520的2台机器。

货物存放地点：洋山港区堆场。

自报自缴：确认“征免税证明”显示关税为0%、增值税为13%，企业不采用“自报自缴”模式。

表头涉检项目：境内收货人、境内消费使用单位、申报单位的检验检疫编码（在录入海关注册编码后由系统自动带出），检验检疫受理机关、口岸检验检疫机关、领证机关均为上海洋山机关本部，目的地检验检疫机关不填，启运日期为20200710，提运单号为SS137841。

表体涉检项目：检验检疫名称为其他非数控的放电处理加工机床，货物属性为正常，用途为其他。

（二）找出对应信息

在填写报关单草单前，小王按报关单的栏目内容，在各报关材料中一一核实各栏目应填报的内容，对应关系如表2-30所示：

表2-30　报关单草单各栏目内容

报关单栏目	对应单据栏目	报关单栏目	对应单据栏目
境内收货人	发票：买方（报关委托方）	成交方式	发票：贸易术语FOB，对应的成交方式为FOB
进境关别	提单：卸货港	运费	确认为总额4 800美元
进口日期	（货物进境后查询舱单）	保费	确认为保险费率0.3%
申报日期	免填	杂费	确认未涉及
备案号	征免税证明：编号	随附单证	（进口法检商品，代码A及检验检疫编号均空着不填）
境外发货人	发票：卖方	随附单据	合同；发票；委托报关协议
运输方式	（从提单可知是水上运输）	集装箱一	提单：集装箱号COSU3202732对应项号1商品，货物重量12 600千克
运输工具名称	提单：船名、航次		
提运单号	提单：B/L号	集装箱二	提单：集装箱号COSU4599235对应项号2、3商品，货物重量15 550千克
消费使用单位	买方（自用设备）		

续前表

报关单栏目	对应单据栏目	报关单栏目	对应单据栏目
监管方式	已确认为外资设备物品	标记唛头及备注	发票：唛头
征免性质	已确认为鼓励项目	项号	第二行填写征免税证明上的序号
许可证号	无	商品编号	已确认 10 位编码
启运港	提单：第一个装货港	商品名称	已确认货物中文名称
合同协议号	发票：合同号	规格型号	已确认申报要素
贸易国（地区）	发票：交易对方为美国	数量及单位	法定计量单位与发票上成交数量单位相同
启运国（地区）	发票：交易对方为美国	原产国	发票：原产地信息
经停港	提单：最后一个装运港	最终目的国	中国
入境口岸	查口岸编码表确认为洋山港	单价	发票：价格
包装种类	装箱单/提单：再生木托	总价	发票：价格
件数	装箱单/提单：8（托盘）	币制	发票：币制
毛重	装箱单/提单：毛重	境内目的地	消费使用单位所在地（自用）
净重	装箱单：净重	征免	特案

二、填写报关单各栏目

根据境内收货人（报关委托方）确认的信息，以及发票、装箱单、提单等报关材料，小王认真填写了进口货物报关单草单。填报好的报关单内容如表 2－31 所示。

三、检查报关单

小王完成进口报关单的填写之后，对所填写的内容进行了检查。确认各栏目内容与报关材料和境内收货人确认事项一致，确认各栏目逻辑正确，确认价格、数量、集装箱信息等无误后，小王将报关单草单交报关单录入员录入。

问题探究

浙江钟达进出口有限公司（统一社会信用代码 91330000129140018W）向位于浙江省云和县的丽水 SZY 服装公司（统一社会信用代码 913307047305403713）购买一批其棉制针织 T 恤衫（HS 编码 6109100010），用于自营出口日本，已将商业发票（如表 2－32 所示）、装箱单（如表 2－33 所示）、海运提单（如表 2－34 所示）等报关资料交给浙江 BG 报关公司（统一社会信用代码 91330106142561952G），并委托其向杭州海关（关区代码 2901）申报，货物从浦东海关（关区代码 2201）出境。该批货物属于国内自有品牌，国际货运总运费为 800 美元，国际货运保险费率为 0.3%。

讨论：

表 2－35 中有 20 个已填栏目，标号（1）～（20），请指出其中的填制错误并改正。

表 2-31 进口报关单

中华人民共和国海关进口货物报关单

预录入编号：221020201888555212　　海关编号：221020201999777666　　（浦东海关）　　页码/页数：1/1

境内收货人（913101151234567890） 上海 XX 模具有限公司	进境关别（2248） 洋山港区		进口日期 20200801		申报日期		备案号 Z22108A00455
境外发货人 HAIDE TRADING COMPANY	运输方式（2） 水路运输		运输工具名称及航次号 DASHE/509E		提运单号 SS137841		货物存放地点 洋山港区堆场
消费使用单位（913101151234567890） 上海 XX 模具有限公司	监管方式（2225） 外资设备物品		征免性质（789） 鼓励项目		许可证号		启运港（USA066） 波士顿（美国）
合同协议号 HT2020556	贸易国（地区）（USA） 美国		启运国（地区）（USA） 美国		经停港（USA066） 波士顿（美国）		入境口岸（311002） 洋山港
包装种类（92） 再生木托	件数 8	毛重（千克） 28 150	净重（千克） 26 350	成交方式（3） FOB	运费 USD/4800/3	保费 0.3	杂费
随附单证 随附单证 1：	随附单证 2：合同；发票；委托报关协议（电子）						
标记唛码及备注 SMC/SHANGHAI/C/NO.1-8	集装箱标箱数及号码：2；COSU3202732；COSU4599235						

项号	商品编号	商品名称及规格型号	数量及单位	单价/总价/币制	原产国（地区）	最终目的国（地区）	境内目的地	征免
1	8456309090	全自动金属成形放电加工机 4｜3｜控制方式：非数控｜功能：金属加工｜加工方式：切削｜品牌：BIRD｜型号：DM350｜功率：3KW	4 台 12 000 千克 4 台	14 860.00 59 440.00 美元	美国 （USA）	中国 （CHN）	（31222/310115）上海浦东新区/上海市浦东新区	特案
2	8456309090	全自动金属成形放电加工机 4｜3｜控制方式：非数控｜功能：金属加工｜加工方式：切削｜品牌：BIRD｜型号：DM480｜功率：1KW	2 台 6 610 千克 2 台	12 530.00 25 060.00 美元	美国 （USA）	中国 （CHN）	（31222/310115）上海浦东新区/上海市浦东新区	特案
3	8456309090	全自动金属成形放电加工机 4｜3｜控制方式：非数控｜功能：金属加工｜加工方式：切削｜品牌：BIRD｜型号：DM520｜功率：1KW	2 台 7 740 千克 2 台	10 790.00 21 580.00 美元	美国 （USA）	中国 （CHN）	（31222/310115）上海浦东新区/上海市浦东新区	特案

特殊关系确认：否	价格影响确认：否	支付特许权使用费确认：否	自报自缴：否
申报人员　申报人员证号　电话 申报单位	兹申明以上内容承担如实申报、依法纳税之法律责任 申报单位（签章）		海关批注及签章

表 2-32　商业发票

浙江钟达进出口有限公司

ZHEJIANG ZHONGDA IMPORT & EXPORT CO.，LTD.

#470，BINWEN ROAD，HANGZHOU，CHINA

COMMERCIAL INVOICE

TO：　　INV. NO.：STINV017

ABC COMPANY　　DATE：JUL. 10，2020

#123，FUJI ROAD，TOKYO，JAPAN　　S/C NO.：YES01

L/C NO.：STLCN000029

FROM SHANGHAI TO TOKYO VIA QINGDAO

MARKS & NOS.	DESCRIPTION OF GOODS	QUANTITY	U/PRICE	AMOUNT
ABC TOKYO C/NO.：1-174 MADE IN CHINA	MEN' S T-SHIRT 20 PCS PER CARTON COLOR：NAVY BLUE FABRIC CONTENT：100% COTTON BRAND：SKY ART. NO.：ZD087	3 480 PCS	USD 9.80 CIP TOKYO	USD 34 104.00
				USD 34 104.00

TOTAL：SAY TOTAL USD THIRTY FOUR THOUSAND ONE HUNDRED AND FOUR ONLY

ZHEJIANG ZHONGDA IMPORT & EXPORT CO.，LTD.

表 2-33　装箱单

浙江钟达进出口有限公司

ZHEJIANG ZHONGDA IMPORT & EXPORT CO.，LTD.

#470，BINWEN ROAD，HANGZHOU，CHINA

PACKING LIST

MESSER：　　DATE：JUL. 10，2020

ABC COMPANY　　INV. NO.：STINV017

#123，FUJI ROAD，TOKYO，JAPAN

SHIPPING FROM SHANGHAI TO TOKYO VIA QINGDAO

MARKS & NOS.	DESCRIPTION OF GOODS	PACKAGE	QTY (PCS)	G. W (KGS)	N. W (KGS)	MEAS. CBM
ABC TOKYO C/NO.：1-174 MADE IN CHINA	MEN'S T-SHIRT 20 PCS PER CARTON COLOR：NAVY BLUE FABRIC CONTENT：100% COTTON BRAND：SKY ART. NO.：ZD087	174 CTNS	3 480	2 262	1 914	24.895 9
	TOTAL：	174	3 480	2 262	1 914	24.895 9

TOTAL：SAY ONE HUNDRED AND SEVENTY-FOUR CARTONS ONLY.

ZHEJIANG ZHONGDA IMPORT & EXPORT CO.，LTD.

表 2-34　海运提单

Shipper ZHEJIANG ZHONGDA IMPORT & EXPORT CO., LTD. #470, BINWEN ROAD, HANGZHOU, CHINA	B/L NO. CSCl004118 PIL PACIFIC INTERNATIONAL LINES (PTE) LTD. (Incorporated in Singapore) COMBINED TRANSPORT BILL OF LADING
Consignee TO ORDER	Received in apparent good order and condition except as otherwise noted the total number of container or other packages or units enumerated below for transportation from the place of receipt to the place of delivery subject to the terms hereof. One of the signed Bills of Lading must be surrendered duly endorsed in exchange for the Goods or delivery order. On presentation of this document (duly) Endorsed to the Carrier by or on behalf of the Holder, the rights and liabilities arising in accordance with the terms hereof shall (without prejudice to any rule of common law or statute rendering them binding on the Merchant) become binding in all respects between the Carrier and the Holder as though the contract evidenced hereby had been made between them. SEE TERMS ON ORIGINAL B/L
Notify Party ABC COMPANY #123, FUJI ROAD, TOKYO, JAPAN	

Vessel and Voyage Number ROSE HILL V. 009W	Port of Loading SHANGHAI	Port of Discharge TOKYO VIA PUSAN
Place of Receipt	Place of Delivery TOKYO	Number of Original B (s) /L THREE

PARTICULARS AS DECLARED BY SHIPPER-CARRIER NOT RESPONSIBLE

Container Nos. /Seal Nos. Marks and Numbers	No. of Containers/Packages/ Description of Goods	Gross Weight (kilos)	Measurement (cu-metres)
ABC TOKYO C/NO.: 1-174 MADE IN CHINA C/N: PILU1122334 S/N: 6667789	174 CTNS MEN'S T-SHIRT FREIGHT PREPAID CY TO CY	2 262	24.895 9

FREIGHT & CHARGES	Number of Containers/Packages (in words) SAY ONE HUNDRED AND SEVENTY-FOUR CARTONS ONLY.
	Shipped on Board Date: AUG. 29, 2020
	Place and Date of Issue: AUG. 29, 2020
	In Witness Where of this number of Original Bills of Lading stated above all of the tenor and date one of which being accomplished the others to stand void. for PACIFIC INTERNATIONAL LINES (PTE) LTD. as Carrier

表 2 - 35　出口报关单

中华人民共和国海关出口货物报关单

预录入编号：　　海关编号：　　（申报地海关）　　页码/页数：

<table>
<tr><td colspan="2">境内发货人 91330000129140018W　（1）
浙江钟达进出口有限公司</td><td colspan="2">出境关别　（2）
杭州海关</td><td colspan="2">出口日期</td><td>申报日期</td><td colspan="2">备案号</td></tr>
<tr><td colspan="2">境外收货人</td><td colspan="2">运输方式</td><td colspan="2">运输工具名称及航次号（3）
ROSE HILL/ V. 009W</td><td colspan="3">提运单号　（4）
CSCl004118</td></tr>
<tr><td colspan="2">生产销售单位 913307047305403713　（5）
丽水 SZY 服装公司</td><td colspan="2">监管方式　（6）
一般贸易</td><td colspan="2">征免性质　（7）
一般征税</td><td colspan="3">许可证号</td></tr>
<tr><td colspan="2">合同协议号</td><td colspan="2">贸易国（地区）</td><td colspan="2">运抵国（地区）　（8）
日本</td><td colspan="3">指运港　（9）
东京（日本）</td></tr>
<tr><td colspan="2">包装种类</td><td>件数（10）
3 480</td><td>毛重（千克）</td><td>净重（千克）</td><td>成交方式(11)
CIP</td><td>运费（12）
USD/800/3</td><td>保费（13）
0.3</td><td>杂费</td></tr>
<tr><td colspan="9">随附单证
随附单证 1：　　随附单证 2：</td></tr>
<tr><td colspan="9">标记唛码及备注</td></tr>
<tr><td>项号（14）</td><td>商品编号（15）</td><td>商品名称及规格型号（16）</td><td>数量及单位（17）</td><td>单价/总价/币制（18）</td><td>原产国</td><td>最终目的国</td><td>境内货源地（19）</td><td>征免（20）</td></tr>
<tr><td>1</td><td>16109100010</td><td>棉制恤衫</td><td>3 480 件</td><td>9.80
34 104.00
美元</td><td></td><td></td><td>丽水</td><td>照章征税</td></tr>
<tr><td colspan="9"></td></tr>
<tr><td colspan="9"></td></tr>
<tr><td colspan="9"></td></tr>
<tr><td colspan="9">特殊关系确认：　　价格影响确认：　　支付特许权使用费确认：　　自报自缴：</td></tr>
<tr><td colspan="7">申报人员　　申报人员证号　　电话　　兹申明以上内容承担如实申报、依法纳税之法律责任
申报单位　　申报单位（签章）</td><td colspan="2">海关批注及签章</td></tr>
</table>

思考练习

一、单项选择题

在线自测：项目二（1）

二、报关单填制题

仔细阅读以下资料，然后根据《中华人民共和国海关进出口货物报关单填制规范》的要求，从选项中选出正确的一个答案。

资料一：

位于上海市闸北区的上海机床有限责任公司（3310215031）接受国外某企业的委托制造出口来料加工的机床零部件，由国外客户提供原材料铰链（属法检商品，法定计量单位为千克）。载运货物的运输工具于2018年9月9日申报进境，上海机床有限责任公司委托上海SHK报关行于2018年9月10日凭“加工贸易手册”（铰链列手册第23项）和相关单证向上海吴淞海关申报进口。

资料二：

表2-36 提单

<table>
<tr><td colspan="2">Shipper:
CHR TRADING GMBH
LERCHENWEG 10
97522 SAND GERMANY</td><td colspan="2" rowspan="3">COSCO
CONTAINER LINES

Combined Transport
BILL OF LADING</td></tr>
<tr><td colspan="2">Consignee
TO ORDER</td></tr>
<tr><td colspan="2">Notify Party
SHANGHAI MACHINE CO., LTD.
218 FEGNXIAG ROAD
SHANGHAI, 200041 CHINA</td></tr>
<tr><td colspan="2">Ocean Vessel HONG YE   Voy. No. 489E</td><td colspan="2">Port of Loading
Hamburg</td></tr>
<tr><td colspan="2">Port of Discharge
Rotterdam</td><td colspan="2">Place of Delivery
SHANGHAI CHINA</td></tr>
<tr><td>Marks & Number</td><td>Number and Kind of Packages; Description of Goods</td><td>Gross Weight (kgs)</td><td>Net Weight (kgs)</td></tr>
<tr><td rowspan="2">SMC
SHANGHAI
C/NO. 1-5</td><td>HINGE BOLT
SAY FIVE WOODEN CASES ONLY
TOTAL ONE 20'CONTAINER
CY TO CY
FREIGH PREPAID

2ND VESSEL: M/V GOLDEN GATE BRIDGE V. 10W</td><td>5 850</td><td>GROSS FOR NET</td></tr>
<tr><td>CONTAINER TEXU2263978   TARE 2230   SEAL 22786</td><td></td><td></td></tr>
</table>

资料三：

表 2-38　装箱单

CHR TRADING GMBH
LERCHENWEG 10
97522 SAND GERMANY

PACKING LIST

TO:
SHANGHAI MACHINE CO.，LTD.
218 FEGNXIAG ROAD
SHANGHAI，200041 CHINA

MARKS & NO.	DESCRIPTION OF GOODS	QUANTITY	U/PRICE
SMC SHANGHAI C/NO. 1-5	HINGE BOLT Country of Origin：France	30 000 PCS	EUR 0.33/PCS CIF SHANGHAI
	PACKED IN 5 WOODEN CASES		

CHR TRADING GMBH

在线自测：项目二（2）

三、信息查询

1. 请根据以下货物 HS 编码，查询货物的商检代码、法定计量单位、申报要素。

货物名称及 HS 编码	商检代码	法定计量单位	申报要素
酱油（鲜味汁） 2103100000			
其他棉制男式衬衫 6205200099			

2. 根据提供的信息填报报关单境内货源地（产地）。

货源地信息	报关单境内货源地（产地）填报
货源地址：杭州市滨江区滨文路 478 号	
货源地址：河北省保定市雄县旅游路南侧	
境内发货人海关注册编码前五位：43139	

项目三
进出口税费核算

进口货物一般都需要缴纳税费，少数出口货物也需要缴纳关税，携带或邮递进境的个人物品也可能要缴纳行邮税。这些进出口税费的多少，虽然最后由海关审核确定，但境内收发货人或个人也需要掌握税费核算技能，以便准确核算业务成本，做好税务筹划，在“自报自缴”操作时可以核对单一窗口计税系统显示的税费金额。本项目按进出口税费核算工作流程的顺序，介绍如何审定完税价格、确定货物的原产地、查阅并确定适用的税率、计算进出口税费。

学习目标

[知识目标]

1. 理解进出口税费的含义和种类。
2. 掌握进出口货物完税价格的确定方法、进出口税费的计算方法。
3. 理解进出口货物原产地的确定标准和申报要求。

[能力目标]

1. 能计算进出口货物的完税价格。
2. 能根据资料查询、确定适用的税率。
3. 能计算各类税费和滞纳金。

项目导入

2020年5月，XXX纺织集团从A国进口已梳的棉花（税则号52030000，该国适用优惠原产地规则）93吨，该批粗梳羊毛系以B国原产的未梳棉花（税则号52010000，该国适用非优惠原产地规则）加工而成。发票列明货物FOB价值171 943美元，XXX纺织集团另行支付了国际运费3 580美元、国际货运保险费526美元。货物从A国直接运输至我国上海港入境，报关后运至XXX纺织集团。

XXX纺织集团委托上海YY报关公司代理报关，并提供了产地证、海关规定的关税配额证明和入境货物通关单等相关文件，但关税配额证明显示的数量为90吨。

工作任务：

(1) 确定该批货物的完税价格。

(2) 确定该批货物的原产地和适用的税率。

(3) 计算该批货物应缴纳的进口税费。

进出口税费核算操作程序按时间先后可以分为四个环节，即审定完税价格、确定进出口货物原产地、确定适用税率、计算税费（如图3-1所示）。

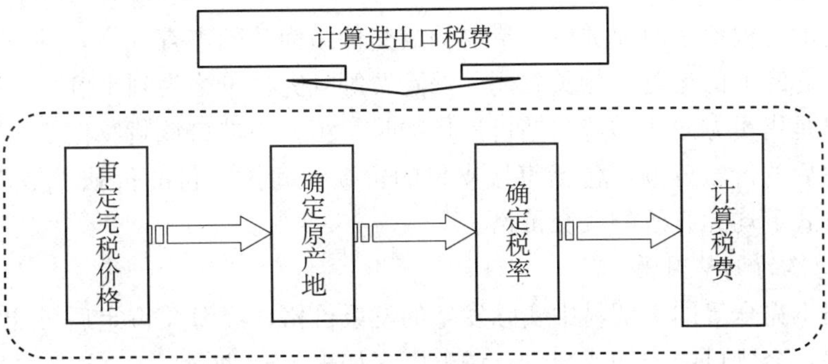

图3-1　进出口税费计算操作程序

任务一　审定完税价格

进出口货物完税价格是海关对进出口货物征收从价税时审查估定的应税价格，是凭以计征进出口货物关税及进口环节代征税税额的基础。审定完税价格时要分三种情况考虑，如图 3－2 所示。

- 完税价格
  - 进口货物完税价格
    - 一般进口货物完税价格
    - 特殊进口货物完税价格
  - 出口货物完税价格

图 3－2　完税价格的三种情形

一、一般进口货物完税价格的审定

根据《审价办法》，海关依次使用下列六种估价方法确定进口货物的完税价格（注意前后次序），如图 3－3 所示。

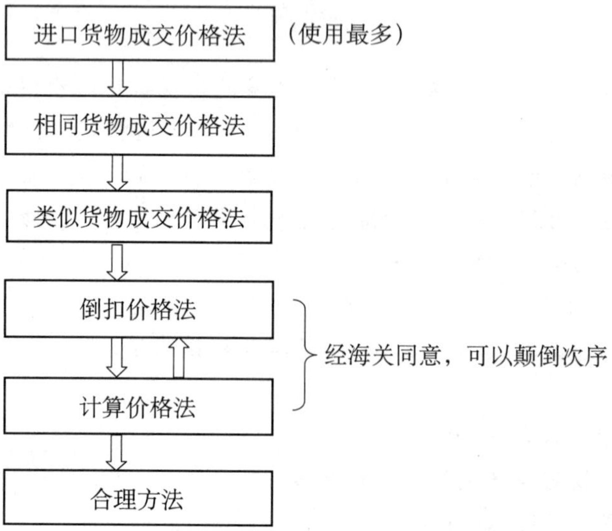

图 3－3　确定进口货物完税价格的六种估价方法

《审价办法》

（一）进口货物成交价格法

1. 成交价格的基本含义

进口货物的完税价格由海关以该货物的成交价格为基础审查确定，并且应该包括货物运抵我国境内起卸前的运输及相关费用、保险费等（完税价格为到岸价）。

成交价格是指卖方向我国境内销售该货物时，买方为进口该货物向卖方实付的，并按有关规定调整后的价款总额，包括直接支付的价款和间接支付的价款。易货贸易、捐赠、寄售等贸易方式下均无有效的成交价格。

2. 成交价格的调整因素

成交价格不完全等同于贸易中实际发生的发票价格，经海关审定后可能需要按照有关规定进行调整，金额可能增加或减少，调整因素如表 3－1 所示。

表 3-1　成交价格的调整因素

序号	计入项目（买方支付的下列项目）	扣减项目（单独列明的下列税收、费用）
1	除购货佣金以外的佣金和经纪费。 销售佣金：一般卖方支付给销售代理人的，若转由给买方支付就计入 经纪费：买方支付给经纪人的劳务费用，计入	厂房、机械或者设备等货物进口后发生的建设、安装、装配、维修或者技术援助费用，但是保修费用除外
2	与进口货物作为一个整体的容器费（同一税则号），如装酒的酒瓶	货物运抵境内输入地点起卸后发生的运输及相关费用、保险费
3	包装费（包括材料费、劳务费）	进口关税、进口环节税及其他国内税
4	下列四项协助价值（买方以免费或低于成本价的方式向卖方提供）费用应计入：进口货物所包含的材料、部件、零件和类似货物的价值；在生产进口货物过程中使用的工具、模具和类似货物的价值；在生产进口货物过程中消耗的材料的价值；在境外完成的为生产该货物所需的工程设计、技术研发、工艺及制图等工作的价值	同时符合下列条件的利息费用不计入完税价格：利息费用是买方为购买进口货物而融资所产生；有书面的融资协议；利息费用单独列明；纳税义务人可以证明有关利率不高于在融资当时当地此类交易通常具有的利率水平，且没有融资安排的相同或者类似进口货物的价格与进口货物的实付、应付价格非常接近
5	特许权使用费：买方为取得特许权（专利权或分销权等）而支付的费用	为在境内复制进口货物而支付的费用
6	返回给卖方的转售收益	境内外技术培训及境外考察费用
7		码头装卸费（THC）是指货物从船舷到集装箱堆场间发生的费用，不应计入

注：协助价值计入进口货物完税价格中应满足 4 个条件：（1）由买方以免费或低于成本价的方式直接或间接提供；（2）未包括在进口货物的实付或应付价格之中；（3）与进口货物的生产和向我国境内销售有关；（4）可适当按比例分摊。

【例 3-1】某工厂从德国进口一批机械设备，以 CIF 广州价格条件成交，发票列明：机械设备 500 000 美元，运保费 5 000 美元，卖方佣金 25 000 美元，培训费 2 000 美元，设备调试费 20 000 美元。该货物海关审定的成交价格为：

成交价格＝500 000（机械设备价款）＋5 000（运保费）＋25 000（卖方佣金）
＝530 000（美元）

【例 3-2】某企业从法国进口一台模具加工机床，发票列明：设备价款 CIF 上海 600 000 美元，机器进口后的安装调试费 20 000 美元，卖方佣金 2 000 美元，与设备配套使用的操作系统使用费 80 000 美元。该批货物经海关审定的成交价格为：

成交价格＝600 000（设备价款）＋2 000（卖方佣金）＋80 000（操作系统使用费）
＝682 000（美元）

【例 3-3】某企业以 CIF 成交方式购进一台砂光机，先预付设备款 25 000 港元，发货时再支付设备价款 40 000 港元，并另直接支付给境外某权利所有人专用技术使用费 15 000 港元，此外，提单上列明码头装卸费（THC）为 500 港元。该批货物经海关审定的成交价格为：

成交价格＝25 000（预付设备款）＋40 000（设备价款）＋15 000（专用技术使用费）
＝80 000（港元）

3. 采用成交价格法的条件

采用成交价格估算完税价格时，作为成交价格本身应满足一定的条件，如表 3-2 所示。

表 3-2 采用成交价格法时成交价格本身应满足的条件

成交价格应具备的条件	成交价格不能作为完税价格的情况
买方对进口货物的处置和使用不受限制（但法律法规限制、货物转售地域限制、对货物价格无实质影响的限制除外）	下列情形视为受限制： （1）进口货物只能用于展示或者免费赠送的； （2）进口货物只能销售给指定第三方的； （3）进口货物加工为成品后只能销售给卖方或者指定第三方的； （4）其他经海关审查，认定买方对进口货物的处置或者使用受到限制的
进口货物的价格不应受到某些条件或因素的影响而导致该货物的价格无法确定	下列情形视为受影响而导致价格无法确定： （1）进口货物的价格是以买方向卖方购买一定数量的其他货物为条件而确定的； （2）进口货物的价格是以买方向卖方销售其他货物为条件而确定的； （3）其他经海关审查，认定货物的价格受到使该货物成交价格无法确定的条件或者因素影响的
卖方不得直接或间接从买方获得因转售、处置或使用进口货物而产生的任何收益，除非上述收益能够被合理确定	
买卖双方之间没有特殊关系，但若能证明其成交价格与下列任一款价格相近，则视为无影响： （1）向境内无特殊关系的买方出售的相同或者类似进口货物的成交价格； （2）按照倒扣价格法确定的相同或者类似进口货物的完税价格； （3）按照计算价格法确定的相同或者类似进口货物的成交价格	买卖双方之间的特殊关系包括： （1）买卖双方互为对方公司的高级职员或董事； （2）买卖双方为法律承认的商业合伙人； （3）买卖双方为雇主和雇员关系； （4）一方直接或间接拥有、控制双方5%或以上公开发行的有表决权的股票或股份； （5）一方直接或间接地受另一方控制； （6）双方都直接或间接地受第三方控制； （7）双方共同直接或间接地控制第三方； （8）双方为同一家族成员； （9）买卖双方在经营上相互有联系，一方是另一方的独家代理、经销或受让人，若与以上规定相符，也视为有特殊关系

（二）相同及类似货物成交价格法

相同及类似货物成交价格法，即以被估货物同时或大约同时向我国境内销售的相同货物及类似货物的成交价格为基础（但不是直接作为进口货物的成交价格），审查确定进口货物完税价格的方法。

相同货物：与进口货物在同一国家或地区生产，除表面微小差异外，在物理性质、质量和信誉等所有方面都相同的货物。

类似货物：与进口货物在同一国家或地区生产，有相似的特征、相似的材料、相同的功能，在商业中可以互换。

时间要素："同时"或"大约同时"指进口货物接受申报之日的前后各45天内。

前提条件：这种方法只能在进口货物非因销售引起或销售不能符合成交价格须满足的条件时才能采用。

注意事项：在运用相同及类似货物成交价格法时，应首先使用具有相同商业水平、大致相同数量的相同及类似货物；在确定完税价格时，应首先使用同一生产商的货物，没有时再使用同一生产国或地区的货物；有多个相同及类似货物的，以最低成交价格为基础估定完税价格。

（三）倒扣价格法

倒扣价格法，即以进口货物、相同或类似进口货物在境内第一环节的销售价格为基础，扣除境内发生的有关费用来估定完税价格。倒扣价格法的使用规则如表 3－3 所示。

“第一环节”是指有关货物进口后进行的第一次转售，且转售者与境内买方之间不能有特殊关系。

表 3－3　倒扣价格法的使用规则

项目	内容
倒扣价格法的“销售价格”应具备的条件	（1）在被估货物进口时或大约同时，将该货物、相同或类似进口货物在境内销售的价格； （2）按照该货物进口时的状态销售的价格； （3）在境内第一环节销售的价格； （4）向境内无特殊关系方销售的价格； （5）按照该价格销售的货物合计销售总量最大
倒扣价格法的核心要素	（1）按进口时的状态销售； （2）时间要素：满足“进口时”或“大约同时”，即被估货物申报日前后各 45 天或各 90 天； （3）合计的货物销售总量最大
倒扣价格法的倒扣项目	（1）该货物的同级或同种类货物在境内第一环节销售时通常支付的佣金或利润和一般费用； （2）货物运抵境内输入地点之后的运输及其相关费用、保险费； （3）进口关税、进口环节税及其他国内税； （4）加工增值额，如果以货物经过加工后在境内转售的价格作为倒扣价格的基础，则必须扣除上述加工增值部分

（四）计算价格法

计算价格法是指以货物生产国或地区的生产成本作为基础的价格。

采用计算价格法时，进口货物完税价格由下列项目的总和构成：

（1）生产该货物所使用的原材料价值和进行装配或其他加工的费用；

（2）向境内销售同等级或者同种类货物通常的利润和一般费用（包括直接费用和间接费用）；

（3）货物运抵我国境内输入地点起卸前的运输费用①及其相关费用、保险费。

---

① 进口货物的运费按实际支付费用计算，不能确定时，海关按照该货物的实际运输成本或以货物进口同期运输行业公布的运费率（额）计算。

进口货物的保险费按实际支付费用计算，无法确定或未实际发生时，保险费＝(货价＋运费)×3‰。

邮运进口的货物，以邮费作为运保费。

以境外边境口岸价成交的铁路或公路进口货物，以境外边境口岸价格的 1％计算运输及其相关费用、保险费。

（五）合理方法

合理方法是指不能依据上述几项方法时，根据公平、统一、客观的估价原则，以客观量化的数据资料为基础审查确定完税价格的方法。

在运用合理方法估价时，禁止使用下列六种价格：

（1）境内生产的货物在境内销售价格。

（2）在两种价格中选择高的价格。

（3）依据货物在出口地市场的销售价格。

（4）以计算价格法规定之外的价值或者费用计算的相同或者类似货物的价格。

（5）出口至第三国或地区货物的销售价格。

（6）最低限价或武断、虚构的价格。

二、特殊进口货物完税价格的审定

特殊进口货物完税价格的审定方法如表3-4所示。

表3-4　特殊进口货物完税价格的审定

<table>
<tr><th>贸易方式</th><th>货物类型</th><th colspan="2">完税价格</th></tr>
<tr><td>进料加工（不予保税部分）</td><td>料件进口</td><td colspan="2">以该料件申报进口时的成交价格为基础</td></tr>
<tr><td rowspan="2">进料加工（保税）</td><td>料件内销</td><td>以料件原进口成交价格为基础确定</td><td rowspan="2">料件原成交价格不能确定的，海关以接受内销申报的同时或大约同时进口的与料件相同或类似的货物进口成交价格为基础确定</td></tr>
<tr><td>制成品（残次品、副产品）内销</td><td>以所含料件原进口成交价格为基础确定</td></tr>
<tr><td>来料加工</td><td>料件或制成品（残次品）内销</td><td colspan="2">以接受内销申报的同时或大约同时进口的与料件相同或类似的货物进口成交价格为基础确定（来料加工的料件在原进口时没有成交价格）</td></tr>
<tr><td>进料加工、来料加工</td><td>边角料、副产品</td><td colspan="2">以海关审查确定的内销价格作为完税价格</td></tr>
<tr><td rowspan="2">出口加工区</td><td>制成品、残次品</td><td colspan="2">以接受内销申报的同时或大约同时进口的相同或类似货物的进口成交价格为基础确定</td></tr>
<tr><td>边角料、副产品</td><td colspan="2">以海关审查确定的内销价格作为完税价格</td></tr>
<tr><td rowspan="5">保税区加工企业</td><td>进口料件或制成品（包括残次品）</td><td colspan="2">以接受内销申报的同时或大约同时进口的相同或类似货物的进口成交价格为基础确定</td></tr>
<tr><td rowspan="2">进料加工制成品（含境内采购料件）</td><td colspan="2">以制成品所含从境外购入的料件原进口成交价格为基础确定</td></tr>
<tr><td colspan="2">料件原进口成交价格不能确定的，以接受内销申报的同时或大约同时进口的与料件相同或类似的货物进口成交价格为基础确定</td></tr>
<tr><td>来料加工制成品（含境内采购料件）</td><td colspan="2">以接受内销申报的同时或大约同时进口的与料件相同或类似的货物进口成交价格为基础确定</td></tr>
<tr><td>边角料、副产品</td><td colspan="2">以海关审查确定的内销价格作为完税价格</td></tr>
<tr><td>保税区、出口加工区、保税物流园区、保税物流中心进入境内</td><td></td><td colspan="2">除进口料件及其制成品外，均以进入境内的销售价格为基础确定</td></tr>
</table>

续前表

贸易方式	货物类型	完税价格
出境修理复运进境货物	按规定期限复运进境	以境外修理费和料件费审查确定
	未按规定期限复运进境	按一般进口货物完税价格确定
出境加工复运进境货物	正常运回	以境外加工费、料件费、复运进境的运输及其相关费用、保险费审查确定
	未正常运回	按一般进口货物完税价格确定
暂时进境货物	应纳税的	按一般进口货物完税价格确定
	留购的	以海关审查确定的留购价格作为完税价格
租赁进口货物	以租金方式支付的	以租金为完税价
	留购的	以海关审查确定的留购价格作为完税价格
	一次性纳税的	可以申请按规定估价方法确定完税价格或以租金总额作为完税价格
减免税货物	经批准可以出售、转让、移作他用的货物	完税价格＝海关审定的该货物原进口时的价格×[1－征、补税时实际进口的月数/(监管年限×12)]
无成交价格货物	易货贸易、寄售、捐赠、赠送	不适用成交价格法，应采用其他几类方法确定完税价格
软件介质	介质本身价值或成本与所载软件价值分列或虽未分列，但能提供文件证明各自价值时，以介质本身的价值或成本为基础确定	

三、出口货物完税价格的审定

（一）出口货物完税价格的计算公式

出口货物的完税价格以成交价格为基础确定，包括货物运至输出地点前的运输及其相关费用、保险费。出口货物完税价格的计算公式如下：

出口货物完税价格＝FOB价－出口关税

＝FOB价/（1＋出口关税税率）

（二）出口货物完税价格的确定

出口货物的成交价格是指货物出口销售时，卖方为出口该货物向买方直接收取和间接收取的价款总额。

出口货物的成交价格不能确定时，海关依次使用下列价格：

（1）同时或者大约同时向同一国家或地区出口的相同货物的成交价格。

（2）同时或者大约同时向同一国家或地区出口的类似货物的成交价格。

（3）根据境内生产相同或者类似货物的成本、利润和一般费用（包括直接费用和间接费用）、境内发生的运输及其相关费用、保险费计算所得的价格。

（4）按照合理方法估定的价格。

（三）不计入完税价格的税收、费用

（1）出口关税。

（2）在货物价款中单独列明的货物运至我国境内输出地点装载后的运费及其相关费用、保险费。

（3）在货物价款中单独列明由卖方承担的佣金。

（四）应计入完税价格的费用

（1）应我国国内卖方要求支付给第三方的金额。

（2）发票未列入的货价。

（3）我国境内输出地点装载前的运输及相关费用、保险费（如EXW术语时）。

四、海关估价中的价格质疑程序和价格磋商程序

（一）价格质疑程序

价格质疑是指在确定完税价格过程中，海关对申报价格的真实性或准确性有疑问，或有理由认为买卖双方的特殊关系可能影响成交价格。海关提出价格质疑的操作程序如图3－4所示。

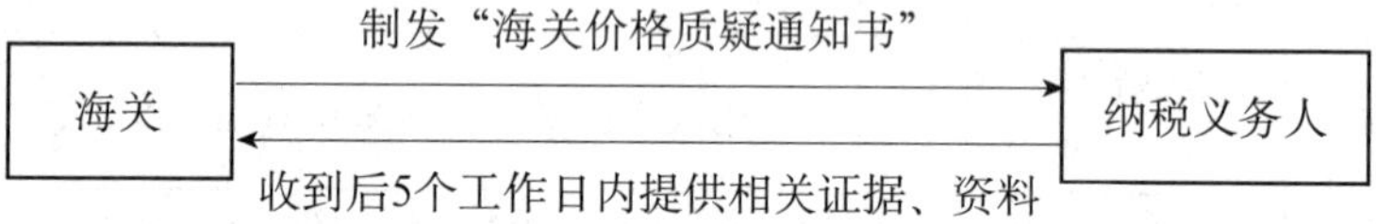

图3－4　价格质疑程序

（二）价格磋商程序

价格磋商是指海关在使用除成交价格法以外估价方法时，在保守商业秘密的基础上，与纳税义务人交换彼此掌握的用于确定完税价格的数据资料的行为。价格磋商的操作程序如图3－5所示。

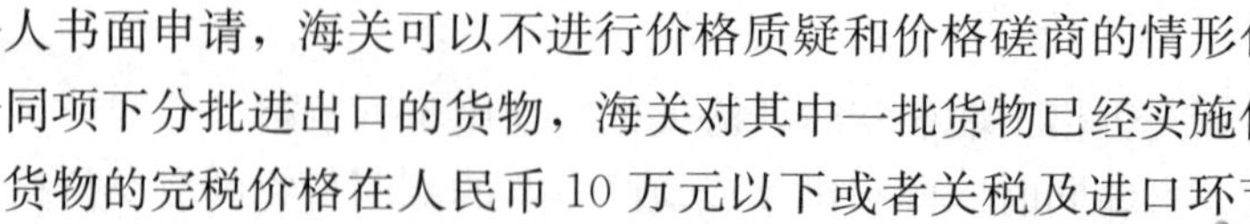

图3－5　价格磋商程序

（三）特殊情形

经纳税义务人书面申请，海关可以不进行价格质疑和价格磋商的情形包括：

（1）同一合同项下分批进出口的货物，海关对其中一批货物已经实施估价的。

（2）进出口货物的完税价格在人民币10万元以下或者关税及进口环节税总额在人民币2万元以下的。

（3）进出口货物属于危险品、鲜活品、易腐品、易失效品、废品、旧品等。

加工贸易进口料件或其制成品、出口加工区内加工企业内销制成品、保税区内加工企业内销进口料件或其制成品估价，海关可以不进行价格质疑，经与纳税人价格磋商后，依法确定完税价格。

任务二　确定进出口货物的原产地

确定进出口货物的原产地的操作包括确定原产地规则的类别、确定原产地认定标准、享惠原产地申报等，如图 3－6 所示。

确定进出口货物的原产地
- 确定原产地规则的类别
- 确定原产地认定标准
- 享惠原产地申报

图 3－6　确定进出口货物的原产地

一、确定原产地规则的类别

各国为了适应国际贸易的需要，并为执行本国关税及非关税方面的国别歧视贸易措施，必须按一定的标准确定进口商品的原产地，依据的标准就是原产地规则。

原产地规则分为两大类：优惠原产地规则、非优惠原产地规则。

（一）优惠原产地规则

优惠原产地规则是指一国为了实施国别优惠政策而制定的法律、法规，是以优惠贸易协定通过双边、多边协定形式或者本国自主形式制定的一些特殊的原产地认定标准，具有排他性，优惠范围以原产地为受惠国的进口产品为限。优惠原产地规则的实施方式包括两种：一是自主方式授予，如欧盟普惠制、中国对最不发达国家的特别优惠关税；二是互惠方式授予，如北美自由贸易协定、中国-东盟自贸区协定等。

我国签署的优惠贸易协定如项目二表 2－22 所示。其中，韩国、老挝、新加坡都涉及两项协定，考虑原产地和进口适用税率时应以进口商提供符合哪个协定的原产地证据为准。

（二）非优惠原产地规则

非优惠原产地规则是一国根据实施其海关税则和其他贸易措施的需要，由本国立法自主制定的原产地规则，也称自主原产地规则。非优惠原产地规则的实施应遵循最惠国待遇规则，即必须普遍地、无差别地适用于所有原产地为最惠国的进口货物。非优惠原产地规则包括实施最惠国待遇、反倾销、反补贴、保障措施、数量限制、关税配额、原产地标记或贸易统计、政府采购时而采用的原产地规则。

二、确定原产地认定标准

原产地认定标准有优惠原产地认证标准和非优惠原产地认证标准两种。

（一）优惠原产地认定标准

1. 完全获得标准

完全获得标准是指从优惠贸易协定成员国或地区（以下简称成员国或地区）直接运输进口的货物是完全在该成员国或地区获得或者产生的，这些货物指：

（1）在该成员国或地区境内收获或采集的植物产品。

（2）在该成员国或地区境内出生和饲养的活动物。

（3）在该成员国或地区领土或领海开采的矿产品。

（4）其他符合相应优惠贸易协定项下完全获得标准的货物。

2. 不完全获得标准

不完全获得标准是指货物经过几个国家或地区加工、制造的产品，多以最后完成实质性加工的国家或地区为原产地，称为“实质性改变标准”。实质性改变标准包括税则归类改变标准、从价百分比标准、加工工序标准、其他标准等。

（1）税则归类改变标准。指原产于非成员国或地区的材料在出口成员国或地区境内进行制造、加工后，所得货物在《商品名称及编码协调制度》中税则归类发生了变化（4位数一级的税则归类改变）。

（2）从价百分比标准。从价百分比是指一个国家或地区对非该国或地区原产的原材料进行制造、加工后的增值部分超过所得货物价值的一定比例。部分贸易协定的区域价值成分标准如表3-5所示。

表3-5 部分贸易协定的区域价值成分标准

协定名称	非成员国原产的原材料价值占FOB价的比例	成员国原产的原材料价值占FOB价的比例
《亚太贸易协定》（孟加拉国除外）	≤55%	>45%
《中国-东盟合作框架协议》	<60%	≥40%
《亚太贸易协定》（孟加拉国）	≤65%	>35%
CEPA项下的港澳产品	<70%	≥30%
《中韩自贸协定》	<40%	≥60%

（3）加工工序标准。制造或者加工工序是指在某一国家或地区进行的赋予制造、加工后所得货物基本特征的主要工序。

（4）其他标准。是指除以上标准外，成员国或地区一致同意采用的其他标准。

3. 直接运输规则

直接运输指优惠贸易协定下进口货物从该协定成员国或地区直接运输至我国境内，途中未经过该协定成员国或地区以外的其他国家和地区。

若经过其他国家或地区，无论在运输途中是否转换运输工具或者作临时储存，同时符合下列条件的，视为直接运输：

（1）经过其他国家或地区时未做除使货物保持良好状态所必须处理以外的其他处理。

（2）在其他国家或地区停留的时间未超出相应优惠贸易协定规定的期限。

（3）在其他国家或地区停留时，处于该国或地区海关监管之下。

（二）非优惠原产地认定标准

1. 完全获得标准

与优惠原产地认定标准的完全获得标准相同。

2. 实质性改变标准

以税则归类改变为最基本的标准，税则归类改变是指在某一国家或地区对非该国或地区原产材料进行制造、加工后，使所得货物的4位数税号一级的税则归类发生改变。

若税则归类不能够反映实质性改变，用下列补充标准：

（1）加工工序标准：指以在某一国家或地区进行的赋予制造、加工后所得货物基本特征的主要工序为标准。

（2）从价百分比标准：指以在某一国家或地区对非该国或地区原产材料进行制造、加工后的增值部分超过货物价值30%为标准。

注意：上述两种补充标准只适用于《适用制造或者加工工序及从价百分比标准的货物清单》中具体列明的货物，并按列明的标准判定是否发生实质性改变。对未列入该清单的货物，其实质性改变的标准，应当适用税则归类改变标准。

小案例

苹果手机的原产地

一部苹果手机由台湾富士康公司设在大陆的工厂组装完成，然后出口到美国，大陆的进口商又进口该手机，再卖给批发商，批发商销售给零售商，零售商卖给消费者，从而完成一部手机从组装到消费的全过程。而在组装前，手机的原材料和零部件的来源比较复杂，供应商来自日本、韩国等不同国家的不同企业，如三星就是苹果重要的配件供应商之一。那么，苹果手机的原产地应该是哪里呢？

分析：根据中国目前的原产地管理规则，如果苹果手机在中国组装且加工增加值达到30%，该手机就属于“中国制造”，可以申请签发中国原产地证书。在这个过程中，苹果手机要经过两次通关：一次是出口，一次是进口，出口时原产地如果是中国，则再从境外进口的时候，由于该手机没有再进行加工，不改变原产地，因此再进口时苹果手机的原产地仍然是中国。

三、享惠原产地申报

对于享受协定税率或特惠税率的进口货物，进口人需要向海关申报享惠原产地信息。对于不享惠的进口货物，进口人只需要在报关单商品项的原产国（地区）填报原产地即可。

1. 核实原产地证明有效性

原产地证明包括原产地证书和原产地声明两种形式，是证明货物原产于某地的书面文件。它是受惠国或地区的原产品出口到给惠国或地区时享受关税优惠的凭证，也是进口货物是否适用反倾销、反补贴税率以及保障措施等贸易政策的参考凭证。

在申报原产地证明前，进口人应当核实其有效性，注意下列事项：

（1）原产地证书应当由受惠国或地区授权机构签发。

（2）具有签名以及印章等安全特征，并且真实有效。

（3）以规定的语言填制。

（4）具有不重复的编号。

（5）注明货物具备原产地资格的依据。

（6）在规定的有效期内。

小思考

某企业进口原产于新加坡的奶粉，提供了抬头为“REPUBLIC OF SINGAPORE PREFERENTIAL CERTIFICATE OF ORIGIN”的产地证，该证没有“FORM E”和“Issued in (country)”字样。进口该批货物能否享受《中国-东盟自贸协定》的税率?

2. 核实是否符合“直接运输规则”

原产地规则中的“直接运输规则”是指申报适用协定税率、特惠税率的进口货物应该从优惠贸易协定的签订国或地区直接运输到我国境内，对于经非签约国或地区转运的货物，应符合海关的相关规定。

（1）经港澳中转进口货物单证提交要求。根据海关总署公告2017年第26号（关于进一步简化经港澳中转货物原产地管理要求的公告），自2017年7月10日起，对于依照海关总署2016年52号公告规定，进口人应当提交“中转确认书”的情形，如果海关已收到有关“中转确认书”电子信息，且与进口人申报内容一致，海关不再要求进口人提交“中转确认书”正本。如果海关未收到相关“中转确认书”电子信息或认为有必要时，进口人仍应当提交“中转确认书”正本。

（2）经香港或澳门之外的第三方中转进口货物单证提交要求。向海关申报进口经香港或澳门之外的第三方中转并享受协定优惠的货物时，进口人须交验该国家或地区海关出具的未再加工证明文件和自优惠贸易协定成员国或地区启运后换装运输工具至我国的全程提（运）单。

（3）非直接运输时无须提供“中转确认书”或未再加工证明文件的情形。进口人申报适用协定税率或特惠税率时向海关提交下列运输单证之一的，海关不再要求提交中转地海关授权机构出具的证明文件：

1）对空运或海运进口货物，经营国际快递业务的企业、民用航空运输企业、国际班轮运输经营者及其委托代理人出具的单份运输单证。该运输单证应在同一页上载明始发地为进口货物的原产国（地区）境内，且目的地为中国境内；原产于内陆国家（地区）的海运进口货物，始发地可为其海运始发地。

2）对已实现原产地电子数据交换的《海峡两岸经济合作框架协议》（ECFA）等协定项下集装箱运输货物，也可提交能够证明货物在运输过程中集装箱箱号、封志号未发生变动的全程运输单证。

3. 享惠原产地单证申报要求

根据海关总署公告2021年第34号，进口人可以自行选择“有纸报关”方式或“通关无纸化”方式申报“优惠贸易协定享惠”类栏目，同时在商品项对应的“原产国（地区）”栏填报。选择“有纸报关”方式申报的，进口人在申报进口时提交原产地单证纸质文件。选择“通关无纸化”方式申报的，进口人应当按以下要求以电子方式提交原产地单证：

（1）对尚未实现原产地电子信息交换的优惠贸易协定项下进口货物，通过“优惠贸易协定原产地要素申报系统”填报原产地证明电子数据和直接运输规则承诺事项，并且在申报进口时以电子方式上传原产地证明。对已实现原产地电子信息交换的优惠贸易协定项下进口货物，无须填报原产地证明电子数据和直接运输规则承诺事项，也无须以电子方式上传原产地证明。

（2）凭《中华人民共和国和瑞士联邦自由贸易协定》项下原产地声明申报进口时，无须以电子方式上传原产地声明。

（3）对免提交原产地证明的小金额进口货物，无须以电子方式上传原产地证明。

（4）以电子方式上传商业发票、运输单证和未再加工证明文件。中国香港、澳门特别行政区“中转确认书”无须上传。

（5）进口人填报的原产地证明电子数据、直接运输规则承诺事项和以电子方式上传的单证内容应当与其持有的单证正本一致。

任务三　确定税率

一、选择适用的税率

WTO 成员

（一）进口税率

进口税率分为最惠国税率、协定税率、特惠税率、普通税率、关税配额税率、暂定税率。不同税率适用的范围如表 3－6 所示。

表 3－6　不同进口税率适用的范围

进口税率	适用进口货物范围	备注
最惠国税率	WTO 成员、相互给予最惠国待遇条款的国家或地区、原产于我国境内的进口货物	适用范围最广
协定税率	与我国签订含有关税优惠条款的区域性贸易协定的国家或地区的进口货物	
特惠税率	与我国签订含有特殊关税优惠条款的贸易协定的国家或地区的进口货物	
普通税率	上述国家或地区以外的以及原产地不明的进口货物	税率最高
配额税率	实行关税配额管理的进口货物（在关税配额内的）	
暂定税率	适用暂定税率的货物	

同时适用多种税率的进口货物，基本原则是“从低适用”，特殊情况除外。具体情况请如表 3－7 所示。

表 3－7　同时适用多种税率的进口货物的税率适用

进口货物可选用的税率	税率适用的规定
同时适用最惠国税率、进口暂定税率	适用进口暂定税率
同时适用协定税率、特惠税率、进口暂定税率	从低适用税率
同时适用国家优惠政策、进口暂定税率	以优惠政策计算确定的税率与进口暂定税率进行比较，税率从低计征，但不得在暂定税率基础上再进行减免
同时适用普通税率的进口货物存在暂定税率	适用普通税率

续前表

进口货物可选用的税率	税率适用的规定
同时适用关税配额税率、其他税率	关税配额以内的，适用关税配额税率；关税配额以外的，适用其他税率
同时适用 ITA（信息技术协议）税率、其他税率	适用 ITA 税率
反倾销税、反补贴税、保障措施关税、报复性关税	适用反倾销税率、反补贴税率、保障措施关税率、报复性关税税率

例如：内地某公司从香港购进孟加拉国产的某商品一批并提供了相应的原产地证书，假如该商品的最惠国税率为10%，普通税率为30%，《亚太贸易协定》税率为9.5%，香港 CEPA 项下税率为0，则该商品进口时的适用税率为9.5%，因为孟加拉国是《亚太贸易协定》的成员国。

（二）出口税率

适用原则：出口暂定税率优先于出口税率。

二、税率适用的时间

进出口货物应当适用海关接受该货物申报进口或出口之日国家实施的税率。具体情况如下：

（1）先行申报：载货运输工具申报进境之日的税率。

（2）进口转关运输：适用指运地海关接受该货物申报进口之日之税率。海关核准先行申报的，适用载货运输工具运抵指运地之日的税率。

（3）出口转关运输：启运地海关接受该货物申报进口之日的税率。

（4）集中申报的进出口货物：每次货物进出口时海关接受该货物申报进出口之日的税率。

（5）超期未报依法变卖货物：适用载货运输工具申报进境之日的税率。

（6）纳税义务人违反规定需追征的：适用该行为发生之日的税率；行为发生之日不能够确定的，适用海关发现之日的税率。

（7）下列情形应该适用海关接受纳税义务人再次填写报关单申报办理纳税及有关手续之日的税率：保税货物经批准不复运出境；保税仓储货物内销；经批准转让或者移作他用的减免税货物；暂准进出境货物内销；租赁进口货物分期缴纳税款。

三、税率查询

税率的查询可通过纸质工具书或海关总署等权威网站进行查询。其中，纸质工具书包括《进出口税则》或《中国海关报关实用手册》等，这些工具书每年更新，是税率查询的权威数据。

2020 版《进出口税则》

自2019版起，《进出口税则》进行了重大版式修改，只列明了各种关税税率，包括“使用说明”“进口税则”“出口税则”三个部分。“使用说明”主要对各种税率的适用范围、国别代码、计量单位等进行解释和说明。

(一) 进口货物的关税税率

1. 进口货物的最惠国税率、协定税率、特惠税率、普通税率

在《进出口税则》中，根据商品的税号进行查询，找到税号后，可以查到商品的最惠国税率、协定税率、特惠税率、普通税率 4 种关税税率的数据，如图 3－7 所示。

税则号列	中文货品名称	最惠国税率(%)	协定税率(%)		特惠税率(%)		普通税率(%)
8446.3050	--喷气织机	8Δ3	0	东盟AS,智利CL,新西兰NZ,秘鲁PE,哥CR,瑞士CH,冰岛IS,澳AU,香港HK,澳门MO,格GE	0	受惠国$_1$LD$_1$	30
			5	巴PK			
			5.3	韩国KR			
			6.8	亚太AP			

图 3－7　《进出口税则》中的进口关税税率

部分商品的税率有一些特殊符号标注，如图 3－8 所示，其含义可在《进出口税则》的“使用说明”部分查询，例如：如果税号前有“ex”字样，表示适用该税率的应税进口货物应在该税号范围内，以商品的具体描述为准。如果最惠国税率有两个数字，中间以“#”分隔，则“#”前的数字为上半年适用的税率，“#”后的数字为下半年适用的税率。如果最惠国税率前标注有“Δ”的，最惠国税率列明的是进口暂定税率。如果税率栏没有具体的数字，只有带圈的序号，表示具体的税率在该页的页脚中有注释说明，如图 3－9 所示。

税则号列	中文货品名称	最惠国税率(%)	协定税率(%)	
8525.8013	----非特种用途的，其他类型	①#②	0	东盟AS,新加坡SG,智利CL,新西兰NZ,秘鲁PE,哥CR,冰岛IS,澳AU,香港HK,澳门MO,台湾TW,格GE
			11.4	亚太AP
			④	瑞士CH
			⑤	韩国KR
			⑥	巴PK
ex85258013	手机用摄像组件（由镜头+CCD/CMOS+数字信号处理电路三部分构成）	Δ4		

图 3－8　《进出口税则》中的特殊符号

①最惠国税率：17.5%或“完税价格≤5000美元/台：35%；完税价格>5000美元/台: 3%+9278元/台”；从低执行。
②最惠国税率：11.7%或“完税价格≤5000美元/台：35%；完税价格>5000美元/台: 3%+9278元/台”；从低执行。
③普通税率：完税价格不高于5000美元：130%；完税价格高于5000美元：6%+51500 元/台。

图 3－9　《进出口税则》中的脚注

协定税率和特惠税率的适用范围为东盟、亚太、受惠国 1 等，在“进口税则”部分并未列明具体国家或地区，因此《进出口税则》在前面“使用说明”部分具体列出了其所包

括的具体国别或区域，如图 3－10 所示。

五、国别或地区代码表

序号	中文简称	英文代码	国家（组）及地区名称	包括国家或地区
适用协定税率				
1	亚太	AP	亚太贸易协定国家	大韩民国、斯里兰卡民主社会主义共和国、孟加拉人民共和国、印度共和国、老挝人民民主共和国
2	东盟	AS	东盟协定国家	文莱达鲁萨兰国、柬埔寨王国、印度尼西亚共和国、老挝人民民主共和国、马来西亚、缅甸联邦、菲律宾共和国、新加坡共和国、泰王国和越南社会主义共和国
3	新加坡	SG	新加坡共和国	新加坡共和国
4	巴	PK	巴基斯坦伊斯兰共和国	巴基斯坦伊斯兰共和国

图 3－10 《进出口税则》中协定税率适用的国别或地区代码说明

2. 进口货物的增值税税率、消费税税率

《进出口税则》没有列明进口货物的增值税、消费税，但可以到海关总署等权威网站（如图 3－11 所示）或在工具书《进出口税则对照使用手册》等中查询（如图 3－12 所示）。

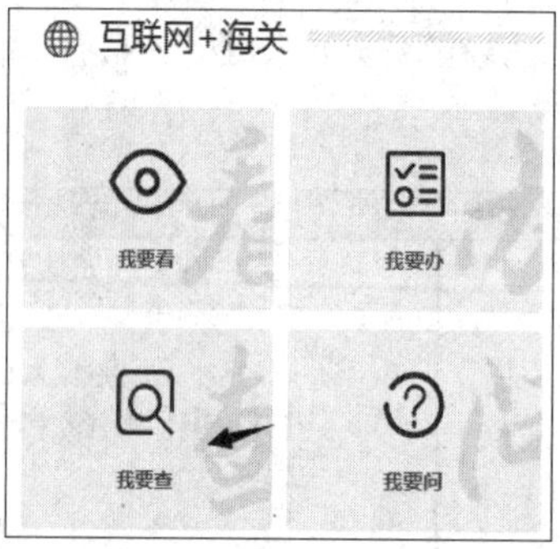

图 3－11 海关总署网站首页“我要查”功能

图 3－12 《进出口税则对照使用手册》

在海关总署网站首页“互联网＋海关”功能区域，点击“我要查”功能，即可进入各查询功能模块，点击“税率查询”，如图 3－13 所示。在“进出口商品税率查询”页面中，输入税号，即可查询商品的进口关税税率，包括最惠国税率、普通税率、暂定税率。如果要查看其他税率，可点击“更多税率”，如图 3－14 所示。

在“更多税率”页面，可查看消费税税率、增值税税率，也可查看关税的协定税率，如图 3－15 所示。

（二）出口货物的关税税率

“出口税则”在《进出口税则》中排在“进口税则”之后，只有很少数的商品有出口关税，出口关税税率如图 3－16 所示。

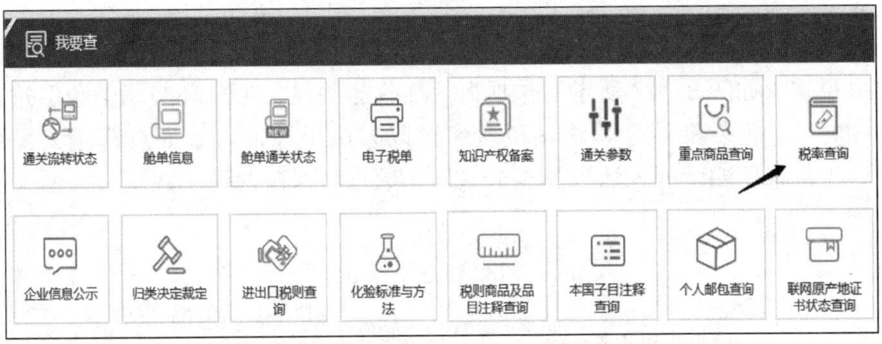

图 3－13　“互联网＋海关”查询功能模块

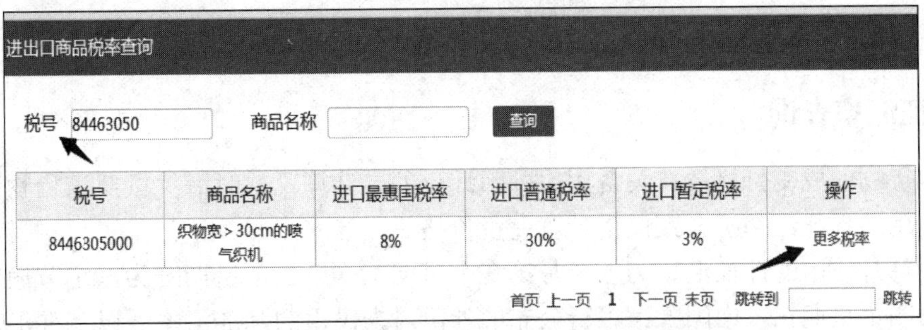

图 3－14　“互联网＋海关”进出口税率查询页面

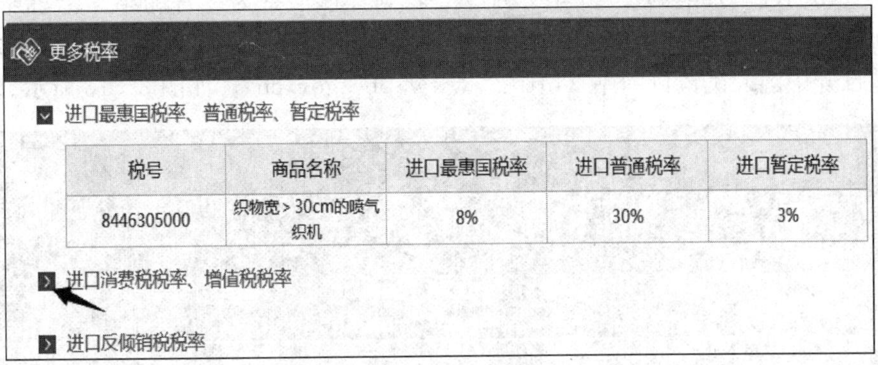

图 3－15　“互联网＋海关”查询更多税率

税则号列	货 品 名 称	出口税率(%)
72022100	硅铁,含硅量＞55%	25Δ20
72022900	硅铁,含硅量≤55%	25Δ20
72023000	硅锰铁	20
72024100	铬铁,含碳量＞4%	40Δ15
72024900	铬铁,含碳量≤4%	40Δ15

图 3－16　《进出口税则》的出口税则部分

任务四　计算进出口税费

进出口税费（如图3－17所示）包括海关征收的关税、进口环节增值税、进口环节消费税、船舶吨税、税款滞纳金，这些税费一律以人民币计征，起征点都是人民币50元。完税价格、税额采用四舍五入法计算至分（即小数点后保留两位小数）。

进出口税费
- 关税
  - 进口关税
  - 出口关税
- 进口环节海关代征税
  - 进口环节增值税
  - 进口环节消费税
- 船舶吨税
- 税款滞纳金

图3－17　进出口税费的类型

一、计征汇率查询

进口货物的成交价格及有关费用以外币计价的，计算税款时海关按照该货物适用税率之日所适用的计征汇率折合人民币计算完税价格。

海关每月使用的计征汇率为上个月第三个星期三（第三个星期三为法定节假日的，顺延采用第四个星期三）中国人民银行公布的外币对人民币的基准汇率。以基准汇率币种以外的外币计价的，采用同一时间中国银行公布的现汇买入价和现汇卖出价的中间值。

假如货物的进口日期为2020年3月9日，则计征汇率为2月的第三个星期三（2月19日）的汇率。汇率数据的查询步骤如下：

首先打开中国人民银行网站（http://www.pbc.gov.cn），如图3－18所示。

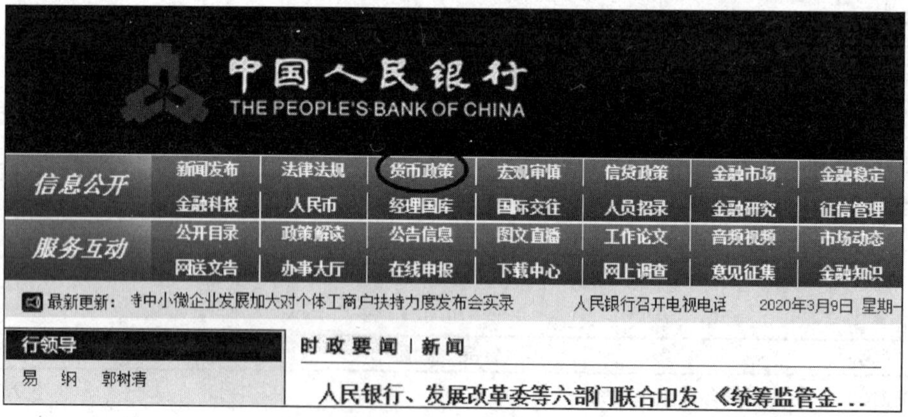

图3－18　中国人民银行网站首页

按“首页→货币政策→人民币汇率→人民币汇率中间价公告”的路径，点开汇率中间价公告的页面，并翻到下一页找到2月19日的日期，如图3－19所示。

点开指定日期的汇率中间价公告，就能看到具体的挂牌货币与人民币的汇率数据，如图3－20所示。

人民币汇率中间价公告

2020年3月6日中国外汇交易中心受权公布人民币汇率中间价公告	2020-03-06
2020年3月5日中国外汇交易中心受权公布人民币汇率中间价公告	2020-03-05
2020年3月4日中国外汇交易中心受权公布人民币汇率中间价公告	2020-03-04
2020年3月3日中国外汇交易中心受权公布人民币汇率中间价公告	2020-03-03
2020年3月2日中国外汇交易中心受权公布人民币汇率中间价公告	2020-03-02
2020年2月28日中国外汇交易中心受权公布人民币汇率中间价公告	2020-02-28
2020年2月27日中国外汇交易中心受权公布人民币汇率中间价公告	2020-02-27
2020年2月26日中国外汇交易中心受权公布人民币汇率中间价公告	2020-02-26
2020年2月25日中国外汇交易中心受权公布人民币汇率中间价公告	2020-02-25
2020年2月24日中国外汇交易中心受权公布人民币汇率中间价公告	2020-02-24
2020年2月21日中国外汇交易中心受权公布人民币汇率中间价公告	2020-02-21
2020年2月20日中国外汇交易中心受权公布人民币汇率中间价公告	2020-02-20
2020年2月19日中国外汇交易中心受权公布人民币汇率中间价公告	2020-02-19
2020年2月18日中国外汇交易中心受权公布人民币汇率中间价公告	2020-02-18
2020年2月17日中国外汇交易中心受权公布人民币汇率中间价公告	2020-02-17

图 3-19 指定日期的汇率中间价公告

2020年2月19日中国外汇交易中心受权公布人民币汇率中间价公告

字号 大 中 小　　文章来源：货币政策司　　2020-02-19 09:25:57

打印本页　关闭窗口

中国人民银行授权中国外汇交易中心公布，2020年2月19日银行间外汇市场人民币汇率中间价为：1美元对人民币7.0012元，1欧元对人民币7.5571元，100日元对人民币6.3705元，1港元对人民币0.90115元，1英镑对人民币9.1025元，1澳大利亚元对人民币4.6843元，1新西兰元对人民币4.4746元，1新加坡元对人民币5.0281元，1瑞士法郎对人民币7.1209元，1加拿大元对人民币5.2822元，人民币1元对0.59312林吉特，人民币1元对9.1257俄罗斯卢布，人民币1元对2.1442南非兰特，人民币1元对169.98韩元，人民币1元对0.52462阿联酋迪拉姆，人民币1元对0.53573沙特里亚尔，人民币1元对44.4037匈牙利福林，人民币1元对0.56457波兰兹罗提，人民币1元对0.9883丹麦克朗，人民币1元对1.3972瑞典克朗，人民币1元对1.3323挪威克朗，人民币1元对0.86619土耳其里拉，人民币1元对2.6552墨西哥比索，人民币1元对4.4554泰铢。

图 3-20 汇率中间价公告的内容

二、进口关税的计算

（一）进口关税的种类

进口关税的种类如图 3-21 所示。

- 进口关税
  - 进口正税
  - 进口附加税（临时性）
    - 反倾销税（主要）
    - 反补贴税
    - 保障措施关税
    - 保护性关税

图 3-21 进口关税的种类

进口正税是指按《进出口税则》中的进口税率征收的关税。

进口附加税又称特别关税，是指进口国家由于特定需要在对进口商品征收正常进口税之外另行加征的一种进口税。进口附加税一般是临时性的或一次性的，包括反倾销税，反补贴税、保障措施关税和报复性关税等特别关税在内。

（二）进口关税计征方法

进口关税的计征方法包括从价税、从量税、复合税、滑准税。具体如表3-8所示。

表3-8　进口关税的计征方法

计征方法	计税标准	计算公式	说明
从价税	货物、物品的价格	应征税额＝进口货物完税价格×关税税率	主要计征方法
从量税	货物、物品的计量单位	应征税额＝进口货物数量×单位税额	适用商品：冻鸡、石油原油、啤酒、胶卷等
复合税	同时使用从价、从量两种标准计税	应征税额＝进口货物的完税价格×关税税率＋进口货物数量×单位税额	适用商品：录像机、放像机、摄像机、非家用型摄录放一体机、部分数字照相机等
滑准税	按产品的价格高低分档制定税率，再根据商品的价格变动而增减税率 价格上涨：低税率 价格下跌：高税率	棉花滑准税率：① 进口完税价格≥15元/千克，按照0.300元/千克计征从量税； 进口完税价格＜15元/千克，暂定关税税率按下列公式计算： $R_i=9.45/P_i+2.6\%\times P_i-1$	适用商品：关税配额外进口棉花 暂定关税税率计算公式中，R_i 值计算结果四舍五入保留3位小数。R_i 值高于40%时，取40%；P_i 为关税完税价格，单位为元/千克

（三）从价税的计算

1. 计算公式

应征进口关税税额＝进口货物完税价格×进口从价税税率

减税征收的进口关税税率＝进口货物完税价格×减按进口关税税率

2. 计算程序

从价税的计算程序为：

（1）按归类原则将应税货物归入适当的税号。

（2）根据原产地规则和税率适用的规定，确定应税货物的税率。

（3）确定货物的完税价格（即确定货物的CIF报价）。

（4）根据汇率适用原则将外币计算为人民币。

（5）按照公式计算应该征收的税款。

【例3-4】 国内某公司从日本购进丰田轿车10辆，成交价格为FOB东京18 000.00美

---

① 资料来源：2020版《进出口税则》。

元/辆，实际支付总运费 6 000 美元，总保险费 500 美元。适用中国银行的外汇折算价为 1 美元＝6.356 8 元人民币，已知丰田轿车的汽缸容积为 2 000 毫升，原产国为日本。试计算该批货物的应征进口关税。

解答：

（1）汽缸容积为 2 000 毫升的小汽车，应归入税号 8703234101。

（2）原产国为日本，适用最惠国税率 25%。

（3）完税价格为 186 500 美元（即 18 000 美元×10＋6 000 美元＋500 美元）。

（4）将外币价格折算成人民币为 1 185 543.20 元（即 186 500×6.356 8）。

（5）计算应征进口关税税额。

应征进口关税税额＝进口货物完税价格×法定进口关税税率

＝1 185 543.20×25%＝296 385.80（元）

【例 3－5】内地某公司与香港某公司签约进口韩国产的彩色超声波诊断仪 1 台，直接由韩国运抵上海，成交价格为 CIF 上海 10 000 美元/台，并提供了《亚太贸易协定》原产地证书。设 1 美元＝6.356 8 元人民币，最惠国税率为 5%，普通税率为 17%，《亚太贸易协定》税率为 4.5%，则应征进口关税税额为多少？

解答：韩国是《亚太贸易协定》的成员国之一，适用协定税率、特惠税率的进口货物有暂定税率的，应当从低适用税率，本题应按 4.5%计算。

应征进口关税税额＝进口货物完税价格×进口从价税税率

＝10 000×6.356 8×4.5%＝2 860.56（元）

【例 3－6】国内某公司向美国购进国内性能不能满足需要的柴油船用发动机 2 台，成交价格合计为 CIF 境内目的地口岸 31 万美元。经批准，该发动机进口关税税率减按 1%计征。已知适用中国银行的外汇折算价为 1 美元＝6.356 8 元人民币，计算应征进口关税税额。

解答：原产国美国适用最惠国税率 5%，减按 1%计征。

进口货物完税价格＝310 000×2×6.356 8＝3 941 216（元）

应征进口关税税额＝进口货物完税价格×减按进口关税税率

＝3 941 216×1%＝39 412.16（元）

（四）从量税的计算

计算公式：

应征进口关税税额＝进口货物数量×单位税额

【例 3－7】某公司从香港购买一批日本产富士彩色胶卷 8 000 卷（宽度 35 毫米，长度 2 米之内），成交价格为 CIF 上海 11 港元/卷。设外汇折算价为 1 港元＝0.821 5 元人民币，以上规格胶卷为 0.05 平方米/卷。该批商品的最惠国税率为 22 元人民币/平方米，计算应征进口关税税额。

解答：

应征进口关税税额＝进口货物数量×单位税额

＝8 000×0.05×22＝8 800（元）

（五）复合税的计算

计算公式：

应征进口关税税额＝进口货物数量×单位税额＋进口货物完税价格×关税税率

【例3-8】国内某公司从日本购进日本企业生产的广播级电视摄像机40台，成交价格为CIF境内某口岸5 500美元/台，已知适用中国银行的外汇折算价为1美元＝7.040 2元人民币，计算应征进口关税。（原产国日本关税税率适用最惠国税率，经查2020版《进出口税则》，该产品最惠国税率为11.7%或“完税价格不高于5 000美元/台的，关税税率为35%；完税价格高于5 000美元/台的，关税税率为9 728元/台再加3%的关税”，从低执行。）

解答：

进口货物完税价格＝5 500×40×7.040 2＝1 548 844（元）

方法一：

从价进口关税税额＝进口货物完税价格×关税税率

＝1 548 844×11.7%＝181 214.75（元）

方法二：

复合进口关税税额＝进口货物数量×单位税额＋进口货物完税价格×关税税率

＝40×9 728＋1 548 844×3%

＝435 585.32（元）

根据《进出口税则》中该产品税率两种方法“从低执行”的规定，应采用方法一的计算结果，即应征进口关税税额为181 214.75元。

（六）滑准税的计算

1. 计算公式

从价应征进口关税税额＝进口货物完税价格×暂定关税税率

从量应征进口关税税额＝进口货物数量×暂定关税税率

2. 计算程序

（1）将应税货物的完税价格按“元/千克”进行换算。

（2）根据完税价格计算结果确定按从量计征还是按从价计征。如果从价计征，则需要按公式计算暂定关税税率，计算结果需要与40%进行比较后才能确定适用的税率。

（3）按照计算公式正确计算应征税款。

【例3-9】国内某公司购进配额外未梳棉花1吨，原产地为美国，成交价格为CIF某口岸1 234.25美元/吨。该公司已向海关提交国家发展改革委授权机构出具的“关税配额外优惠关税税率进口棉花配额证”，经海关审核确认后，征收滑准税。已知其适用中国银行的外汇折算价为1美元＝7.040 2元人民币，计算应征进口关税税额。

解答：

（1）计算进口货物完税价格。

进口货物完税价格＝1 234.25÷1 000×7.040 2＝8.689（元/千克）＜15（元/千克）

（2）由于进口完税价格小于15元/千克，因此该批商品需要计算暂定关税税率。

暂定关税税率 $R_i = 9.45/P_i + 2.6\% \times P_i - 1$

$= 9.45/8.689 + 2.6\% \times 8.689 - 1 = 0.313$

由于暂定关税税率31.3%<40%，因此应按31.3%的税率计算滑准税。

(3) 计算应征进口关税税额。

从价计征应征进口关税税额=进口货物完税价格×暂定关税税率

=1 234.25×1×7.040 2×31.3%=2 719.77（元）

【例3-10】某加工生产企业内销一批配额外未梳棉花2吨，原产地为美国，成交价格为CIF某口岸2 456.00美元/吨。该企业已向海关提交国家发展改革委授权机构出具的“关税配额外优惠关税税率进口棉花配额证”，经海关审核确认后，征收滑准关税。已知其适用中国银行的外汇折算价为1美元=7.040 2元人民币，计算应征进口关税税额。

解答：

(1) 计算进口货物完税价格。

进口货物完税价格=2 456.00÷1 000×7.040 2

=17.291（元/千克）>15（元/千克）

(2) 由于进口完税价格大于15元/千克，应按照0.570元/千克的暂定关税税率计征从量关税。

(3) 计算应征进口关税税额。

从量应征进口关税税额=进口货物数量×暂定关税税率

=2 000×0.570=1 140（元）

（七）反倾销税的计算

计算公式：

反倾销税税额=进口货物完税价格×反倾销税税率

【例3-11】国内某公司从韩国购进厚度为0.7毫米的冷轧板卷一批，成交CIF总价为541 278.00美元，已知该批冷轧板卷需要征收反倾销税，试计算应征的反倾销税税额。（适用汇率为1美元=6.356 8元人民币，假设进口韩国生产的冷轧卷板反倾销税税率为14%。）

解答：

进口货物完税价格=541 278×6.356 8=3 440 795.99（元）

反倾销税税额=进口货物完税价格×反倾销税税率

=3 440 795.99×14%=481 711.44（元）

三、出口关税的计算

出口关税的计算公式：

应征出口关税税额=出口货物完税价格×出口关税税率

出口货物完税价格=FOB（中国境内口岸）÷（1+出口关税税率）

【例3-12】某有色金属公司出口100公吨铅矿砂，成交价格是FOB上海680美元/吨，出口关税税率为30%，试计算该批货物的出口关税。汇率为1美元=6.356 8元人民币。

解答：

出口货物完税价格＝FOB价÷（1＋出口关税税率）

＝680×100×6.356 8÷（1＋30%）＝332 509.54（元）

应征出口关税税额＝出口货物完税价格×出口关税税率

＝332 509.54×30%＝99 752.86（元）

四、进口消费税[①]和进口增值税的计算

（一）进口消费税

1. 从价消费税

从价消费税计算公式：

消费税组成计税价格＝（进口货物完税价格＋关税税额）÷（1－消费税税率）

应纳消费税税额＝消费税组成计税价格×消费税税率

2. 从量消费税

从量消费税计算公式：

应纳消费税税额＝应征消费税消费品数量×单位商品消费税税额

3. 复合消费税

复合消费税计算公式：

消费税组成计税价格＝(进口货物完税价格＋关税税额＋应征消费税消费品数量×单位商品消费税税额）÷（1－消费税税率）

应纳消费税税额＝消费税组成计税价格×消费税税率＋应征消费税消费品数量×单位商品消费税税额

（二）进口增值税

增值税计算公式：

增值税组成计税价格＝进口货物完税价格＋关税税额＋消费税税额

应纳增值税税额＝增值税组成计税价格×增值税税率

【例3-13】某公司进口一批货物，成交价格总价为CIF境内某口岸150 672.00美元。适用的汇率为1美元＝6.356 8元人民币，该商品适用的进口关税税率为5%，增值税税率为13%，消费税税率为10%，试计算该公司应纳的税款。

解答：

进口完税价格＝150 672×6.356 8＝957 791.77（元）

进口关税税额＝进口完税价格×进口从价税税率＝957 791.77×5%

＝47 889.59（元）

---

① 消费税仅限少数消费品，大致分为四类：

第一类：一些过度消费会对人的身体健康、社会秩序、生态环境等方面造成危害的特殊消费品，如烟、酒、酒精、鞭炮、焰火等。

第二类：奢侈品、非生活必需品，如贵重首饰及珠宝玉石、化妆品及护肤护发品等。

第三类：高能耗的高档消费品，如小轿车、摩托车、汽车轮胎等。

第四类：不可再生和替代的资源类消费品，如汽油、柴油等。

消费税组成计税价格＝（完税价格＋关税税额）÷（1－消费税税率）
＝（957 791.77＋47 889.59）÷（1－10％）
＝1 117 423.73（元）

消费税应纳税额＝组成计税价格×消费税税率
＝1 117 423.73×10％＝111 742.37（元）

增值税组成计税价格＝进口完税价格＋关税税额＋消费税税额
＝957 791.77＋47 889.59＋111 742.37＝1 117 423.73（元）

增值税应纳税额＝增值税组成计税价格×增值税税率
＝1 117 423.73×13％＝145 265.09（元）

公司应纳税款总额＝关税税额＋消费税税额＋增值税税额
＝47 889.59＋111 742.37＋145 265.09＝304 897.05（元）

（三）税款总额

出口税款只有出口关税一项。进口税款总额的计算公式为：

进口税款总额＝关税＋消费税＋增值税

因此，进口税款总额需要在分别计算出关税、消费税、增值税之后求和。除此之外，还有一种快速计算税款总额的方法，就是应用“计税常数”，其计算公式为：

进口税款总额＝完税价格×计税常数

其中，计税常数需要通过查询《报关实用手册》中的“计税常数表”获得。

五、行邮税的计算

（一）行邮税的含义

行邮税是行李和邮递物品进口税的简称，是海关对入境旅客行李物品和邮递物品征收的进口税。行邮税的征税对象是旅客行李物品、个人邮递物品、其他个人自用物品。行邮税的特点有以下三个方面：

（1）需要纳税的是进境物品。

（2）关税和进口环节海关代征税合而为一。

（3）设有单独的税率表，根据物品类别的划分设有相应的单一的进口税率。

（二）行邮税的纳税义务人

行邮税的纳税义务人包括携有应税个人自用物品的入境旅客及运输工具服务人员、进口邮递物品的收件人、以其他方式进口应税个人自用物品的收件人。

（三）完税价格及税率

行邮税的完税价格及税率要依据海关总署最新公告的“中华人民共和国进境物品完税价格表”（以下简称“完税价格表”）来确定，例如：海关总署 2019 年第 63 号公告发布的“完税价格表”（部分内容）如表 3－9 所示。

2019 版“完税价格表”

根据 2019 版“完税价格表”可知，行邮税的税率分为 13％、20％、50％三个档次（抗癌药品除外）。

表3-9　部分进境物品完税价格表（2019版）

税号	品名及规格	单位	完税价格（人民币：元）	税率
01030100	抗癌药品	件	另行规定	3%
01010400	参	千克	2 000	13%
01010700	奶粉	千克	200	13%
02050000	威士忌	瓶（不超过750毫升）	300	50%
02070000	白酒	瓶（不超过750毫升）	300	50%
07010100	高档手表（审定价格在人民币10 000元及以上）	块	另行确定	50%
07010210	石英表（电子表）	块	200	20%
07010220	机械表	块	500	20%
08010000	金银	件	另行确定	13%
08020100	钻石及钻石首饰	件	另行确定	20%
09010100	香水	瓶	300	见注
09020100	洗面奶/洁面霜	支、瓶	100	20%
09020400	精华液/素	支、瓶	300	见注
17010110	一体式数字照相机	台	2 000	13%
17020200	视频摄录一体机	台	4 000	13%
19010100	台式个人计算机主机	台	2 000	13%
19010310	键盘式笔记本电脑	台	2 000	13%

注：完税价格≥10元/毫升（克）的，税率为50%；完税价格<10元/毫升（克）的，税率为20%。

根据海关总署公告2012年第15号，进境物品完税价格遵循以下原则确定：

（1）对于“完税价格表”已列明完税价格的物品，按照“完税价格表”确定。

（2）对于“完税价格表”未列明完税价格的物品，按照相同物品相同来源地最近时间的主要市场零售价格确定其完税价格。

（3）实际购买价格是“完税价格表”列明完税价格的2倍及以上，或是“完税价格表”列明完税价格的1/2及以下的物品，进境物品所有人应向海关提供销售方依法开具的真实交易的购物发票或收据，并承担相关责任。海关可以根据物品所有人提供的上述相关凭证，依法确定应税物品完税价格。

例如：某居民收到国外朋友寄来的机械手表，发票列明价格为7 000元。虽然“完税价格表”对应的完税价格为500元，但海关应依据发票确定完税价格为7 000元。

（四）行邮税的计算

行邮税的计算公式为：

行邮税＝完税价格×税率

注意三个问题：一是“完税价格表”中的税率仅适用于进境物品，不适用于进境货物。二是行邮税的起征额为人民币50元，少于或等于人民币50元则免征。三是进境居民旅客携带在境外获取的个人自用进境物品总值在 5 000 元人民币以内（含 5 000 元）的，海关免税放行，单一品种限自用、合理数量，但烟草制品、酒精制品及国家规定应当征税的 20 种商品另按有关规定办理。

【例 3－14】 某进境居民携带境外获取的行李超出 5 000 元的限值，超出部分为 6 罐牛奶（每罐 1 千克，每罐 200 元），应缴纳多少行邮税？

行邮税＝完税价格×税率

＝200×6×13%＝156（元）

【例 3－15】 某进境居民携带境外获取的行李超出 5 000 元的限值，超出部分为 1 罐牛奶（每罐 1 千克，每罐 200 元），应缴纳多少行邮税？

行邮税＝完税价格×税率

＝200×1×13%＝26（元）

由于 26 元少于起征金额 50 元，因此海关免征放行。

【例 3－16】 某国内居民从境外网站购买了两瓶香水（税号 09010112 ）通过快递运送入境。该香水每瓶 300 元（50 毫升装），应缴纳多少行邮税？

由于每瓶 300 元/50 毫升，未达到 10 元/毫克，因此适用的税率为 20%。

行邮税＝完税价格×税率＝300×2×20%＝120（元）

【例 3－17】 某国内居民从法国电商平台购买了 4 瓶香水（税号 09010111）通过快递运送入境。该香水每瓶 300 元，被海关查扣后收货人应如何处理？

由于 4 瓶香水的价值为 1 200 元，超过了国家对邮递物品的限额规定，因此不适用行邮物品的管理规定，收货人应办理退运手续或者按照货物监管制度规定委托报关行填写报关单办理通关手续。

小贴士

行邮物品进出境的数量限制

1. 携带行李物品

出境旅客携带人民币现钞的限额为 2 万元，外币限额为价值 5 000 美元，超出限额必须向海关申报，并且提供主管部门签发的携带证；没有携带证海关不放行，申报不实将被罚款。进境旅客携带现钞没有限额规定，但必须向海关申报，申报不实将被罚款。

进境居民旅客携带在境外获取的个人自用物品，总值在 5 000 元人民币以内（含 5 000 元）的，海关予以免税放行，超出 5 000 元人民币的个人自用进境物品，经海关审核确属自用的，海关仅对超出部分的个人自用进境物品征税，对不可分割的单件物品，全额征税。

对于携带超过规定数量物品进境且未向海关申报的行为，海关依法予以行政处罚。

2. 邮递进境物品

根据海关总署公告 2010 年第 43 号，进出境个人邮递物品的监管规定如下：个人寄自或寄往港、澳、台地区的物品，每次限值为 800 元人民币；寄自或寄往其他国家和地区的物品，每次限值为 1 000 元人民币。个人邮寄进出境物品超出规定限值的，应办理退运手续或者按照货物规定办理通关手续。

六、跨境电商综合税的计算

（一）适用范围界定

根据财关税〔2016〕18号公告，自2016年4月8日起，我国实施跨境电子商务零售（企业对消费者，即B2C）进口税收政策，跨境电子商务零售进口税收政策适用于从其他国家或地区进口的、《跨境电子商务零售进口商品清单》范围内的以下商品：

（1）所有通过与海关联网的电子商务交易平台交易，能够实现交易、支付、物流电子信息“三单”比对的跨境电子商务零售进口商品。

（2）未通过与海关联网的电子商务交易平台交易，但快递、邮政企业能够统一提供交易、支付、物流等电子信息，并承诺承担相应法律责任进境的跨境电子商务零售进口商品。

（二）纳税义务人

购买跨境电子商务零售进口商品的个人作为纳税义务人，电子商务企业、电子商务交易平台企业或物流企业可作为代收代缴义务人。

（三）计征方法

跨境电商综合税的计征方法为从价税。

（四）完税价格

跨境电商综合税的完税价格为电商平台的实际交易价格（包括货物零售价格、运费和保险费）。

（五）计算方法及税率

财关税〔2018〕49号公告规定：跨境电子商务零售进口商品的单次交易限值为人民币5 000元，个人年度交易限值为人民币26 000元。在限值以内进口的跨境电子商务零售进口商品，关税税率暂设为0%；进口环节增值税、消费税取消免征税额，暂按法定应纳税额的70%征收。超过单次限值、累加后超过个人年度限值的单次交易，以及完税价格超过限值的单个不可分割商品，均按照一般贸易方式全额征税。

因此，在规定限值以内的跨境电子商务零售进口商品，计算公式如下：

完税价格＝购买单价×件数

跨境电商综合税税额＝完税价格×跨境电商综合税税率

跨境电商综合税税率＝［（消费税率＋增值税率）/（1－消费税率）］×0.7

（六）计算示例

某国内消费者从跨境电商平台购买了2罐奶粉，每罐交易价格为200元。已知该奶粉的税号为0402.2900。试计算2罐奶粉应缴纳的进口税。

完税价格＝购买单价×件数＝200×2＝400（元）

经查询税率并折算之后，奶粉的跨境电商综合税税率为9.1%（＝13%×0.7）。

跨境电商综合税税额＝完税价格×跨境电商综合税税率

＝400×9.1%＝36.4（元）

因此，该消费者应承担 36.4 元的进口税额，每罐 18.2 元。

七、税款滞纳金的计算

（一）税款滞纳金的征收范围

海关专用缴款书

按照《海关法》规定，进出口货物的纳税义务人应当自海关填发税款缴款书之日起 15 天内[①]向指定银行缴纳进口税款，逾期缴纳的，海关依法在原应纳税款的基础上，按日征收万分之五（0.5‰）的滞纳金。

税款缴纳期限的最后一天是星期六、星期天或法定节假日的，税款缴纳期限顺延至周末或法定节假日之后的第一个工作日。国务院临时调整休息日的，按调整后的情况处理。滞纳天数从税款缴纳期限的最后一天的次日起算，按照实际天数计算，周末或节假日不扣除。

【例 3-18】 海关于 9 月 10 日（星期二）填发税款缴款书，纳税人应当最迟于 9 月 24 日（星期二）缴纳税款，税费支付系统提醒的缴款期限是 9 月 25 日零时零分零秒。

【例 3-19】 海关于 9 月 17 日（星期二）填发税款缴款书，则纳税期限最后一天为 10 月 1 日，但如果国务院调休后 10 月 1 日至 10 月 7 日国庆节放假，10 月 8 日正常上班，则纳税期限顺延到 10 月 8 日，纳税人应最迟于 10 月 8 日缴纳税款。

对逾期缴纳税款应该征收滞纳金的，还有以下几种情况：

（1）进口货物放行后，海关发现纳税义务人违反规定造成少征或者漏征税款的，可以自缴纳税款或货物放行之日起 3 年内追征税款，并从缴纳税款或货物放行之日起至海关发现之日止，按日加收少征或者漏征税款 0.5‰的滞纳金。

（2）因纳税义务人违反规定造成海关监管货物少征或者漏征税款的，海关应当自纳税义务人应缴纳税款之日起 3 年内追征税款，并自应缴纳税款之日起至海关发现违规行为之日止按日加收少征或者漏征税款 0.5‰的滞纳金。

（3）租赁进口货物需要分期支付租金的，在每次支付租金后的 15 日内纳税；逾期征收税款外加收滞纳金，按日征收应纳税款 0.5‰的滞纳金，滞纳天数为申报办理纳税手续期限届满之日起到申报纳税止。

租赁进口货物应该在租期满 30 日内向海关办理结关手续；逾期未办结关，除征收税款外加收滞纳金，滞纳天数为届满后 30 日起至纳税义务人申报纳税之日止。

（4）暂时进（出）境货物未按规定期限复运出（进）境，且未在规定期限届满前办理纳税手续，除征收应纳税款外加收滞纳金，滞纳天数为期限届满之日起至纳税义务人申报纳税之日止。

（二）税款滞纳金的征收标准

滞纳金按每票货物的关税、进口环节消费税、增值税单独计算，滞纳金起征点为 50 元，不足 50 元的免予征收。如果一批货物的进口关税滞纳金是 20 元、进口增值税滞纳金

---

① 无论是电子支付还是柜台支付，目前税款开征日期已统一调整为报关单电子审结生成税款信息之日。如果是柜台支付，海关打印的“海关税款缴款书”填发日期为生成税款信息之日（而非打印当天）。

对于汇总征税报关单，可在生成税款信息之日起 15 日内或次月第 5 个工作日结束前缴税，均不产生滞纳金。

是40元，由于两项滞纳金均未达到50元，海关对该批货物免予征收滞纳金。滞纳金计算结果有小数时，要精确到分，即四舍五入后保留两位小数。

（三）税款滞纳金的计算公式

关税滞纳金金额＝滞纳的关税税额×0.5‰×滞纳天数

进口环节税滞纳金金额＝滞纳的进口环节税税额×0.5‰×滞纳天数

【例3-20】某公司进口红酒一批。海关系统于2021年1月28日（星期四）生成税款信息。该公司于2021年2月22日（星期一）缴纳税款（注：2月11日—17日为调整后的法定节假日）。试计算税款滞纳天数。

解答：2021年1月28日海关系统生成税款信息，1月28日加上14天，缴纳税款的截止日为2月11日。由于2月11日是法定节假日，税款缴纳期限顺延至其后的第一个工作日2月18日，即2月18日去缴纳税款不存在滞纳金。2月19日为滞纳金的计征起始日，缴纳的当天（2月22日）为滞纳金的计征截止日，起始日和截止日都计入滞纳期间。因此，该公司共滞纳了4天。

【例3-21】境内某公司从日本进口除尘器一批。该批货物应征关税税额为人民币10 000元，进口环节增值税税额为人民币55 817元。海关于2021年5月31日（星期一）填发海关专用缴款书，该公司于2021年6月17日缴纳（注：6月14日为端午节，6月12日—14日三天放假），计算海关应征的税款滞纳金。

解答：先算滞纳的天数。5月31日加上14天，是6月14日（星期一），即缴纳税款的截止日。但由于缴纳税款的截止日是休息日，应顺延至其后的第一个工作日（6月15日）。6月16日为滞纳期的计征起始日，缴纳的当天（6月17日）为滞纳金的计征截止日，起始日和截止日都计入滞报期间。因此，滞纳天数为2天。

关税滞纳金金额＝滞纳关税税额×0.5‰×滞纳天数＝10 000×0.5‰×2＝10（元）

进口环节税滞纳金金额＝滞纳进口环节税税额×0.5‰×滞纳天数

＝55 817×0.5‰×2＝55.817元≈55.82（元）

由于关税滞纳金没有达到起征点人民币50元，海关免予征收。因此，海关实际应征的税款滞纳金为55.82元。

八、进出口税费减免

根据《海关法》的规定，进出口税费的减免分为三大类，即法定减免税、特定减免税和临时减免税。

（一）法定减免税

法定减免税货物无须办理审批手续，海关对法定减免税货物一般不进行后续管理。法定减免税情形如下：

（1）关税税额在人民币50元以下的一票货物。

（2）无商业价值的广告品和货物样。

（3）外国政府、国际组织无偿赠送的物资。

（4）在海关放行前遭受损坏或者损失的货物。

（5）进出境运输工具运载的途中必需的燃料、物料和饮食用品。

（6）中华人民共和国缔结或者参加的国际条约规定减征、免征关税的货物、物品。

（7）法律规定减征、免征关税的其他货物、物品。

（二）特定减免税

特定减免税（政策性减免）需要向海关办理审批手续，报关放行后海关在规定监管期限内还要进行后续监管。特定减免税的具体情形如表 3 - 10 所示。

表 3 - 10　特定减免税的具体情况

减免税费	特定减免税项目
免征关税、进口环节增值税、消费税	（1）科教用品； （2）科技开发用品； （3）救灾捐赠物资； （4）残疾人专用品； （5）特定区域物资
免征关税、进口环节增值税	（1）重大技术装备； （2）扶贫慈善捐赠物资； （3）海上石油、陆上石油项目进口物资； （4）远洋渔业项目进口自捕水产品
免征关税	（1）外商投资项目投资额度内进口自用设备； （2）外商投资企业自有资金项目； （3）国内投资项目进口自用设备； （4）贷款项目进口物资； （5）贷款中标项目进口零部件； （6）集成电路项目进口物资
进口税收优惠	（1）进口远洋渔船及船用关键设备和部件； （2）无偿援助项目进口物资

（三）临时减免税

临时减免税指法定减免税和特定减免税以外的其他减免税，一般是“一案一批”。

操作示范

一、确定该批货物的完税价格

该批货物适用成交价格法确定进口货物的完税价格，即由海关以该货物的成交价格为基础审查确定，并且应该包括货物运抵我国境内起卸前的运输及相关费用、保险费等（完税价格为 CIF 价）。但成交价格不完全等同于贸易中实际发生的发票价格，需要按照有关规定进行调整。

该批货物的发票列明：货物 FOB 价值 171 943 美元，买方另行支付了国际运费 3 580 美元、国际货运保险费 526 美元。因此，货物的实际完税价格为 176 049 美元。

2020年5月申报进口的货物适用的计征税率为1美元对7.040 2元人民币。其中，配额内货物完税价格为1 199 438.87元［＝176 049×（90÷93）×7.040 2］，货物总数为93吨，但配额证上只有90吨，因此只有90吨的货物享受配额内优惠税率，配额外货物完税价格为39 981.30元［＝176 049×（3÷93）×7.040 2］。

二、确定该批货物的原产地和适用的税率

上海YY报关公司报关员认为，原产地认定标准有完全获得标准和不完全获得标准两种。不完全获得标准也称实质性改变标准，其中的“税则归类改变标准”是指产品经加工后，在《进出口税则》中4位数一级的税则归类已经改变。由于该批货物在A国将原材料进行了加工，并使商品的税则号发生了变化，品目从5201变成了5203，因此可确定A国为该批货物的原产国，说明该批货物适用优惠原产地规则。

报关人员根据收货人提供的商品税则号查询了“已梳的棉花”的税率情况（如图3-22所示）。

商品编号	商品名称	最低税率	普通税率	出口税率	增值税率	消费税率
5203000001	已梳的棉花(配额内)	0.01000	1.25000	0.00000	0.17000	0.00000

商品编号	商品名称	最低税率	普通税率	出口税率	增值税率	消费税率
5203000090	已梳的棉花(配额外)	0.40000	1.25000	0.00000	0.17000	0.00000

图3-22 税率查询结果

报关人员认为，该批货物涉及关税配额，由于XXX纺织集团未足额申领关税配额，因此该批货物的关税适用两个税率：配额内为1%；配额外为40%。此外，该货物的增值税率为13%，消费税率为0。

三、计算该批货物应缴纳的税费

税费的计算过程如下：

配额内进口关税税额＝配额内进口完税价格×进口从价税税率
＝1 199 438.87×1%＝11 994.39（元）

配额外进口关税税额＝配额外进口完税价格×进口从价税税率
＝39 981.30×40%＝15 992.52（元）

合计关税税额＝11 994.39＋15 992.52＝27 986.91（元）

增值税组成计税价格＝进口完税价格＋关税税额＋消费税税额
＝（176 049×7.040 2）＋27 986.91＋0
＝1 267 407.08（元）

应纳增值税税额＝增值税组成计税价格×增值税税率
＝1 267 407.08×13%＝164 762.92（元）

应纳公司税款总额＝关税税额＋增值税税额
＝27 986.91＋164 762.92＝192 749.83（元）

问题探究

2016 年 6 月 10 日，XX 外贸公司以一般贸易方式向某海关申报进口集成电路。某海关经审核，发现其申报价格明显低于海关掌握的相同或类似货物成交价格或国际市场价格行情，遂于 2016 年 6 月 11 日制发“价格质疑通知书”，对申请人进行价格质疑，要求其做出书面说明，并提供相关资料。

经审查 XX 外贸公司提供的说明及相关资料，某海关认为不足以证明其申报货物价格的真实性、准确性，而且该海关还发现 XX 外贸公司代理的国内实际买方 CC 科技公司与境外卖方香港 CC 科技公司存在特殊经济关系，且对成交价格产生影响。因此，根据《审价办法》的规定，某海关不接受该进口货物的申报价格。

为充分交流双方掌握的信息，某海关与 XX 外贸公司进行了价格磋商。某海关对 XX 外贸公司提供的价格信息资料进行了审查，认为该资料存在诸多瑕疵，不能作为估价的基础。由于 XX 外贸公司未能提供适用相同或类似货物成交价格以及构成倒扣价格法、计算价格法所需的相关可量化的数据，而某海关也未能掌握使用相同货物成交价格方法、类似货物成交价格方法、倒扣价格方法和计算价格方法的相关价格资料，2016 年 9 月 20 日，某海关依据《审价办法》有关规定，使用合理估价方法进行估价，并做出相应的征税决定。

XX 外贸公司不服某海关上述估价征税行为。

讨论：

(1) 什么是特殊关系？怎么认定？

(2) 某海关采用合理估价方法核定完税价格是什么意思？其操作程序是否正确？

(3) XX 外贸公司不服某海关的估价征税行为，应向什么机构申诉？

思考练习

不定项选择题

在线自测：项目三

项目四

一般进出口货物报关

货物进出境的海关监管制度的类型包括一般进出口货物、保税加工货物、保税物流货物、特定减免税货物、暂时进出境货物、其他特殊货物。即使是同一种商品，在不同贸易背景下适用的海关监管制度也是不同的。一般进出口货物是最为常见的海关监管制度类型，也是学习其他海关监管制度的基础，一般进出口货物的通关流程是报关人员必须掌握的核心技能之一。本项目按报关工作流程的顺序，介绍一般进出口货物报关申报前作业、通关现场作业、放行后作业的具体操作内容及要求。

学习目标

［知识目标］

1. 熟悉进出境报关涉及的基本概念。
2. 掌握进出口货物的基本报关流程和工作内容。
3. 熟悉一般进出口货物监管特点。

［能力目标］

1. 能根据情境设计进出境通关现场作业流程。
2. 能办理一般进出口货物报关的申报、缴税、配合查验等基本通关业务。
3. 能配合海关的综合处置业务。

项目导入

位于宁波市鄞州区的宁波XYZ进出口有限公司（统一社会信用代码913302121×××62061A）以CIF宁波590美元/吨的成交价格从印度尼西亚进口了一批除草剂（乙氧氟草醚）（HS编码2909309015）。装载该商品的运输工具将于2020年10月22日从北仑海关进境。宁波XYZ进出口有限公司委托宁波YZ报关公司向宁波海关办理进口报关手续。

资料1：商业发票（如表4-1所示）

资料2：装箱单（如表4-2所示）

资料3：提单（如表4-3所示）

资料4：中国-东盟自贸区原产地证书（如表4-4所示）

工作任务：

（1）办理报关前的准备业务。

（2）办理进口现场通关业务。

（3）办理后续通关业务。

表 4-1　商业发票

ABC COMPANY
345 ROCK STREET，JAKARTA，INDONESIA
TEL：+62-61-1234567　FAX：+62-61-1234568

COMMERCIAL INVOICE

To：
NINGBO XYZ IMP. & EXP. CO.，LTD.
278 RENMIN ROAD，NINGBO
CHINA

Invoice No.：AN120405
Invoice Date：OCT. 06，2020
S/C No.：SC1234
S/C Date：AUG. 15，2020

Letter of Credit No. BC57412
Issued by：BANK OF CHINA NINGBO BRANCH

Marks and Numbers	Number and Kind of Packages Description of goods	Quantity	Unit Price	Amount
			CIF NINGBO	
XYZ PO1234 NINGBO GMID213282	48 DRUMS GOAL 2XL HERBICIDE 55 GL DRUM RH50495/GMID213282	9 984 LITRES	USD 12.30	USD 122 803.20
			TOTAL	USD 122 803.20

TOTAL VALUE：SAY US DOLLARS ONE HUNDRED AND TWENTY-TWO THOUSAND EIGHT HUNDRED AND THREE POINT TWENTY
TOTAL PACKED IN 48 IRON DRUMS
TOTAL GROSS WEIGHT：11 673.60 KGS

ABC COMPANY

表 4-2　装箱单

ABC COMPANY
345 ROCK STREET，JAKARTA，INDONESIA
TEL：+62-61-1234567　FAX：+62-61-1234568

PACKING LIST

To：
NINGBO XYZ IMP. & EXP. CO.，LTD.
278 RENMIN ROAD，NINGBO
CHINA

Invoice No.：AN120405
Invoice Date：OCT. 06，2020
S/C No.：SC1234

From：JAKARTA　　To：NINGBO
Credit No.：BC57412　　Date of Shipment：OCT. 13，2020

Marks and Numbers	C/No.，Package	Quantity，Description of Goods	G. Weight	N. Weight	Meas.
XYZ PO1234 NINGBO GMID213282	48 DRUMS	9 984 LITRES GOAL 2XL HERBICIDE 55 GL DRUM RH50495/GMID213282 208 L/DRUM 48 PALLETS 48 IRON DRUMS	KGS @243.20	KGS @221.70	CBM @0.208
		TOTAL：	11 673.60	10 641.60	9.984 0

TOTAL：SAY FORTY-EIGHT IRON DRUMS ONLY

ABC COMPANY

表 4-3　提单

Shipper ABC COMPANY 345 ROCK STREET，JAKARTA， INDONESIA	B/L No. SLN123456 **中远集装箱运输有限公司** **COSCO CONTAINER LINES** Port-to-Port or Combined Transport **BILL OF LADING**
Consignee TO ORDER	**RECEIVED** in external apparent good order and condition except as other-wise noted. The total number of packages or units stuffed in the container. The description of the goods and the weights shown in this Bill of Loading are furnished by the Merchants, and which the carrier has no reasonable means of checking and is not a part of this Bill of Loading contract. The carrier has issued the number of Bill of Loading stated below, all of this tenor and date. One of the original Bill of Loading must be surrendered and endorsed or signed against the delivery of the shipment and whereupon any other original Bill of Loading shall be void. The merchants agree to be bound by the terms and conditions of this B/L as if each had personally signed this B/L. SEE clause 4 on the back of this B/L (Terms continued on the back hereof, please read carefully)
Notify party NINGBO XYZ IMP. &EXP. CO.，LTD. 278 RENMIN ROAD，NINGBO CHINA	

*Pre-carriage by	*Place of Receipt
Ocean Vessel Voy. No. VICTORY/109E	Port of loading JAKARTA
Port of Discharge NINGBO	*Place of delivery

Marks & Nos. Container/Seal No.	No. of Containers or Packages	Description of Goods(if Dangerous Goods, See clause 20)	Gross Weight	Measurement
XYZ PO1234 NINGBO GMID213 282 1X20'GP C/NO. COSU5072313 S/NO. HAO234567	48 PALLETS 48 DRUMS	GOAL 2XL HERBICIDE 55 GL DRUM RH50495/GMID213282 SAID TO CONTAIN FREIGHT PREPAID	11 673.60 KGS	9.984 0 CBM ON BOARD OCT. 13，2020 XXX

	Description of Contents for Shipper's Use Only (Not Part of This B/L Contract)					
Total No. of Container and /or Packages (in words)	SAY TOTAL FORTY-EIGHT DRUMS ONLY					
Freight &Charges		Revenue Tons	Rate	Per	Prepaid	Collect

Ex. rate	Prepaid at	Payable at	Place and date of Issue JAKARTA OCT. 13，2020	
	Total prepaid	No. of Original B/L THREE (3)	Signed by	WHS SHIPPING COMPANY ××× AS AGENT FOR THE CARRIER COSCO CONTAINER LINES
Laden on Board the Vessel Date	By			

表4-4　中国-东盟自贸区原产地证书

1. Goods consigned from (Exporter's business name, address, country)
ABC COMPANY
345 ROCK STREET, JAKARTA
INDONESIA

2. Goods consigned to (Consignee's name, address country)
NINGBO XYZ IMP. &EXP. CO., LTD.
278 RENMIN ROAD, NINGBO
CHINA

Reference No. 001899MDN2020

ASEAN-CHINA FREE TRADE AREA
PREFERENTIAL TARIFF
CERTIFICATE OF ORIGIN
(Combined declaration and certificate)
FORM E
Issued in INDONESIA
(country)
See Overleaf Notes

3. Means of transport and route (as far known)
Departure date: OCT. 13, 2020
Vessel's name /Aircraft etc. VICTORY/109E
Port of discharge: NINGBO, CHINA
FROM JAKARTA INDONESIA TO NINGBO BY SEA

4. For official use
☐ Preferential Treatment Given
☐ Preferential Treatment Not Given
(Please state reasons)

Signature of Authorised Signatory of the Importing party

5. Item number	6. Marks and numbers of packages	7. Number and kind of packages; description of goods (including quantity where appropriate and HS number of the importing country)	8. Origin criterion (See Notes Overleaf)	9. Gross weight or other quantity and value (FOB)	10. Number and date of invoices
1	XYZ PO1234 NINGBO GMID213282	FORTY-EIGHT (48) DRUMS OF GOAL 2XL HERBICIDE RH50495/GMID213282 HS CODE: 2909.3090.15 B/L NO.: SLN123456 ***************	"WO"	9 984 LITRES USD 121 303	AN120405 OCT. 06, 2020

11. Declaration by the exporter
The undersigned hereby declares that the above details and statements are correct; that all the goods were produced in

INDONESIA
(country)

and that they comply with the origin requirements specified for those goods in the Generalized System of Preferences for goods exported to

CHINA
(importing country)

JAKARTA, OCT. 09, 2020
Place and date, signature of authorized signatory

12. Certification
It is hereby verified, on the basis of control carried out that the declaration by the exporter is correct.

JAKARTA, OCT. 09, 2020
Place and date, signature and stamp of certifying authority

13.
☐ Issued Retroactively　☐ Exhibition
☐ Movement Certificate　☐ Third Party Invoicing

进出口货物的报关程序按时间先后可以分为三个阶段：前期阶段（备案审批等）、进出境阶段、后续阶段（核查核销等）。保税加工货物和特定减免税货物有前期阶段［手（账）册设立或申领征免税证明等］和后续阶段［手（账）册核销或解除监管等］，一般进出口货物的报关程序只有进出境阶段。进出境阶段的报关工作内容包括申报前作业、通关现场作业、放行后作业三部分，如图4－1所示。

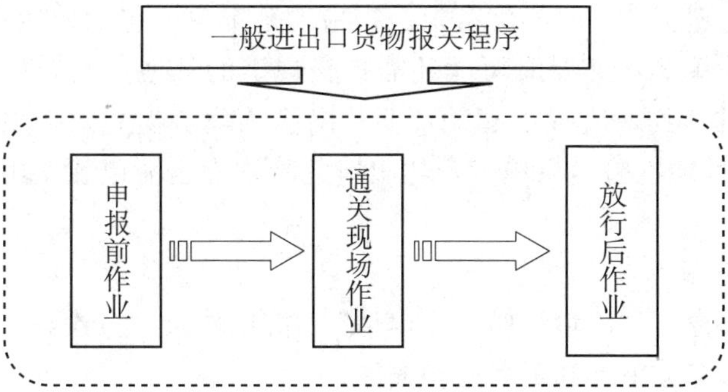

图4－1　一般进出口货物报关程序

任务一　申报前作业

申报前作业的工作流程如图4－2所示。

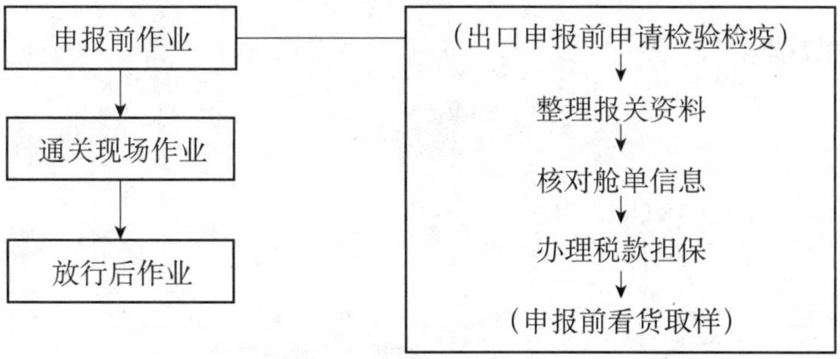

图4－2　申报前作业工作流程

一、出口申报前申请检验检疫

少数出口货物因为属于法定检验货物，需要在出口申报前申请检验检疫。申请检验检疫由报检企业在海关备案的报检人员办理报检手续，代理报检的，需向海关提供委托书。

（一）报检地点和时限

凡是实施出口检验检疫的货物，企业应在报关前向产地/组货地海关申请检验检疫（出口报检）。法定检验的出口商品未经检验或者经检验不合格的，不准出口。

出境货物最迟应在出口报关或装运前7天报检，对于个别检验检疫周期较长的货物，应留有相应的检验检疫时间。需隔离检疫的出境动物在出境前60天预报，隔离前7天报检。

（二）报检流程

向海关办理报检业务，应当遵守《中华人民共和国进出口商品检验法》《中华人民共和国进出口商品检验法实施条例》，以及针对某类商品的专项管理政策。

1. 准备报检单证

报检人员应根据货物的性质和海关有关规定，准备好报检需要的单证材料，并确认单证材料齐全、真实、有效。报检的基本单证包括外贸合同、发票、装箱单、厂检单等，必要时可能还需提交规定的其他资料，如国家实施许可制度管理的货物，应提供有关证明；出境危险货物的，必须提供“出境货物运输包装性能检验结果单”及“出境危险货物运输包装使用鉴定结果单”。

《出入境检验检疫报检规定》

2. 录入报检电子数据

报检企业在单一窗口“出境检验检疫申请”功能模块录入报检数据（如图4-3所示），上传有关单证和资料的扫描件。

出境货物检验检疫申请表（核对用）

申请出口检验检疫，一般只要求企业提供单证和资料的电子信息，企业保证电子化单证信息的真实性和有效性，并按规定保存相关纸质单证。海关监管过程中按照风险布控、签注作业等要求需要验核纸质单证的，申请人应当补充提交相关纸质单证。

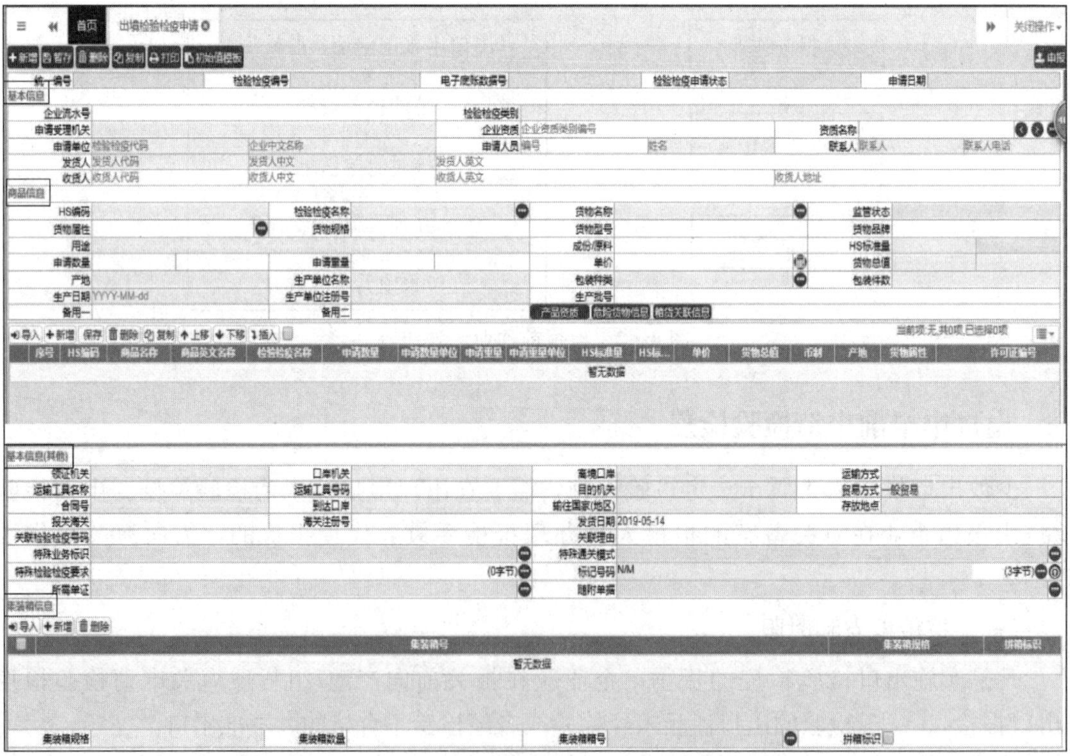

图4-3 单一窗口“出境检验检疫申请”录入界面

3. 海关受理报检

海关对报检企业提交的材料进行审核。申报信息经系统审核校验通过的，由系统自动受理，若申报信息不符合要求，报检人员应当按照海关要求修改数据后重新申报。海关成功受理报检后，报检人员可通过系统打印出纸质报检单。

4. 抽样、检验

海关检验部门根据不同的货物形态，采取随机取样方式抽取样品。报检企业应提供存货地点情况，并配合海关检验人员做好抽样工作。海关检验部门可以使用感官分析、化学分析、仪器分析等各种技术手段对出口商品进行检验。

5. 建立电子底账，签发证书

海关检验部门对检验合格的商品建立电子底账，向企业反馈电子底账数据号，企业报关时应在报关单“随附单证”栏填写电子底账数据号，办理出口通关手续。

报检企业申请出证的，海关实施检验检疫监管后签发相应的检验证书。

二、整理报关资料

我国境内收发货人一般委托专业报关行代理报关。报关行在报关之前，需要签订代理报关协议，整理委托方提交的报关资料，以便做好报关的准备工作。

（一）接单

1. 签订委托报关协议

代理报关委托书

报关企业可以代理外贸企业从事报关工作，包括：填单申报；申请、联系和配合实施检验检疫；辅助查验；代缴税款；设立手（账）册；核销手（账）册；领取海关相关单证；其他。代理报关业务需要向海关提交电子委托报关协议或纸质委托报关协议；若是以前没有签订过代理报关协议，委托人（外贸企业等）需要与代理人（报关企业）签订委托报关协议。委托报关协议明确了规定了委托事项的内容，也是双方权利与义务的书面凭证，万一将来在报关业务中出现处罚或纠纷，可以根据委托协议确定责任归属。

在办理委托时，双方都需要注意核实对方的海关信用等级，因为当双方适用的信用等级不同时，海关采用“从低”原则，所以外贸企业应尽量寻找高级认证企业或一般认证企业代理报关，既可提高通关效率，又可降低业务风险。

2. 签收报关资料

在签收委托方提供的报关资料时，报关企业应安排专人签署，并做好资料的登记工作，做好内部工作交接。

（二）理单

1. 确认货物及贸易信息

报关人员应确认货物信息完整，以便确认货物的 HS 编码和申报要素。若货物信息不全，应根据实际需要催促委托方及时补充。若是法定检验出口货物，需要核实报检电子底账数据编号。在涉及知识产权保护的货物时，还需要委托方提供知识产权授权书。

除货物信息外，报关人员还需要核实相关贸易信息，如外贸企业是否需要退税、成交方式及运保费金额、境内货源地等，以帮助外贸企业设计合适的监管方式。

2. 检查报关资料

一般代理报关都是直接代理的性质，报关行以委托人的名义进行报关。根据《海关法》的规定，委托人要对报关资料的真实性负责，报关行的主要义务是“合理审查”。如果未尽“合理审查”义务导致申报违规，报关行将承担相应的责任。在理单环节，报关行必须检查报关资料是否合格，合格的标准是齐全、有效、一致。

“齐全”是指单证资料的种类、单证的内容是否符合报关要求。报关所需的单证可以分为报关单和随附单证两大类。随附单证包括基本单证和特殊单证两种，如图 4－4 所示。在检查单据种类时，报关企业按实际情况要求委托人提供相应的单据，尤其要注意按商品的 HS 编码核对海关要求的许可证件是否缺少。例如：进口货物在成交方式为 FOB 情况下，应要求委托人提供运费、保险费的发票等资料以确定运费、保险费的金额。

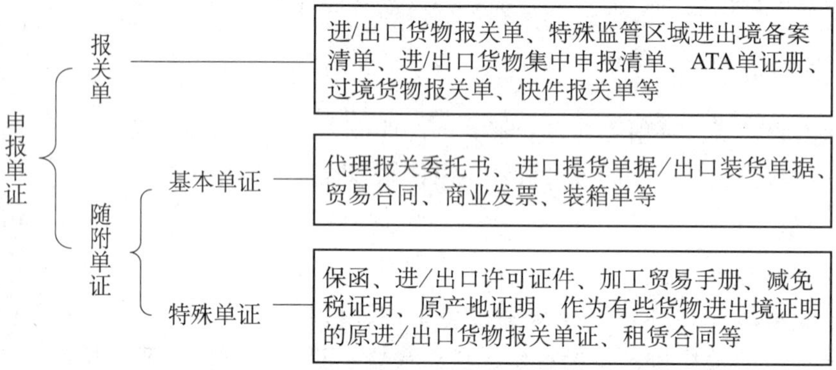

图 4－4　报关单证的类型

“有效”是指相关的证明、许可证件、批件、加工贸易登记手册等的抬头是否与其他单据的抬头一致，是否在有效期之内使用，是否符合法律法规的规定。有些货物还要注意必须在指定的口岸进出境，如甘草制品出口的报关口岸指定为天津海关、上海海关。

“一致”是指报关人员应检查报关资料的内容，做到各资料之间“单单一致”和“单证一致”。“单单一致”是指报关单的数据与其他报关资料的数据一致，“单证一致”是指报关单数据与许可证件的数据一致。在有实物样品的情况下，还需要核对“单货一致”，即报关资料与实物保持一致。若发现资料内容互相矛盾，应催促委托方及时修正并确认。

小案例

一纸诉状，外贸企业和报关企业双双变被告

义乌海关某年 7 月查获由云南 XX 贸易有限公司委托义乌 SS 报关代理有限公司报关出口的 3 656 副耳机产品，认定涉嫌侵犯索尼爱立信移动通讯有限公司（以下简称“索爱公司”）在中国注册的图形商标，并将有关货物全部扣留。

同年 12 月，索爱公司一纸诉状将云南 XX 贸易有限公司和义乌 SS 报关代理公司告上法庭：XX 贸易有限公司未经授权，销售、出口标有与索爱公司图形注册商标完全相同的标识的耳机产品，甚至连型号也与索爱公司的产品完全相同；义乌 SS 报关代理公司是专业报关单位，在没有合理审查XX贸易有限公司货物的知识产权的情况下，提供进出口报关服务，系故意为侵犯索爱公司注册商标专用权行为提供便利条件。

分析：索爱公司认定，XX贸易有限公司、SS报关代理有限公司的上述行为，已侵犯索爱公司的注册商标专用权。为此起诉要求，被告XX贸易有限公司立即停止出口标有索爱公司图形商标的产品并赔偿经济损失，被告义乌SS报关代理公司承担连带责任。索爱公司的诉求最终得到法院的支持。

资料来源：根据中国知识产权律师网资料整理。

3. 确认适用的监管制度

进出境货物的监管类型可以分为："一般进出口货物""特定减免税货物""保税加工货物""保税物流货物""暂准进出境货物""过境、转运、通运货物"等，不同的监管类型对应不同的海关监管制度。即使是同一产品进出境，在不同背景下也适用不同的监管制度，如表4-5所示。因此，报关行应根据货物的贸易背景、货物流向和委托方提供的报关资料，确认进出境货物适用的海关监管制度。

表4-5　同一产品在不同贸易背景下的海关监管制度

贸易背景	适用的海关监管制度
从境内采购后出口到境外	一般出口货物
从境外进口用来在境内销售	一般进口货物
从境外进口作为加工贸易的料件	保税加工货物
从境外进口存储在特殊监管区域	保税物流货物
从境外进口作为境内企业生产的免税设备	特定减免税货物
从境外进口用来在境内展览，展览结束后会复运出境	暂时进出境货物

（三）制单和复核

制单和复核的内容，详见本书项目二（报关单填制）的相关内容。

小贴士

一般进出口货物的特点

一般进出口货物是指在进出境环节缴纳了应征的进出口税费并办结了所有必要的海关手续，海关放行后不再进行监管，可以直接进入生产和消费领域的进出口货物。

一般进出口货物具有以下特征：

（1）在进出境环节要缴纳进出口税费。

（2）进出口时要提交相关的许可证件。

（3）海关放行即办结海关手续。

三、核对舱单信息

装载货物的运输工具进出境需要由舱单传输人向海关申报舱单信息。舱单传输人包括运输工具负责人、无船承运业务经营人、货运代理、船舶代理、邮政企业、国际快件经营人等。

报关行申报的进出境货物信息涉及的运输工具名称、件数、集装箱种类及数量等，必须与舱单信息保持一致，否则发送报关单以后会被海关退单。因此，报关人员需要确认舱单已经成功申报，并且报关资料的信息与舱单信息保持一致。如果不一致，应先请委托方确认舱单和货物信息后再修改报关资料中的错误信息。

小贴士

舱单的种类

原始舱单：是指舱单传输人向海关传输的反映进境运输工具装载货物、物品或者乘载旅客信息的舱单。

预配舱单：是指反映出境运输工具预计装载货物、物品或者乘载旅客信息的舱单。

装载舱单：是指反映出境运输工具实际配载货物、物品或者载有旅客信息的舱单。

登录海关总署网站，在首页的“互联网＋海关”点击“我要查”，然后选择“舱单信息”，在弹出页面中选择关区代码、运输方式、进出境标志，输入运输工具、航班/航次、总提运单号、提运单号后可查询舱单数据。

海关总署舱单信息查询网站

四、办理税款担保

（一）需要办理税款担保的情形

根据《中华人民共和国海关事务担保条例》第四条，有下列情形之一的，当事人可以在办结海关手续前向海关申请提供担保，要求提前放行货物：进出口货物的商品归类、完税价格、原产地尚未确定的；有效报关单证尚未提供的；在纳税期限内税款尚未缴纳的；滞报金尚未缴纳的；其他海关手续尚未办结的。国家对进出境货物、物品有限制性规定，应当提供许可证件而不能提供的，以及法律、行政法规规定不得担保的其他情形，海关不予办理担保放行。

（二）汇总征税制度

1. 汇总征税适用范围

2015 年 7 月起，海关总署面向全国海关推广汇总征税业务，所有海关注册登记收发货人均可适用汇总征税模式（“失信企业”除外）。

2. 汇总征税办理手续

有汇总征税需求的企业，向注册地直属海关关税职能部门提交税款总担保（以下简称总担保）备案申请，总担保应当依法以保函等海关认可的形式；保函受益人应包括企业注册地直属海关以及其他进出口地直属海关；担保范围为担保期限内企业进出口货物应缴纳的海关税款和滞纳金；担保额度可根据企业税款缴纳情况循环使用。

汇总征税担保保函格式

3. 汇总征税模式下海关管理

报关单申报且无布控查验等海关要求事项的汇总征税报关单担保额度扣减成功之后，海关即放行。企业应于每月第 5 个工作日结束前，完成上月应纳税款的汇总电子支付。税款缴库后，企业担保额度自动恢复。

汇总征税模式下，海关进出口收发货人在一定时期内多次进出口货物的应纳税款实施汇总征税。汇总征税改变了以往“逐票审核、先税后放”的征管模式。企业在进口货物通过时，凭借商业银行出具的保函，便可以不再“逐票缴税”，而是先提货，事后再按月集中缴税。

4. 报关人员的操作

汇总征税模式下，报关人员需要先核实报关单境内收发货人的信用等级，确认符合海关的要求，督促境内收发货人提供合格的银行保函、保证金、关税保证保险单，然后向属地直属海关办理汇总征税备案。备案完成之后，在总担保额度内企业可实现“先放后税”。

5. 关税保证保险

2018 年 11 月 1 日起，信用等级为一般信用及以上的进出口货物收发货人办理税款担保可适用关税保证保险通关业务模式。企业凭关税保证保险单办理纳税期限担保，应在申报时选择“关税保证保险”模式，并选取相应的关税保证保险单电子数据。海关对接受申报且满足全部放行条件的，即可实施现场卡口放行。有布控查验等其他海关要求事项的，按有关规定办理。企业应自报关单审结生成电子税款信息之日起 10 日内，通过新一代海关税费电子支付系统缴纳税款。逾期未缴纳税款的，海关可以停止其办理关税保证保险通关业务。

《关税保证保险单》样式

作为投保人的进出口企业一旦未按海关规定缴纳关税，相关保险公司就需要按照保险合同的约定，向海关赔付投保人应缴纳的税款。“关税保证保险”模式下，企业使用一张保单即可实现进口货物“先放后税”，有效缓解资金压力，提高通关效率。

五、进口申报前看货取样

为确定进口货物的货物信息和归类等，进口货物的收货人经海关同意，可以在申报前查看货物或者提取货样，需要依法检验的货物，应当在检验合格后提取货样。

任务二　通关现场作业

通关现场作业包括电子申报、缴纳税费、配合海关综合处置、配合海关查验、提取或装运货物等，具体工作流程如图 4－5 所示。

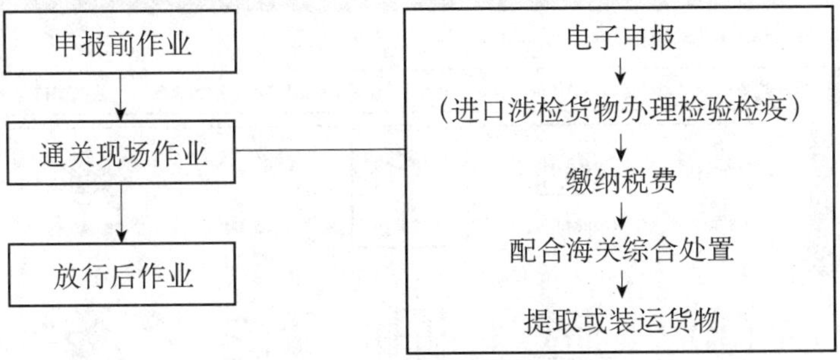

图 4－5　通关现场作业工作流程

一、电子申报

（一）登录申报平台

进出口货物的申报平台包括“中国国际贸易单一窗口”和“互联网＋海关”。

在“中国国际贸易单一窗口”网站的中央或地方系统中选择“货物申报”并登录，即可进行数据的录入、导入、保存、查询、打印、上传单据、申报等。例如：中央“标准版应用”的货物申报入口如图4-6所示。

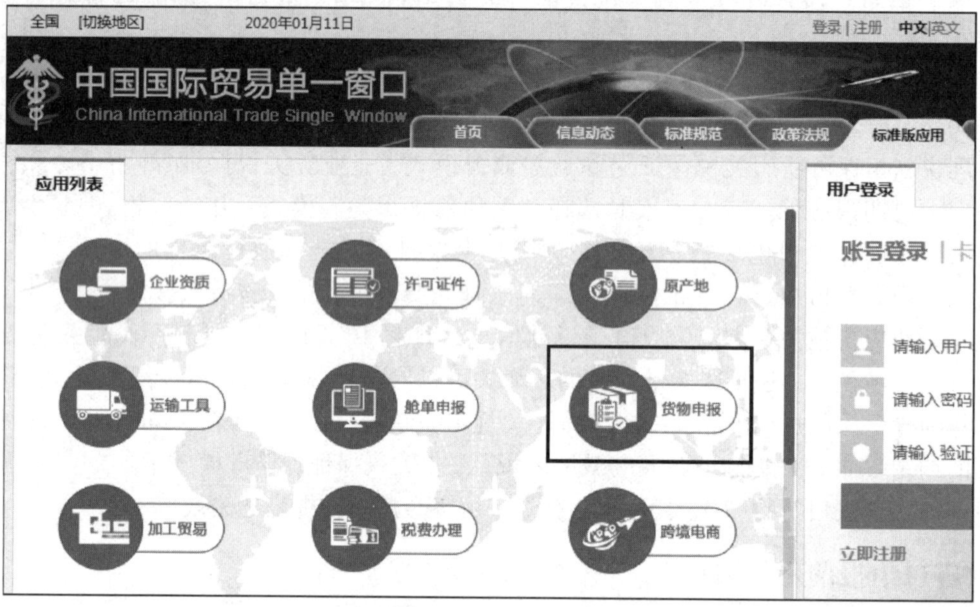

图4-6 “中国国际贸易单一窗口”货物申报入口

企业也可以通过“互联网＋海关”（http://online.customs.gov.cn）登录申报系统，选择“货物通关”进行申报，如图4-7所示。

图4-7 “互联网＋海关”货物申报入口

（二）申报模式

根据海关总署公告 2019 年第 216 号内容，海关自 2020 年 1 月 1 日起全面推广“两步申报”改革。境内收发货人信用等级为一般信用及以上的，实际进境的货物均可采用“两步申报”。推广“两步申报”改革同时保留现有“一次申报”申报模式，企业可自行选择一种模式进行申报。

1.“一次申报”模式

“一次申报”即传统的申报模式，企业将全部申报数据一次性发送给海关审核，海关放行后企业可以提离货物，同时可以销售或使用货物。系统录入页面如图 4－8 所示。

报关企业既可在进出口货物到达海关监管场所后发送完整的报关单数据，也可根据海关规定，在确认舱单数据已向海关申报后、货物运抵前向海关提前申报。向海关提前申报的，应当先取得提（运）单或载货清单（舱单）数据。其中，提前申报进口货物应于装载货物的进境运输工具启运后、运抵海关监管场所前向海关申报；提前申报出口货物应于货物运抵海关监管场所前 3 日内向海关申报。

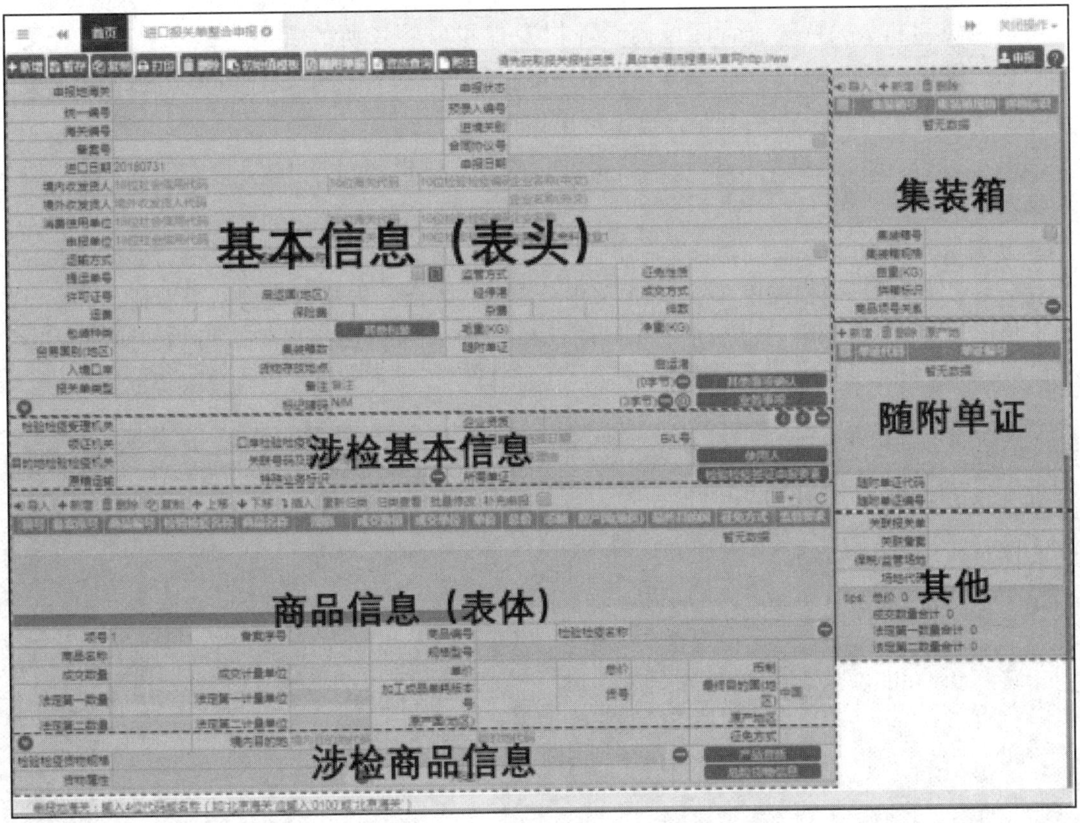

图 4－8　“中国国际贸易单一窗口”货物申报数据录入界面

2.“两步申报”模式

（1）基本规定。“两步申报”将报关数据的发送分为两步，即概要申报和完整申报。第一步，企业概要申报后经海关同意即可提离货物；第二步，企业在规定时间内完成完整申报，即准予销售或使用。“两步申报”基本流程如图 4－9 所示。

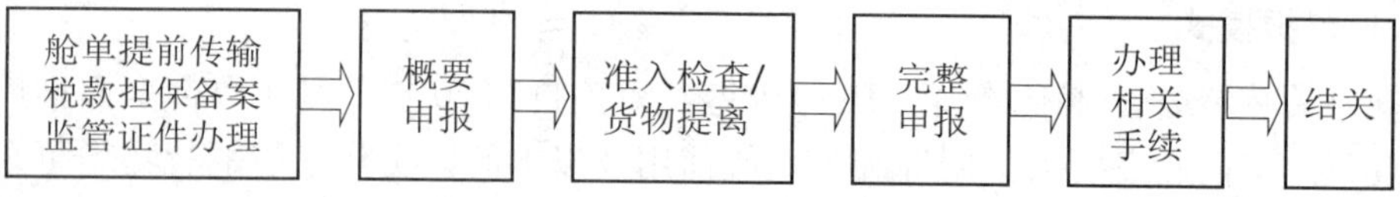

图 4－9 “两步申报”基本流程

“两步申报”模式下，以口岸放行为界，海关在卡口前实施“准许入境”监管，在卡口后实施“合格入市”监管，进口货物更快提离，提高企业通关效率，降低仓储成本。

适用“两步申报”需同时满足下列条件：境内收发货人信用等级是一般信用及以上的；涉及的监管证件已实现联网核查的（见海关总署公告2019年第127号附件2）。

对于应税货物，企业需提前向注册地直属海关关税职能部门提交税收担保备案申请；担保额度可根据企业税款缴纳情况循环使用。此外，申报海关只能在入境口岸和收货人注册地海关中二选一。木质包装货物应选择“涉检”，否则在完整申报阶段会被退单。转关业务暂不适用“两步申报”模式。大宗散货需要出具重量证书的，暂不适用“两步申报”模式。

加工贸易和海关特殊监管区域内企业以及保税监管场所的货物申报在使用“金关二期”系统开展“两步申报”时，第一步概要申报环节不使用保税核注清单，第二步完整申报环节报关单按原有模式，由保税核注清单生成。

（2）概要申报。“两步申报”模式下的报关数据，既可分次录入，也可一次录入所有数据。

分次录入申报数据的，登录单一窗口后，依次选择“货物申报”→“两步申报”→“分次录入”→“进口报关单”，进入报关单分次录入界面，先根据货物是否涉证、涉检、涉税选择申报模式，如图4－10所示。不同的选择会导致不同的录入界面，分为“非证＋非检”“涉证＋非检”“非证＋涉检”“涉证＋涉检”四种模式，是否涉税不影响录入界面。

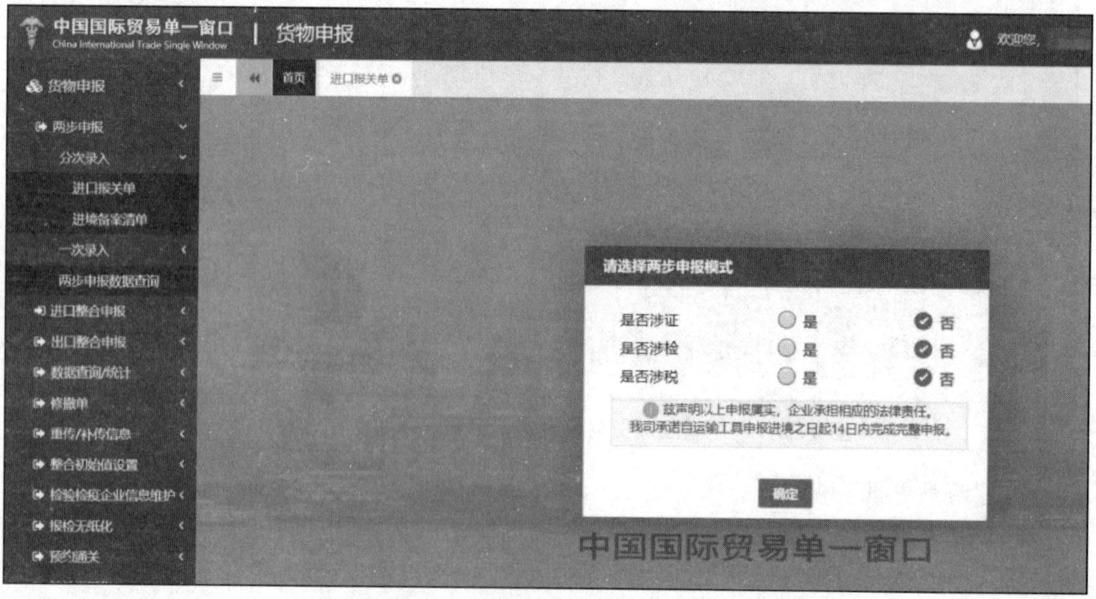

图 4－10 报关单分次录入界面

“非证＋非检”申报模式的，概要申报时必须填报9个项目：境内收货人、运输方式/运输工具名称及航次号、提运单号、监管方式、商品编号（6位）、商品名称、数量及单位、总价、原产国（地区）。企业提离货物时，需要确认2项货物物流项目（毛重、集装箱号）。“非证＋非检”申报模式的录入界面如图4-11所示（集装箱信息非必填）。

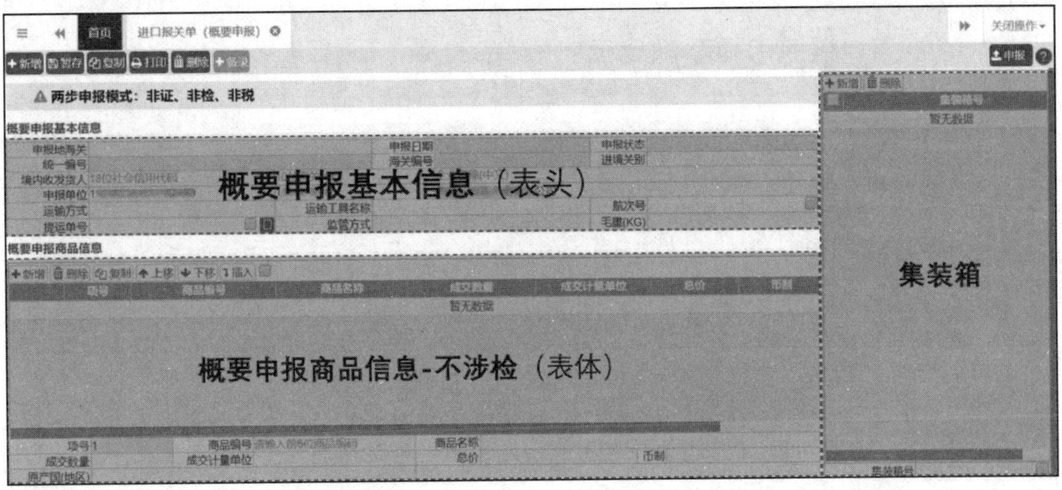

图4-11　“非证＋非检”申报模式录入界面

属于禁限管制（“涉证＋非检”模式）的，录入界面增加申报2个项目：许可证号或随附证件的代码及编号、集装箱商品项号关系。录入界面如图4-12所示。

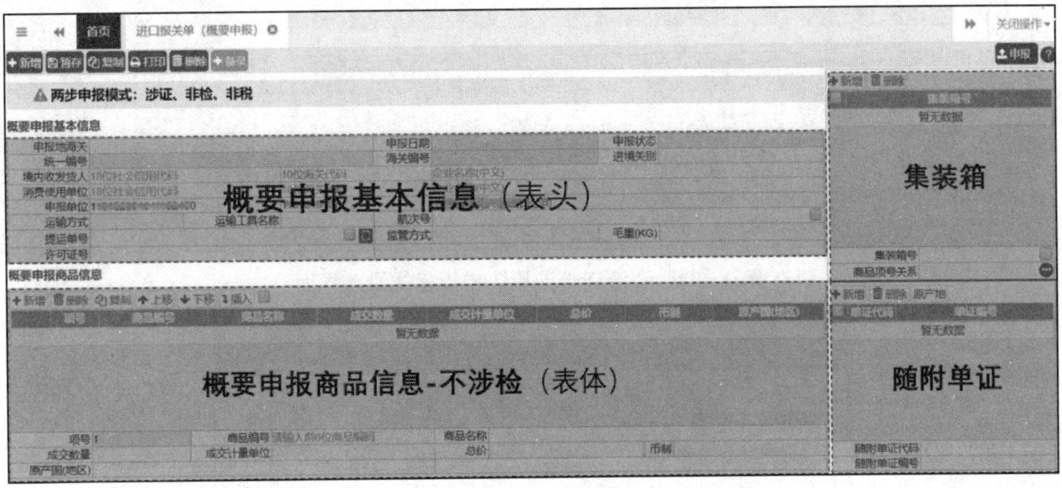

图4-12　“涉证＋非检”申报模式录入界面

依法需检验或检疫（“非证＋涉检”模式）的，录入界面增加申报5个项目：产品资质（产品许可/审批/备案）、商品编号（10位）＋检验检疫名称、货物属性、用途、集装箱商品项号关系。录入界面如图4-13所示。

既属于禁限管制、又需检验或检疫的（“涉证＋涉检”模式），录入界面增加申报7个项目（上述的2个涉证项目和5个涉检项目）。录入界面如图4-14所示。

在选择“两步申报”模式时，如果“是否涉税”勾选了“是”，则在录入完成后点击

“申报”按钮时，系统将弹出选择担保/保险单编号的对话框，如图 4-15 所示。

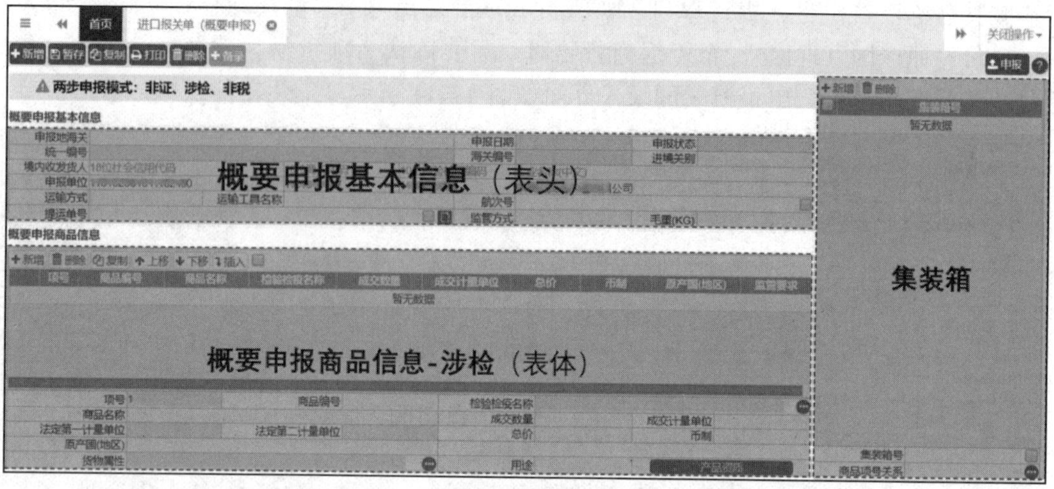

图 4-13 “非证＋涉检”申报模式录入界面

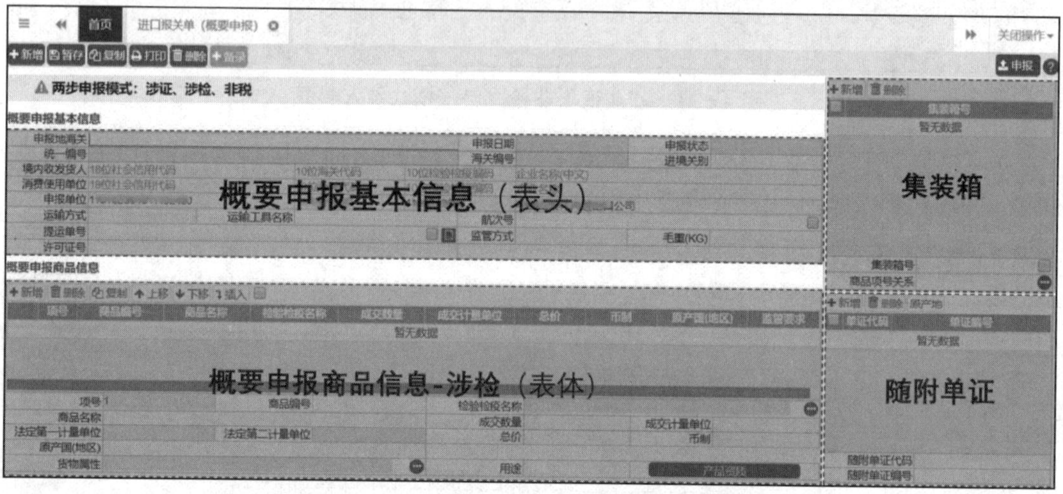

图 4-14 “涉证＋涉检”申报模式录入界面

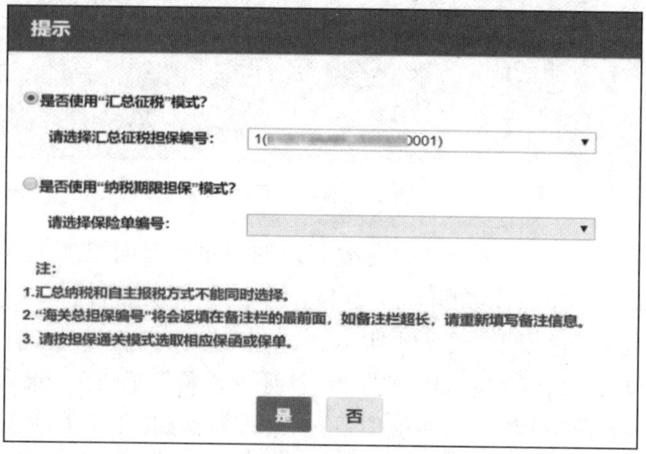

图 4-15 “两步申报”模式的涉税申报界面

（3）完整申报。在概要申报数据查询界面进行查询，点击概要申报的数据编号，系统自动弹出该票数据完整申报的界面。概要申报（第一步）所申报的数据一旦被海关审批通过，在后续进行完整申报（第二步）时将由系统自动带出。除总价的修改、商品编号后 4 位的补录以外，其他概要申报的数据不允许修改。企业自运输工具申报进境之日起 14 日内完成完整申报、办理缴纳税款等其他通关手续。税款缴库后，企业担保额度自动恢复。如果概要申报时选择不需要缴纳税款，则完整申报时经确认为需要缴纳税款的，企业应当按照进出口货物报关单撤销的相关规定办理。

（4）一次录入报关数据。一次录入申报数据的，登录单一窗口后，依次选择“货物申报”→“两步申报”→“一次录入”→“进口报关单”，进入报关单一次录入界面，也要先根据货物是否涉证、涉检、涉税选择申报模式，然后录入所有数据，录入操作与“一次申报”系统的“进口报关单整合申报”基本相同，区别是“两步申报”模式下的系统会根据用户所选申报模式高亮显示不同的概要申报字段，如图 4－16 所示。

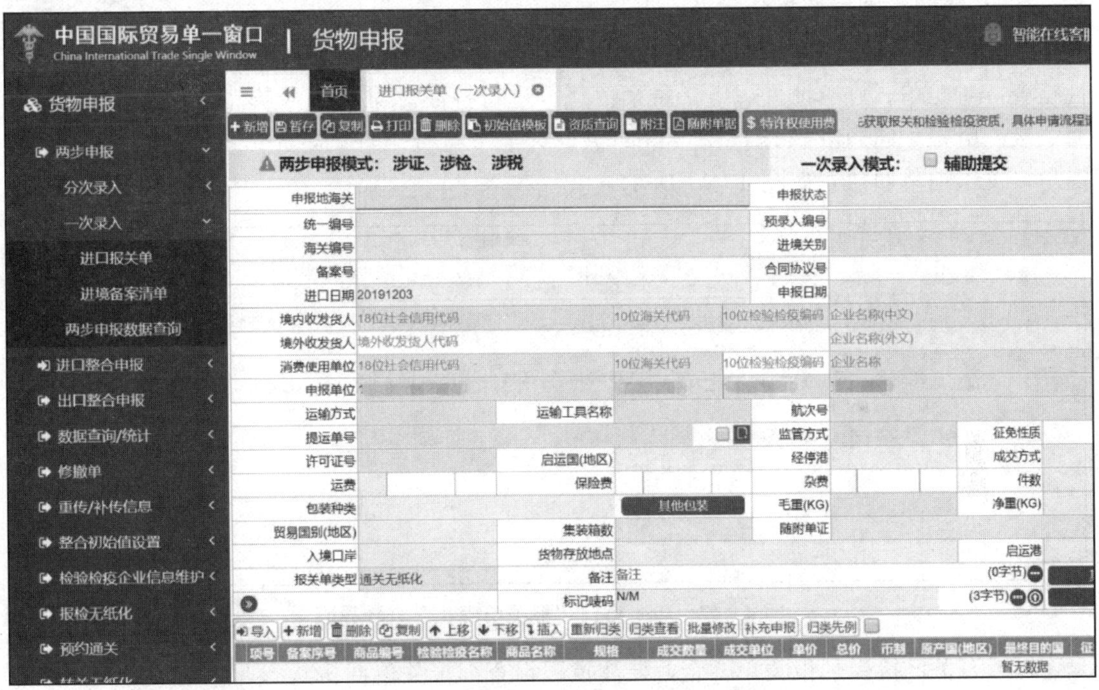

图 4－16　“两步申报”一次录入界面

一次录入界面提供“辅助提交”功能，如不勾选“辅助提交”，就默认为“人工提交”，即“概要申报”提货放行后需要用户手动完成“完整申报”。如勾选“辅助提交”，“概要申报”提货放行后系统就会自动完成“完整申报”。因此，若企业只录入了概要申报字段，如不勾选“辅助提交”，可以先申报概要申报部分，提货放行后可以继续录入完整申报部分。如勾选“辅助提交”，则需要把所有概要申报和完整申报部分（必填项）数据全部录入后再申报。

小贴士

货物进出境的申报期限

《海关法》第二十四条规定：“进口货物的收货人应当自运输工具申报进境之日起十四日内，出口货物的发货人除海关特准之外应当在货物运抵海关监管区后、装货的二十四小时以前，向海关申报。进口货物的收货人超过规定期限向海关申报的，由海关征收滞报金。”

《海关法》第三十条规定：“进口货物的收货人自运输工具申报进境之日起超过三个月未向海关申报的，其进口货物由海关提取依法变卖处理。确属误卸或者溢卸的进境货物，经海关审定，由原运输工具负责人或者货物的收发货人自该运输工具卸货之日起三个月内，办理退运或者进口手续；必要时，经海关批准，可以延期三个月。逾期未办手续的，由海关按前款规定处理。”

（三）查看报关单回执状态

报关单位发送报关单之后，海关通关作业管理系统进行规范性、逻辑性检查，对舱单、许可证件、电子备案信息等进行核注。对于符合条件的，海关接受申报，向企业发送接受申报回执；对于不符合条件的，系统自动退单，发送退单回执，如图4－17所示。

报关单状态查询网站

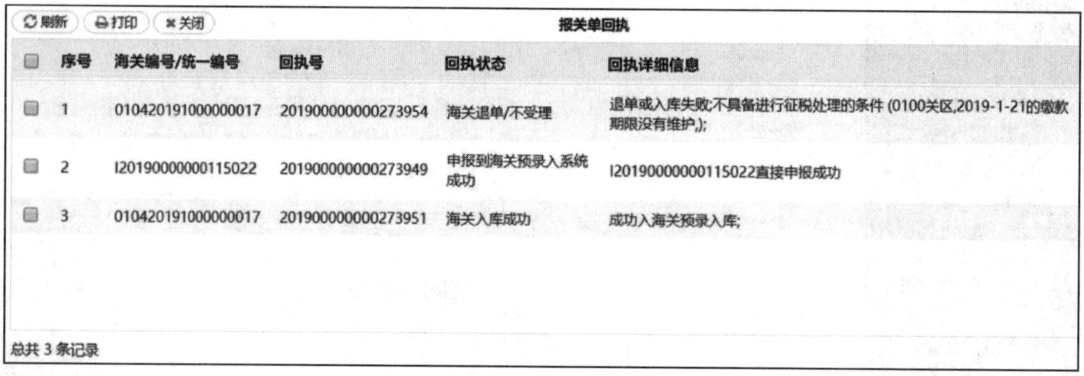

序号	海关编号/统一编号	回执号	回执状态	回执详细信息
1	010420191000000017	201900000000273954	海关退单/不受理	退单或入库失败;不具备进行征税处理的条件 (0100关区,2019-1-21的缴款期限没有维护);
2	I20190000000115022	201900000000273949	申报到海关预录入系统成功	I20190000000115022直接申报成功
3	010420191000000017	201900000000273951	海关入库成功	成功入海关预录入库;

图4－17　单一窗口“报关单回执”查看界面

对于海关已接受的报关单，企业要注意跟踪查询报关单回执状态，包括“海关入库成功”“海关退单”“审结”“删单”“放行”“结关”“查验通知”等。收发货人可通过“互联网＋海关”一体化网上办事服务平台、“掌上海关”App、“掌上海关”微信小程序订阅本企业申报报关单回执数据。

（四）补充申报

进出口货物向海关申报后未办结海关手续前，海关可以要求进出口货物的收发货人或受委托报关企业补充申报。在此期间，进出口货物的收发货人或受委托报关企业认为有必要补充申报的，海关可以接受其补充申报，并按报关单修改程序办理，同时应要求提供书面说明。

补充申报一般是为了确定完税价格、商品归类、原产地而提供一步的资料。

二、进口涉检货物办理检验检疫

《中华人民共和国进出口商品检验法实施条例》

需要办理检验检疫的进口货物需要在电子数据申报后完成检验检疫业务。

（一）进口报检的申报

进口货物报检业务的操作要求与程序与出口货物报检业务基本相同。但出口货物报检需要在出口报关之前通过单一窗口“出境检验检疫申请”功能录入数据申报，而进口货物报检通过单一窗口“进口报关单整合申报”功能模块同时录入报关、报检数据进行整合申报即可。

进口报关单整合申报被海关受理后，进口报检企业要凭系统回执告知的检验检疫编号主动联系、配合海关完成进口货物的检验检疫工作，缴纳检验检疫费用，签领检验检疫单证。法定检验的进口商品未经检验或者经检验不合格的，不准销售、不准使用。

（二）进口报检的地点和时限

进口法定检验的货物应向报关地的出入境检验检疫机构报检。入境货物需要对外索赔出证的，应在索赔有效期前不少于 20 日内向入境口岸或到达地海关办理报检手续。输入微生物、人体组织、生物制品、血液及其制品或种畜、禽及其精液、胚胎、受精卵的，应当在入境前 30 日报检；输入其他动物的，应在入境前 15 日报检；输入植物、种子、种苗及其他繁殖材料的，应在入境前 7 日报检。

（三）检验地点

通关放行后 20 日内，收货人应当向报检时申报的目的地出入境检验检疫机构申请检验。大宗散装商品、易腐烂变质商品以及已发生残损、短缺的商品，应当在卸货口岸检验。海关总署也可以根据便利对外贸易和进出口商品检验工作的需要，指定在其他地点检验。

（四）进口报检需要准备的材料

报检企业应向所在地海关提供的材料，除了合同、发票、装箱单、提单以外，还需要提供规定的其他文件包括：

（1）国家实施许可制度管理的货物，应提供有关证明。

（2）品质检验的还应提供国外品质证书或质量保证书、产品使用说明书及有关标准和技术资料；凭样成交的，须加附成交样品；以品级或公量计价结算的，应同时申请重量鉴定。

（3）申请残损鉴定的还应提供理货残损单、铁路商务记录、空运事故记录或海事报告等证明货损情况的有关单证。

（4）申请重（数）量鉴定的还应提供重量明细单、理货清单等。

（5）货物经收、用货部门验收或其他单位检测的，应随附验收报告或检测结果以及重量明细单等。

进境动植物检疫许可证申请指南

（6）入境的动植物及其产品，在提供贸易合同、发票、产地证书的同时，还必须提供输出国家或地区官方的检疫证书；需办理入境检疫审批手续的，还应当取得入境动植物检疫许可证。

（7）过境动植物及其产品报检时，应持货运单和输出国家或地区官方出具的检疫证书；运输动物过境时，还应当取得海关总署签发的动植物过境许可证。

（8）报检入境运输工具、集装箱时，应提供检疫证明，并申报有关人员健康状况。

（9）因科研等特殊需要输入禁止入境物的，应当取得海关总署签发的特许审批证明。

（10）入境特殊物品的，应提供有关的批件或规定的文件。

三、缴纳税费

在前期办理过“汇总征税”备案或税款担保的企业，不需要每票货物办理缴税。未办理“汇总征税”或税款担保的企业，可以在申报环节中的“业务事项”栏选择“自报自缴”，一次性完成报关、计税、缴纳。

（一）“自报自缴”模式下企业申报流程

（1）通过预录入系统如实、规范录入报关单涉税要素及各项目数据。

（2）利用预录入系统的海关计税（费）服务工具计算应缴纳的相关税费，如图 4－18 所示。

（3）对系统显示的税费计算结果进行确认，连同报关单预录入内容一并提交海关（进出口企业、单位需在当日对税费进行确认，不予确认的，可重新申报）。

（4）收到海关通关系统发送的回执后，自行办理相关税费缴纳手续。

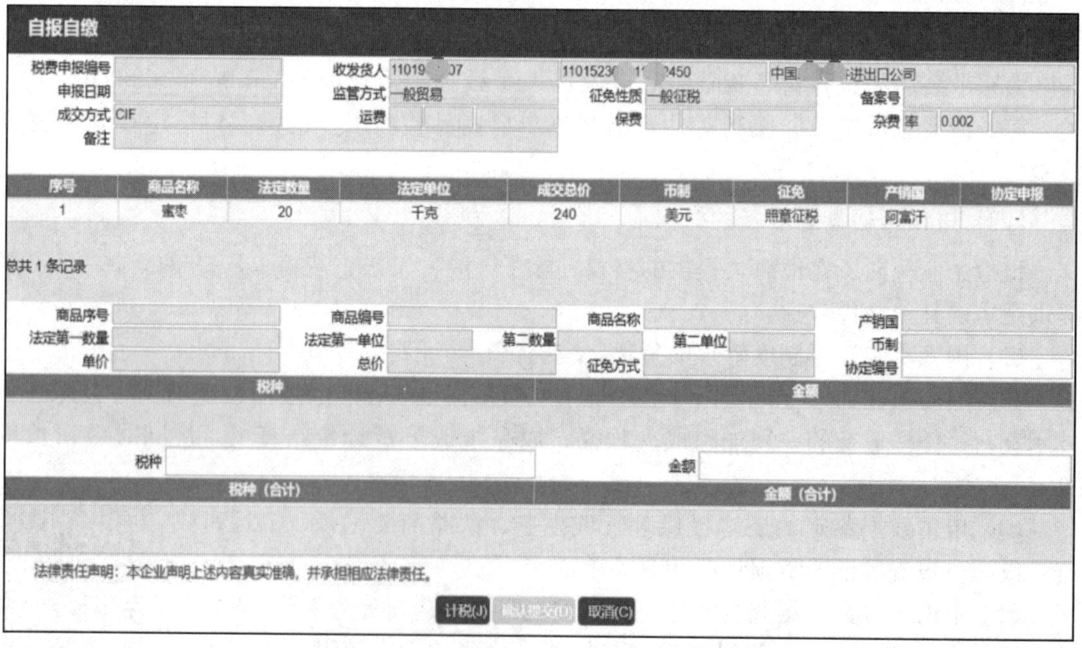

图 4－18　单一窗口“自报自缴”录入界面

（二）“自报自缴”模式的税款支付方式

进出口企业选择“自报自缴”模式向海关申报的，收到海关通关系统发送的受理回执后，自行办理相关税费缴纳手续。可选择的税款支付方式包括：

1. 电子支付

选择电子支付模式的，进出口企业、单位登录电子支付平台查询电子税费信息并确认支付。现场海关收到银行的实扣成功回执后，海关系统自动核注税费，若无查验则系统自动触发放行。

2. 柜台支付

选择柜台支付模式的，进出口企业、单位在收到申报地海关现场打印的纸质税款缴款书后，到银行柜台办理税费缴纳手续，之后将银行盖章的税款缴款书第一联送交海关验核。

“自报自缴”模式下，纸质税款缴款书上注明“自报自缴”字样，该税款缴款书属于缴税凭证，不具有海关行政决定属性。

3. 汇总支付

选择汇总征税模式的，海关通关系统自动扣减相应担保额度后，进出口企业、单位按汇总征税相关规定办理后续手续。

（三）非“自报自缴”模式的税款支付方式

非“自报自缴”模式下，进出口企业、单位在收到申报地海关现场打印的纸质税款缴款书后，既可以到银行柜台办理税费缴纳手续，之后将银行盖章的税款缴款书第一联送交海关验核，也可以通过在线支付平台缴纳税款，支付完成后海关系统自动验核。

（四）企业主动披露违规行为的处理

“自报自缴”模式下，进出口企业、单位主动向海关书面报告其违反海关监管规定的行为并接受海关处理，经海关认定为主动披露的，海关从轻或者减轻处罚；违法行为轻微并及时纠正，没有造成危害后果的，不予行政处罚。

对于主动披露并补缴税款的，经企业申请，海关可以减免税款滞纳金。

（五）滞报金的计算

企业采用“汇总征税”时，有滞报金等其他费用的，应在货物放行前缴清。

1. 判断申报日期及有无滞报

申报日期为海关计算机系统接受申报数据的日期。电子数据报关单经检查被计算机退回的，视为海关未接受申报，进出口货物收发货人应按要求修改后重新申报，申报日期为海关接受重新申报的日期。

海关已接受的电子数据报关单经人工审核后需要修改的，进出口货物收发货人应当在10日内修改并重新发送，但申报日期仍为海关原接受申报的日期。超过10日的，原报关单无效，企业应当另行向海关申报，申报日期为海关再次接受申报的日期。

如果进口货物的申报日期超过申报期限，则构成滞报，海关将对收货人征收滞报金。

2. 计算滞报金

滞报金是海关对未在法定申报期限内向海关申报进口货物的收货人采取的依法加收属经济制裁性的款项。

（1）滞报天数。进口货物滞报金按日计征，征收的天数（就是滞报天数）要看计征的起始日和截止日情况。

一般情况：根据《中华人民共和国海关征收进口货物滞报金办法（2018年修改）》第四条规定：征收进口货物滞报金应当按日计征，以自运输工具申报进境之日起第十五日为起征日，以海关接受申报之日为截止日，起征日和截止日均计入滞报期间，另有规定的除外。第十六条规定：滞报金起征日遇有休息日或者法定节假日的，顺延至休息日或者法定节假日之后的第一个工作日；国务院临时调整休息日与工作日的，海关应当按照调整后的情况确定滞报金的起征日。

《中华人民共和国海关征收进口货物滞报金办法》

特殊情况一：邮运进口货物应当以自邮政企业向海关驻邮局办事机构申报总包之日起第十五日为起征日；转关运输货物在进境地申报的，应当以自载运进口货物的运输工具申报进境之日起第十五日为起征日；在指运地申报的，应当以自货物运抵指运地之日起第十五日为起征日。

特殊情况二：进口货物收货人申请并经海关核准必须撤销原电子数据报关单时，收货人重新申报并产生滞报的，滞报金的征收，以撤销原电子数据报关单之日起第十五日为计征起始日，以海关重新接受申报之日为截止日。

特殊情况三：进口货物因收货人自装载货物的运输工具申报进境之日起超过三个月仍未向海关申报，被海关提取作变卖处理后，收货人申请发还余额时，海关征收滞报金，以运输工具申报进境之日起第十五日为起始日，以该三个月期限的最后一天为截止日。

（2）滞报金的计算。滞报金的日征收金额为进口货物完税价格的0.5‰，以人民币“元”为计征单位，不足人民币1元的部分免征（如果计算结果包含有小数，则舍弃小数）。滞报金的起征点为人民币50元。

计算公式如下：

进口货物滞报金＝进口货物完税价格×0.5‰×滞报天数

【例4-1】滞报金计算

A公司以完税价格55 000.00美元进口零配件，船舶于2020年8月1日（星期六）向海关申报进境，8月17日（星期一）该公司向海关办理申报手续。海关按当时的美元汇率（1美元＝6.998 2人民币元）对该公司的滞报行为应依法征收多少滞报金？

分析：计征起始日为运输工具申报进境之日起第15日（含运输工具申报进境之日[①]），即8月15日（星期六）。这一天为休息日，顺延至其后第一个工作日，因此起始日应为8月17日。截止日为海关接受申报之日，即8月17日（星期一）。因此，滞报天数共计1天。

结论：滞报金＝55 000×6.998 2×0.5‰×1＝192.45元。但由于不足1元的部分免征，A公司应缴纳滞报金192元。

---

① 对海关政策条文中的“自运输工具申报进境之日起第15日”的理解有两种说法：一是15天包含运输工具申报进境之日，从当天起算；二是15天不包含运输工具申报进境之日，从次日起算。本教材采用第一种理解，请读者知晓。

【例 4－2】滞报天数计算

某公司进口一批货物，3 月 1 日（星期二）货物运输工具申报进境，25 日办理报关手续，则滞报天数为几天？

分析：计征起始日为 3 月 1 日＋14 天＝3 月 15 日。截止日为 3 月 25 日。

结论：滞报天数＝3 月 25 日－3 月 15 日＋1 天＝11 天。

【例 4－3】滞报天数计算

某公司进口一批货物，9 月 22 日货物运输工具申报进境，当年国庆假期是 10 月 1 日到 10 月 7 日。该公司于假期后第一天 10 月 8 日办理了报关手续，则滞报天数为几天？

分析：计征起始日为 9 月 22 日＋14 天＝10 月 6 日。这一天属于调整后的休息日，应顺延到其后的第一个工作日 10 月 8 日作为计征起始日，而 10 月 8 日也为截止日。

结论：滞报天数＝1 天。

【例 4－4】滞报天数计算

运载进口货物的运输工具 5 月 9 日（星期三）申报进境，收货人 5 月 15 日向海关传送报关单电子数据，海关当天受理申报并发出现场交单通知。收货人于 5 月 27 日提交纸质报关单时，发现海关已于 5 月 26 日撤销电子数据报关单，遂于 5 月 30 日重新向海关申报，海关当天接受申报并发出现场交单通知，收货人 5 月 31 日提交纸质单证。则滞报天数为几天？

分析：计征起始日为 5 月 9 日＋14 天＝5 月 23 日。截止日为 5 月 30 日。

结论：滞报天数＝5 月 30 日－5 月 23 日＋1 天＝8 天。

四、配合海关综合处置

海关对已接受申报的报关单进行安全准入和税收风险综合甄别，同时结合安全准入风险参数和布控查验指令，确定业务现场如何处置。未被任何参数或指令捕中且不涉及许可证件的报关单，通关管理系统自动放行；涉及许可证件且已实现联网监管的，通关管理系统直接核扣电子数据后自动放行；涉及许可证件但未实现联网监管的，由现场海关综合业务岗人工核扣。因此，海关接受申报、企业完成税款缴纳之后，可能未出现任何海关处置而直接放行，也可能出现各种情形的海关处置，报关单位应配合完成。

（一）放行前报关单修撤

海关接受申报以后，报关单及随附单证的内容不得修改，申报也不得撤销。但符合规定情形的，可以修改或者撤销。

1. 允许报关单修撤的情形

有以下情形之一的，可以向原接受申报的海关办理进出口货物报关单修改或者撤销手续：

《报关单修撤管理办法》

（1）报关人员操作或者书写失误。

（2）出口货物放行后，由于装配、装运等原因造成原申报货物全部或部分退关、变更运输工具的。

（3）进出口货物在装载、运输、存储过程中因溢短装、不可抗力的灭失、短损等原因造成原申报数据与实际货物不符的。

（4）由于办理退补税、海关事务担保等其他海关手续而需要修改或者撤销报关单数据的。

（5）根据国际惯例先行采用暂时价格成交、实际结算时按商检品质认定或国际市场实际价格付款方式因而需要修改原申报单据的。

（6）已申报进口货物办理直接退运手续，需要修改或者撤销原进口货物报关单的。

（7）由于计算机、网络系统等方面的原因导致电子数据申报错误的。

修改或撤销申报时必须提交的单据包括："进出口货物报关单修改/撤销申请表"（如表4-6所示）；海关所需面单（根据提示填写相应内容）、情况说明；报关单（圈出错误之处，写上正确的内容）；其他海关要求针对不同情形的证明材料等。

2. 海关发现报关单需要进行修撤

海关发现报关单需要进行修改或撤销而进出口货物收发货人或其代理人未提交申请的，海关应当通知进出口货物收发货人或其代理人，出具"进出口货物报关单修改/撤销确认书"（如表4-7所示）。在收发货人或其代理人确认其修改/撤销内容后，由海关对报关单进行修改或撤销（海关不能直接修改或撤销）。

表4-6　进出口货物报关单修改/撤销申请表

编号：　　海关〔　年〕　号

<table>
<tr><td colspan="2">报关单编号</td><td colspan="2"></td><td>报关单类别</td><td>☐ 进口
☐ 出口</td></tr>
<tr><td colspan="2">收发货人名称</td><td colspan="2"></td><td>具体事项</td><td>☐ 修改
☐ 撤销</td></tr>
<tr><td colspan="2">报关单位名称</td><td colspan="4"></td></tr>
<tr><td colspan="6">修改/撤销内容</td></tr>
<tr><td colspan="2">报关单数据项</td><td>项号</td><td>原填报内容</td><td colspan="2">应填报内容</td></tr>
<tr><td rowspan="8">重点项目</td><td>商品编号</td><td></td><td></td><td colspan="2"></td></tr>
<tr><td>商品名称及规格型号</td><td></td><td></td><td colspan="2"></td></tr>
<tr><td>币制</td><td></td><td></td><td colspan="2"></td></tr>
<tr><td>单价</td><td></td><td></td><td colspan="2"></td></tr>
<tr><td>总价</td><td></td><td></td><td colspan="2"></td></tr>
<tr><td>原产国（地区）/最终目的国（地区）</td><td></td><td></td><td colspan="2"></td></tr>
<tr><td>监管方式</td><td></td><td></td><td colspan="2"></td></tr>
<tr><td>成交方式</td><td></td><td></td><td colspan="2"></td></tr>
<tr><td rowspan="3">其他项目</td><td></td><td></td><td></td><td colspan="2"></td></tr>
<tr><td></td><td></td><td></td><td colspan="2"></td></tr>
<tr><td></td><td></td><td></td><td colspan="2"></td></tr>
</table>

续前表

修改或者撤销原因： □ 出口货物放行后，由于装运、配载等原因造成原申报货物部分或者全部退关、变更运输工具的； □ 进出口货物在装载、运输、存储过程中因溢短装、不可抗力的灭失、短损等原因造成原申报数据与实际货物不符的； □ 由于办理退补税、海关事务担保等其他海关手续需要修改或者撤销的； □ 根据贸易惯例先行采用暂时价格成交、实际结算时按商检品质认定或者国际市场实际价格付款方式需要修改申报内容的； □ 已申报进口货物办理直接退运手续时，需要修改或者撤销原进口货物报关单的； □ 由于计算机、网络系统等方面的原因导致电子数据申报错误的； □ 由于报关人员操作或者书写失误造成所申报的报关单内容有误的。 其他需要说明的情况： 兹声明以上理由和内容无讹，随附证明资料真实有效，如有虚假，愿承担法律责任。 单位印章 年　　月　　日
海关意见： 海关印章 年　　月　　日

表 4－7　进出口货物报关单修改/撤销确认书

编号：　　海关〔　　年〕　　号

报关单编号		申报日期	
收发货人名称		报关单位名称	
修改或撤销原因			
原填报内容			
修改内容			
收发货人或报关单位确认： 同意　　　海关对上述报关单内容进行修改/撤销。 报关人员卡号： 报关人员签名： 收发货人或报关单位印章 年　月　日			

3. 报关单修撤注意事项

（1）因修改或者撤销进出口货物报关单导致需要变更、补办进出口许可证件的，进出口货物收发货人或其代理人应当向海关提交相应的进出口许可证件。

《中华人民共和国海关行政处罚实施条例》

（2）由于进出口货物的收发货人或其代理人的申报错误构成违反《海关法》的，海关可以对进出口货物的收发货人或其代理人进行处罚。对其中违反海关监管规定的，进出口货物的收发货人或其代理人接受海关处罚后，可以申请修改申报内容或者撤销申报后重新申报。对其中构成走私、海关做出没收货物处罚的，不允许修改申报内容或者撤销申报后重新申报。

小案例

申报错误的处理

某公司有一票货物，退单下来后才发现数量申报错误，提供的报关资料是276 pcs，报关单为7 pcs，金额是380 000，金额没有申报错误。这种情况能改吗？有罚金吗？

分析：本案中的申报错误，属于报关人员操作或书写失误造成申报差错。由于金额没有错误，可以认为没有走私违规或者其他违法嫌疑，因此可以按规定申请改单。

申报错误可能导致海关行政处罚，《中华人民共和国海关行政处罚实施条例》第十五条规定：

进出口货物的品名、税则号列、数量、规格、价格、贸易方式、原产地、启运地、运抵地、最终目的地或者其他应当申报的项目未申报或者申报不实的，分别依照下列规定予以处罚，有违法所得的，没收违法所得：

（1）影响海关统计准确性的，予以警告或者处1 000元以上1万元以下罚款；

（2）影响海关监管秩序的，予以警告或者处1 000元以上3万元以下罚款；

（3）影响国家许可证件管理的，处货物价值5%以上30%以下罚款；

（4）影响国家税款征收的，处漏缴税款30%以上2倍以下罚款；

（5）影响国家外汇、出口退税管理的，处申报价格10%以上50%以下罚款。

（二）办理海关事务担保

1. 申请提前放行货物的担保

在确定货物的商品归类、估价和提供有效报关单证或者办结其他海关手续前，收发货人要求放行货物的，海关应当在其提供与其依法应当履行的法律义务相适应的担保后放行。

国家对进出境货物、物品有限制性规定，应当提供许可证件而不能提供的，以及法律、行政法规规定不得担保的其他情形，海关不予办理担保放行。

《中华人民共和国海关事务担保条例》

2. 办理特定海关业务的担保

特定海关业务的担保包括：货物、物品暂时进出境业务的担保；货物进境修理和出境加工的担保；租赁货物进口的担保；将海关监管货物暂时存放在海关监管区外的担保等。

3. 涉案担保

有违法嫌疑的货物、物品、运输工具应当或者已经被海关依法扣留、封存的，当事人可以向海关提供担保，申请免予或者解除扣留、封存。

有违法嫌疑的货物、物品、运输工具无法或者不便扣留的，当事人或者运输工具负责人应当向海关提供等值的担保；未提供等值担保的，海关可以扣留当事人等值的其他财产。

法人、其他组织受到海关处罚，在罚款、违法所得或者依法应当追缴的货物、物品、走私运输工具的等值价款未缴清前，其法定代表人、主要负责人出境的，应当向海关提供担保。

4. 知识产权海关保护相关事务担保

（1）扣留侵权货物的担保。知识产权权利人请求海关扣留侵权嫌疑货物的，应当向海关提供不超过货物等值的担保，用于赔偿可能因申请不当给收货人、发货人造成的损失，以及支付货物由海关扣留后的仓储、保管和处置等费用。

（2）收发货人反向担保。涉嫌侵犯专利权货物的收货人或者发货人认为其进出口货物未侵犯专利权的，可以在向海关提供货物等值的担保金后，请求海关放行其货物。

《中华人民共和国知识产权海关保护条例》实施办法

（三）配合海关现场验估

报关单申报被海关接受后，对被单证验核风险参数捕中的报关单，由海关现场验估岗在货物放行前进行单证验核，留存有关单证、图像等资料后放行报关单数据。

现场验估是海关与货主或其代理人的单证流、信息流的当面交流沟通，有时这种交流与沟通还需要对货物进行实际查验后进行。它适用于一般情况下难以确定归类和价格的报关单，其比例在实际通关过程中较低。

围绕确定进出口货物所适用的关税税率、确定税则号列、审定完税价格的需要，验估基本要求包括“单证一致性”和“单货一致性”审核两部分，以“单货一致性”审核为主。

企业在收到税管中心的通知后，应根据通知中留下的关员联系方式及时与关员进行沟通联系，认真准备相关的单证材料并尽快到通关现场验估岗位递交有关书面材料，出示有关工作证件、委托书等。若接到验估员现场验货通知，应到查验现场配合海关查验，对海关发出的“质疑通知书”应及时签收，并及时对海关提出的质疑进行书面答复，逾期视为自动放弃有关权利。海关要求就有关价格资料进行磋商时，应准备好资料，及时到验估岗位进行价格磋商。

小贴士

海关行政处罚与救济措施

海关行政处罚是指海关根据法律授予的行政处罚权力，对公民、法人或者其他组织违反海关法律、行政法规，依法不追究刑事责任的走私行为和违反海关监管规定的行为，以及法律、行政法规规定由海关实施行政处罚的行为所实施的一种行政制裁。

海关行政处罚的基本形式包括：警告；罚款；没收违法所得；暂停给当事人某项权利、终止当事人的某项权利；行政拘留；收缴。

“有处罚即有救济”。也就是说，行为人受到处罚，同时应具有救济手段。海关行政处罚中的救济手段包括行政申诉（向做出处罚决定的海关或其上级海关提出）、行政复议（向其上级海关提出）、行政诉讼（向人民法院提出）和行政赔偿（向有赔偿义务的海关提出）。

（四）配合海关查验

被风险防控中心布控查验指令或/和税收征管中心实货验估指令命中的报关单，由口岸海关现场查验人员实施准入查验或/和验估查验操作。

海关查验是指海关为确定进出口货物收发货人向海关申报的内容是否与货物的真实情况相符，或者为确定商品的归类、价格、原产地等，依法对货物进行实际核查的行政执法行为。

在配合查验阶段，报关工作内容包括接收查验通知、确定查验时间和查验地点、配合海关查验、确认查验结果等。

1. 海关查验原因

海关查验需要消耗一定的时间，如果货物存在申报问题，查验关员会将货物转海关其他岗位进一步处置，会影响进出口货物的正常运转。因此，进出口货物的收发货人都不愿意遇到查验，但海关会设置一定的查验率，以下几种原因会导致货物被海关查验：

（1）随机布控。海关查验占比最大的一个因素是电脑抽查，这个是随机布控，没有原因。

（2）现场审单布控。由现场海关接单关员进行布控，一般而言，提供单证与申报不符、单证上有疑点等问题更容易被布控。

（3）风险部门布控。由风险监控部门进行布控，这个部门的主要职责就是下达查验指令，原因非常复杂，而且属于保密性质。

（4）验估查验。现场验估作业有时会需要实货验估，海关关员会转为现场实货查验。

2. 接收查验通知

当在单一窗口系统中查询报关状态时，如果是“查验通知”，表示此票报关单被海关布控查验。海关在决定对某批申报的货物进行查验时，会通过系统向相关单位发出查验指令，存放货物的海关监管场所收到指令后安排吊取货柜，送达查验场所后通知海关货柜已到场，这样海关就可以派单查验了。报关企业在报关系统中通过查询“报关单状态”收到查验指令后，可打印出“查验通知书”，如图4-19所示。

3. 向海关申请安排查验计划

收到海关“查验通知书”以后，报关企业向海关申请安排查验计划，确定查验时间、查验地点和查验方法。与存放货物的堆场联系落实查验货物已经到达查验场所。此外，关检融合后，如果货物同时需要报检，那么查验与检验会一次完成，即“查检合一”。

（1）准备好查验资料。报关企业在收到“查验通知书”后会要求收发货人准备好海关查验时可能需要的相关资料，包括提运单、合同、商业发票、装箱单、装箱示意图。如果收发货人有特殊要求或货物有特殊情况的，应及时主动告知海关。

（2）查验时间。申报人在签收海关“查验通知书”时，应向海关约定查验的时间。查验时间一般约定在海关正常工作时间内。但是在一些进出口业务繁忙的口岸，海关也可应进出口货物的收发货人或其代理人的要求，在海关正常工作时间以外安排查验作业。

（3）查验地点。查验地点应当在海关监管区内，在海关发送的“查验通知书”中有说明，一般也就是存货地点。但如果因货物易受温度、静电、粉尘等自然条件影响，不宜在海关监管区内实施查验，或者出于其他特殊原因需要在海关监管区外实施查验的，经货物的

通关无纸化进口查验通知书

[redacted]国际货运代理（北京）有限公司

以下货物业经海关审核，请带好全部报关单证及材料至京朝阳关海关查验部门办理查验及放行手续。

京朝阳关海关审单中心

2020年　10月　26日

01182020100002[redacted]41

预录入编号：01182020100002[redacted]41　　海关编号：01182020100002[redacted]41

进口关别((0202)) 新港海关		备案号	进口日期 20201026		申报日期 20201026
收发货人 [redacted](中国)投资有限公司		运输方式(2) 水路运输	运输工具名称 UN9484302/2039W		提运单号 OOLU26440271、
消费使用单位(91110000717[redacted]3128) [redacted]国)投资有限公司		监管方式 (0110) 一般贸易	征免性质 (101) 一般征税		征税比例
许可证号	启运国(地区)(DOM) 多米尼加		经停港(地区)(DOM000) 多米尼加共和国		境内目的地(11109) 房山
批准文号	成交方式(1) CIF	运费(DOM000)	保费(DOM000)		杂费(11109)
合同协议号 4500071833	件数 60	包装种类 天然木托	毛重（千克） 15096.6000		净重（千克） 11514.7200
集装箱号 TLLU4427682*3(6)	随附单证 检验检疫				生产厂家
序号	商品名称、规格型号	数量及单位	原产国（地区）	单价	币值
1	一次性血液成分分离管路 Amicus Apheresis Ki	14.[redacted]千克	多米尼加(DOM) 目的国:中国		

图 4-19　海关查验通知书样式

收发货人或其代理人申请，海关可派员到海关监管区以外的地方查验货物，但要按规定收取费用。

4. 配合查验

在现场海关发出派单查验的任务后，报关人员应及时联系查验关员（一般有两位关员，计算机系统自动派单），陪同查验关员一起到现场办理查验工作，并做好如下工作：

（1）负责按照海关要求搬移货物，开拆包装，以及重新封装货物。

（2）预先了解和熟悉所申报货物的情况，如实回答查验人员的询问及提供必要的资料。

（3）协助海关提取需要做进一步检验、化验或鉴定的货样，收取海关出具的取样清单。

（4）查验结束后，认真阅读查验人员填写的“海关进出境货物查验记录单”。

（5）查验后向查验关员提供查验堆场提供的新铅封，供关员重新施封。

海关查验方式为彻底查验或抽查，查验方法为人工查验和设备查验。人工查验时，海关可以只查验外形，也可以开箱查验。

海关查验后，如果查验记录准确清楚、对查验结论没有异议的，配合查验的报关人员审阅后应即签名确认。如报关人员不签名的，由海关查验人员在查验记录中予以注明，并由货物监管场所经营人签名证明。

进出口收发货人对海关查验结论有异议时，可提出复验要求，经海关同意后，海关可以对已查验货物进行复验，即第二次查验。此外，海关认为有必要时也可以实施复验。

经海关通知查验，进出口货物收发货人或其代理人届时如果未到场时或进出口货物有违法嫌疑时，海关可以径行开验。

5. 支付海关查验产生的费用

海关查验是会产生一些额外费用的，但这些费用不是海关收取的，而是码头收取的吊柜费、拆柜费等费用，因为有海关查验才有此费用，所以码头一般把这些费用称之为海关查验费，这些查验费应由境内收发货人承担，由报关企业垫付后向收发货人收取。

小贴士

查验后可能转缉私处理的几种情形

1. 重量不符，超过允许误差范围

毛重是报关过程中非常重要的一个数据，有些工厂装箱单中的重量是估算的而没有过磅，也有的工厂在装柜时少装或多装了但却没有及时更改装箱单中的数据，导致申报重量和实际出货重量不一致。当重量正负超过500千克时可能会转缉私科处理。

2. 吊牌问题

有些工厂负责人员不知道牌子在出口过程中的重要性，认为是工厂的厂牌，不是什么名牌，就没有填到装箱单里面。也有时候知道是名牌，但是没有提供中英文两份授权书，一是授权给工厂的生产授权书，一份是工厂授权给报关行的。还有就是因为赶货很忙，将牌子写错或者发错了货物，总而言之就是有牌子的说成没有牌子，没有牌子的说成有牌子。

3. 箱数问题

海关在检查货物的时候，往往不会去数这个柜子有多少件货物，但会根据报关单上的数据时清点箱数。一般情况下申报出口1 000箱，但是实际出口950箱，那基本没有问题；但如果申报950箱，实际装了1 000箱，那就有问题了，因为海关可能认为是在走私。

4. 漏报虚报瞒报

很多工厂一条柜子往往会出几款产品，有可能是杂货，存在很多品名。工厂觉得货物很杂，有时候疏于统计，少写了某一个或几个品名，或装柜的时候有些原本没有计划出口的产品临时加了进去，但没有提供给报关行，导致实际货物和真实货物不一样，这种情况导致转缉私科的最多，海关极有可能觉得是在漏报甚至是虚报、瞒报，这样一来问题也就很严重了。

5. 礼品问题

有时候工厂为了表示感谢或受人委托在柜子里面送一些小礼物给客人，有的是样品，但是没有和报关行打招呼，一旦遇见查柜，尤其送的礼品是品牌产品，那问题就出来了。

（五）其他

在海关接受申报之后、放行货物之前，报关人员可能还需要办理一些其他的海关处置事务，如退补税、许可证件人工核扣、滞报金滞纳金的缴纳或减免等。

五、提取/装运货物

（一）查询海关放行信息

海关现场放行是指海关接受进出口货物的申报，审核电子数据报关单或纸质报关单及随附单证，查验货物，征收税费或接受担保以后，对进出口货物做出结束海关进出境现场监管决定，允许进口货物提离海关监管现场或允许出口货物装运出境的工作环节。企业通过“互联网+海关”办事平台或单一窗口“查询统计”功能查询获知海关放行信息之后，就可以安排提取/装运货物了。

（二）提取/装运货物

报关单位提取/装运货物时向海关监管仓库提交的凭证有两种情况：

（1）在“无纸通关”模式下，海关放行后，进出口货物的收发货人或其代理人从单一窗口系统上自行打印海关通知放行的凭证，即放行通知书（如图 4－20 所示），连同进口货物提货凭证（如提货单）或者出口货物装货凭证（如装货单）一起凭以提取进口货物或将出口货物装运到运输工具上离境。

（2）在“有纸通关”模式下，海关要在进口货物提货凭证（如提货单）或者出口货物装货凭证（如装货单）上签盖海关放行章，进出口货物的收发货人或其代理人凭以提取进口货物或将出口货物装运到运输工具上离境。

通关无纸化进口放行通知书

[redacted]际货运代理（北京）有限公司

你公司以通关无纸化方式向海关发送下列电子报关单数据业经海关审核放行，请携带本通知书及 相关单证至港区办理装货/提货手续。

京朝阳关海关审单中心

2020年 11月 2日

011820201000025[redacted]6

预录入编号：011820201000025[redacted]6　　海关编号：011820201000025[redacted]6

进口关别((0217)) 东疆港区	备案号		进口日期 20201101	申报日期 20201102
收发货人 中关村[redacted]理有限公司	运输方式(2) 水路运输	运输工具名称 UN9783502/012E		提运单号 OOLU2647338230
消费使用单位(91110115MA01QJK76J) 中关村[redacted]理有限公司	监管方式（0110） 一般贸易		征免性质（101） 一般征税	征税比例
许可证号	启运国(地区)(DEU) 德国	经停港(地区)(DEU063) 汉堡（德国）		境内目的地(11133) 中关村国家自主创新示范区（大
批准文号	成交方式(7) EXW	运费(DEU063) USD/1450/3	保费(DEU063) 000/0.15/1	杂费(1133) EUR/1795/3
合同协议号 PushZGC-20200722	件数 10	包装种类 天然木托	毛重（千克） 1832	净重（千克） 1760
集装箱号 TEMU3439672*1(1)	随附单证 检验检疫			生产厂家

<table>
<tr><th>序号</th><th>商品名称、规格型号</th><th>数量及单位</th><th>原产国（地区）</th><th>单价</th><th>币值</th></tr>
<tr><td>1</td><td>一次性塑料制加样针/带滤芯 4|3|用途:用于把</td><td>200箱
971千克</td><td>德国(DEU)
目的国:中国</td><td>)000</td><td>EUR
(欧元)</td></tr>
<tr><td>2</td><td>一次性塑料制加样针/带滤芯 4|3|用途:用于把</td><td>200箱
789千克</td><td>德国(DEU)
目的国:中国</td><td>0000</td><td>EUR
(欧元)</td></tr>
</table>

图 4－20　海关放行通知书样式

（三）进口货物两段准入

根据海关总署公告 2019 年第 160 号，为进一步优化营商环境，促进贸易便利化，提升通关整体效能，海关总署决定对进口货物分段（准予提离和准予销售或使用）实施准入监管，加快口岸验放。

1. 货物准予提离

进口货物属于下列情形之一的，凭海关通知准予提离进境地口岸海关监管区：

（1）无海关检查要求的。检查是指海关在进境环节对进口货物依法实施的检疫、查验或商品检验作业。

（2）仅有海关口岸检查要求且已完成口岸检查的。

（3）仅有海关目的地检查要求的。

（4）既有海关口岸检查又有目的地检查要求，已完成口岸检查，或经进口货物收货人或其代理人申请在进境地口岸合并实施且已完成相关检查的。

2. 货物准予销售或使用

进口货物准予提离后，由企业自行运输和存放，凭海关放行通知准予销售或使用。其中，属于下列情形的，需办结海关相关手续方可放行：

（1）有海关目的地检查要求的，海关已完成检查。

（2）属于监管证件管理的，海关已核销相关监管证件。

（3）需进行合格评定的，海关已完成合格评定程序。

任务三　放行后作业

根据“一次申报、分步处置”的通关流程，海关对企业申报的价格、归类、原产地等税收征管要素的抽查审核主要在货物放行后进行。企业应配合海关办理相关手续或自行处理相关事务。常见的工作事务如图4-21所示。

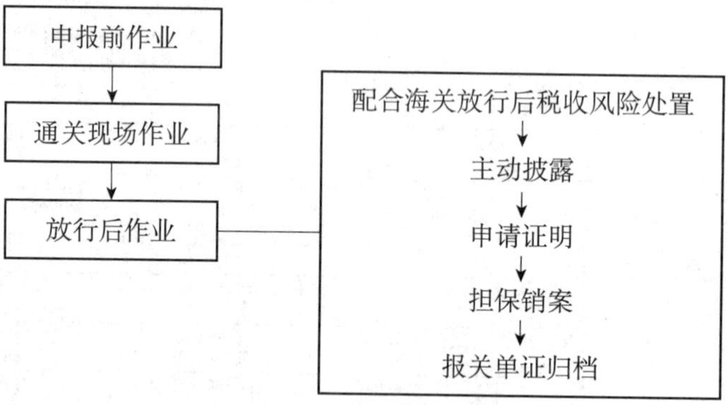

图4-21　放行后作业工作内容

一、配合海关放行后税收风险处置

报关单被海关系统接受后，被一般税收风险参数命中的报关单，通关管理系统设置放行后批量审核标志，放行后分流至税收征管中心专家岗研判处置。货物放行后，税收征管中心专家岗根据系统风险提示和甄别结果，结合企业信用情况，对系统分派的报关单数据实施放行后批量审核，根据不同情况设置不同处置措施，进出口收发货人应当配合海关做好相关工作。

（一）放行后报关单修撤、退补税

对确定存在涉税要素申报差错的，税收征管中心下达报关单修撤、退补税指令，现场综合业务岗办理有关手续。进出口收发货人应当根据海关要求办理报关单修撤、退补税手续。

（二）配合海关事后验估

对需要通过收集并验核有关单证资料、样品，开展质疑、磋商等方式确定税收征管要素的，海关税收征管中心下达验估指令，现场验估岗按照指令要求进行处置，并反馈结果。海关一般会联系企业事后验估，企业应配合海关完成相关手续。企业也可在单一窗口进入“货物申报”界面后，点击“数据查询/统计”，再点击“待办事项查询”，即可看到放行后验估指令的通知信息。

（三）配合海关实地稽（核）查

对风险存疑，需要对与进出口货物直接有关的企业的账簿、单证等有关资料和有关进出口货物进行核查的，税收征管中心下达稽（核）查指令，稽查部门按照指令要求开展稽（核）查作业，并反馈处置结果。

1. 海关稽查

海关稽查是指海关自进出口货物放行之日起 3 年内或者在保税货物、减免税进口货物的海关监管期限内及其后的 3 年内，对与进出口货物直接有关的企业、单位的会计账簿、会计凭证、报关单证以及其他有关资料和有关进出口货物进行核查，监督其进出口活动的真实性和合法性。

海关稽查的执法依据是《中华人民共和国海关稽查条例》。除验证稽查外，海关稽查的目的一般是打击偷逃税和其他违法犯罪行为，对涉嫌违法的保税企业进行全面、彻底的检查，以震慑犯罪，促进保税企业守法自律，维护海关征管秩序，属于后续管理和执法性检查双重范畴。

《中华人民共和国海关稽查条例》

海关应当按照海关监管的要求，根据与进出口货物直接有关的企业、单位的进出口信用状况和风险状况以及进出口货物的具体情况，确定海关稽查重点。

海关认为在涉及安全准入或税收征管或检验检疫方面存在风险的，海关稽查部门会联系企业实施稽查作业，企业应当配合海关稽查工作，并提供必要的工作条件。

2. 海关核查

海关核查是指海关依法对监管期限内的保税加工货物、保税物流货物进行验证核查，检查监督保税加工企业、保税物流企业和海关特殊监管区域、保税监管场所内保税业务经营行为真实性、合法性的行为。

海关核查的执法依据是《中华人民共和国保税核查办法》。海关核查是出于保税管理上的需要对保税企业的某一税种、某一纳税事项或某一时点的情况进行检查和审核，属于管理性检查。

二、主动披露

货物放行后进出口货物收发货人自行发现存在差错或其他涉税违规行为的，需填制“主动披露报告表”，并随附账簿、单证等材料，向原税款征收地海关或企业所在地海关报告。

进出口货物收发货人在涉税违规行为发生之日起三个月内向海关主动披露涉税违规行

为并主动消除危害后果的，海关不予行政处罚；在涉税违规行为发生之日起三个月后向海关主动披露，漏缴、少缴税款占应缴纳税款比例10%以下，或者漏缴、少缴税款在50万元以下，且主动消除危害后果的，海关也不予行政处罚。主动披露且被海关处以警告或者50万元以下罚款行政处罚的行为，不列入海关认定企业信用状况的记录。

三、申请证明

在进出口货物结关以后，报关单位视情况需要可以向海关申请签发有关的海关证明。

（一）打印报关单证明联

2015年5月1日（含）以后出口的货物，海关不再签发纸质出口货物报关单证明联（出口退税专用），并同时停止向国家税务总局传输出口货物报关单证明联（出口退税专用）相关电子数据，改由海关总署向国家税务总局传输出口报关单结关信息电子数据。

自2019年6月1日起，海关、国家外汇管理局全面取消报关单收、付汇证明联和办理加工贸易核销的海关核销联。企业办理出口退税、货物贸易外汇收付和加工贸易核销业务时，按规定须提交纸质报关单的，可通过中国电子口岸自行以普通A4纸打印报关单并加盖企业公章。

（二）申请货物进口证明书

1. 汽车、摩托车

进口汽车、摩托车的，在海关接受进口汽车、摩托车整车的报关单电子数据申报后，收货人或其代理人使用报关单预录入系统补传数据功能在线提出申请并向海关补传汽车、摩托车具体数据。主管海关办结进口汽车、摩托车验放手续后确认补传数据正常的，且属于允许签发“货物进口证明书（汽车、摩托车）”范围的，签发“货物进口证明书（汽车、摩托车）”，并交付收货人或其代理人。

进口货物收货人凭“货物进口证明书（汽车、摩托车）”向国家交通管理部门办理汽车、摩托车的牌照申领手续。进口汽车、摩托车整车证明书实行“一车一证”管理，即一辆汽车或摩托车仅签发一份证明书，证面签注内容获取自进口货物报关单和收货人向海关提交的补充数据；其他进口货物证明书实行“一批一证”管理，即一份进口报关单仅签发一份证明书。

2. 其他货物

其他货物办结验放手续后，收货人或其代理人向主管海关提出证明书签发申请，主管海关确认货物已放行，且属于允许签发“货物进口证明书”范围的，签发“货物进口证明书”，并交付收货人或其代理人。

四、担保销案

保证金/保证函的销案是指担保人在担保期内履行了事先承诺的义务，凭有关证明向海关要求退还已缴纳的保证金或注销已提交的保证函，以终止所承担义务的海关手续。

担保人向业务现场提出保证金销案申请，应填写“退转保金保函申请书”，并随附足以证明已完成担保事项的书面单证、材料，现场海关审核后进行相应的销案操作。

五、报关单证归档

（一）企业存储报关单证范围

企业存储报关单证是指进出口货物收发货人或其代理人在通关过程中及结关后，无须向海关递交并由企业保管的报关单及随附单证。

应列入企业保管的报关单及随附单证范围如下：

（1）进出口报关单和进出境备案清单。

（2）《中华人民共和国海关进出口货物申报管理规定》（海关总署令第103号）第二十七条明确的单证，包括：合同、发票、装箱清单、载货清单（舱单）、提（运）单、报关委托书/委托报关协议、进出口许可证件、电子或纸质“加工贸易手册”等随附单证。

（3）其他应随报关单归档的单证。

（二）管理要求

（1）企业应建立报关单证档案管理制度，指定专人负责报关单证档案管理工作，对理单、归档、调阅、移交、销毁等环节实施有效管理。

（2）海关在报关单结关后向存单企业发送待理单信息（顺势留存除外），企业应在5个工作日内完成理单归档，并及时将理单归档信息反馈海关；企业对电子报关单证理单时，应按海关认可的方式进行加签处理。

（3）涉及报关单证移交海关保管的，企业应于接到交单通知后2个工作日内到现场海关办理报关单证移交手续，企业应留存电子报关单证备份或纸质报关单证复印件，并在系统内或纸质档案上备注说明。

（4）如企业保管的报关单与海关保管的报关单不一致，应以海关保管的为准。

（5）存单企业所存的报关单证档案保存期为5年。

（6）存单企业应接受海关的指导和培训，积极配合海关开展报关单证档案安全检查，及时整改安全隐患。存单企业不具备存单条件时，应及时移交注册地海关保管。

（7）存单企业如有遗失、伪造、变造单证档案或未经海关批准擅自对外调阅、复印、贩卖单证档案信息等行为，影响海关监管和报关单证档案管理安全的，海关应责令其限期整改；情节严重的不再享受企业存单和通关无纸化便利；构成犯罪的，依法追究刑事责任。

操作示范

一、进口申报

（一）办理报关委托

宁波XYZ进出口有限公司委托宁波YZ报关公司代理报关的“代理报关委托书和委托报关协议”如表4-8所示。

表 4-8 代理报关委托书和委托报关协议

代理报关委托书

编号：312012××××××××

宁波 YZ 报关公司＿＿＿＿＿：

我单位现　A　（A 逐票、B 长期）委托贵公司代理　ABD　等通关事宜。（A 填单申报、B 申请、联系和配合实施检验检疫、C 辅助查验、D 代缴税款、E 设立手册（账册）、F 核销手册（账册）、G 领取海关相关单证、H 其他 ）详见《委托报关协议》。

我单位保证遵守海关有关法律、法规、规章，保证所提供的情况真实、完整、单货相符，无侵犯他人知识产权的行为。否则，愿承担相关法律责任。

本委托书有效期自签字之日起至×年×月×日止。

委托方（盖章）：

宁波 XYZ 进出口有限公司

法定代表人或其授权签署“代理报关委托书”的人（签字）

2020 年×月×日

委托报关协议

为明确委托报关具体事项和各自责任，双方经平等协商签订协议如下：

委托方	宁波 XYZ 进出口有限公司	被委托方	宁波 YZ 报关公司	
主要货物名称	除草剂	*报关单编码	No.	
HS 编码	2909309015	收到单证日期	2020 年×月×日	
进/出口日期	2020 年 10 月 22 日	收到单证情况	合同☑	发票☑
提（运）单号	SLN123456		装箱清单☑	提（运）单☑
贸易方式	一般贸易		加工贸易手册□	许可证件□
数（重量）	9 984 升		其他：农药进出口登记管理放行通知单一份，中国-东盟自贸区原产地证书一份。	
包装情况	48 木托			
原产地/货源地	印度尼西亚			
		报关收费	人民币：　　元	
其他要求：		承诺说明：		
背面所列通用条款是本协议不可分割的一部分，对本协议的签署构成了对背面通用条款的同意。		背面所列通用条款是本协议不可分割的一部分，对本协议的签署构成了对背面通用条款的同意。		
委托方业务签章： 经办人签字：××× 联系电话：0574-3456×××× 2020 年×月×日		被委托方业务签章： 报关人员签字：××× 联系电话：0574-3487×××× 2020 年×月×日		

（二）明确申报地点和申报期限

由于装载该商品的运输工具将于 2020 年 10 月 22 日（星期四）申报进境，卸货港为宁波北仑港，宁波 YZ 报关公司决定向宁波海关进行申报，并明确申报截止期限为 11 月 5 日。

（三）确定申报所需材料

由于进口商品是农药产品，宁波 YZ 报关公司需要查询商品的监管条件，以确定该商品是否需要进口批件。宁波 YZ 报关公司最终确认“乙氧氟草醚”的监管条件为“S”，这个监管条件代码的意思是要求申报时收发货人或其代理人需要提交“进出口农药登记证明”。因此，宁波 YZ 报关公司在确认宁波 XYZ 进出口有限公司已办理进口农药登记手续并获得了编号为 JK2012003128 的“进出口农药登记证明”后，着手办理进口申报手续。

（四）填制报关单并进行电子数据申报

根据宁波 XYZ 进出口有限公司提供的资料，宁波 YZ 报关公司需要逐一核实进口报关单各栏内容。填写好的进口报关单内容如表 4-9 所示。

报关单的内容确定后，宁波 YZ 报关公司于 10 月 23 日将报关单电子数据包括随附单证录入计算机，进行电子数据申报，并得到了宁波海关计算机系统的接受。

二、缴纳税款

经查询得知乙氧氟草醚的最惠国税率为 5.5%，东盟协定税率为 0，增值税率为 13%，没有消费税。海关进口时美元汇率为 1 美元＝6.756 8 人民币元。

由于收货人提供的材料包括中国-东盟自贸协定原产地证书且进行了有效的原产地申报，该批货物进口时应当按“从低适用税率”的原则计算税费，因而进口关税税率为 0。

税费的核算过程如下：

进口完税价格＝122 803.20×6.756 8＝829 756.66（元）

应征进口关税税额＝进口完税价格×进口从价税税率＝0

增值税组成计税价格＝进口完税价格＋关税税额＋消费税税额
＝829 756.66（元）

增值税应纳税额＝增值税组成计税价格×增值税税率
＝829 756.66×13%＝107 868.37（元）

公司应纳税款总额＝关税税额＋消费税税额＋增值税税额
＝107 868.37（元）

宁波 YZ 报关公司确认系统显示的税费金额与自己核算的结果一致，完成税费的电子支付。

三、配合查验

在电子申报后，宁波 YZ 报关公司收到了海关签发的“海关查验通知单”。在约好查验地点和时间后，公司派出一名报关员携带相关资料，到口岸海关办理了查验手续，并配合海关进行了查验，如实回答了海关查验关员的询问。查验结束后，报关员认真阅读了查验关员填写的“海关进出境货物查验记录单”，认为查验记录准确清楚，即进行了签名确认。

表 4-9　中华人民共和国海关进口货物报关单

预录入编号：　　　　海关编号：　　　　（宁波海关）　　　　页码/页数：

境内收货人（913302121×××62061A） 宁波 XYZ 进出口有限公司	进境关别（3104） 北仑海关	进口日期 20201022	申报日期	备案号
境外发货人 ABC COMPANY	运输方式（2） 水路运输	运输工具名称及航次号 VICTORY/109E	提运单号 SLN123456	货物存放地点 宁波北仑港海关仓库
消费使用单位（913302121×××62061A） 宁波 XYZ 进出口有限公司	监管方式（0110） 一般贸易	征免性质（101） 一般征税	许可证号	启运港（IDN081） 雅加达（印度尼西亚）
合同协议号 SC1234	贸易国（地区）（IDN） 印度尼西亚	启运国（地区）（IDN） 印度尼西亚	经停港（IDN081） 雅加达（印度尼西亚）	入境口岸（380101） 宁波北仑港港区

包装种类（92/39） 再生木托/铁桶	件数 48	毛重（千克） 11 673.60	净重（千克） 10 641.60	成交方式（1） CIF	运费	保费	杂费

随附单证
随附单证 1：进出口农药登记证明编号：JK2012003128
随附单证 2：合同；发票；进出口农药登记证明；报关委托协议（电子）

标记唛码及备注
XYZ/ PO1234/ NINGBO/ GMID213282　　　　集装箱标箱数及号码：1；COSU5072313

项号	商品编号	商品名称及规格型号	数量及单位	单价/总价/币制	原产国（地区）	最终目的国（地区）	境内目的地	征免
1	2909309015	除草剂 2XL 4 | 3 | 成分 24%乙氧氟草醚 | 用途除草剂 | CAS 号 42874-03-3	10 641.60 千克 9 984 升	11.539 9 122 803.20 美元	印度尼西亚 （IDN）	中国 （CHN）	（33029/330212） 宁波其他/鄞州区	照章征税 （1）

特殊关系确认：否　　　价格影响确认：否　　　支付特许权使用费确认：否　　　自报自缴：否

申报人员 申报单位	申报人员证号	电话	兹申明以上内容承担如实申报、依法纳税之法律责任 申报单位（签章）	海关批注及签章

四、提取货物

宁波 YZ 报关公司在系统中查到海关对该批货物“已放行”后，联系货运代理企业凭海关放行的信息到货物进境地的港区提取了进口货物。之后，宁波 YZ 报关公司还在货物结关之后自行打印了“进口货物报关单（付汇证明联）”等必要的海关证明，并将其通过货代公司交给了宁波 XYZ 进出口有限公司，最终完成了该笔进口货物的报关手续。

问题探究

某外商投资经营企业使用其投资总额内资金进口设备数台。运载该货物的运输工具于 4 月 5 日（星期四）申报进境。收货人于 4 月 18 日向海关申报并被海关计算机系统接受，申报进口的货物名称为“立式数控车床”（商品编码为 8458911090，适用进口关税税率为 5%）。海关审单时对报报货物的编码有疑义，在 4 月 23 日实施查验时发现该批货物应为“立式加工中心”（商品编码为 8457101000，适用进口关税税率为 9.7%）。因此，海关认为该企业“申报不实”，要求该企业修改该批货物的商品编码并重新申报，并对其进行了处罚。

讨论：

（1）按海关审定的商品编码，该批货物的监管条件是什么？收货人进口申报时应提交哪些材料？

（2）收货人进口申报的最迟日期是哪一天？收货人的申报日期是哪天？有无滞报？

（3）对于海关认定的“申报不实”，该企业面临什么样的处罚？如何办理报关单的修改？如果该企业对此认定及相应的处罚不服，可以采用哪些救济渠道？

思考练习

一、不定项选择题

在线自测：项目四

二、实务操作题

河南某公司出口一批毛制男式西服套装到欧洲，委托上海 XX 报关公司办理报关，并将报关资料寄给了上海 XX 报关公司。上海 XX 报关公司负责接单的工作人员认真做了报关资料的登记工作，并检查了报关资料。

请回答下列问题：

1. 在接单、理单环节，检查报关资料是否合格的标准是什么？

2. 理单人员发现收到的报关资料上的装运件数与舱单不一致，应如何处理？

3. 报关人员复核填写好的报关单草单时发现，集装箱规格为一个标准20尺柜，但装箱单表明货物总体积45立方米，那么可能存在的问题是什么？

项目五
保税加工货物报关

保税货物是指经海关批准未办理纳税手续进境，在境内储存、加工、装配后复运出境的货物，分为保税加工货物和保税物流货物两种类型。保税加工既可以在海关特殊监管区域内进行，也可以在海关特殊监管区域外进行；保税物流只能在海关特殊监管区域和保税监管场所内进行。海关对保税货物的监管主要体现在过程监管和手（账）册监管两个方面，这一监管模式在对保税加工货物的监管上体现得更为明显。本教材以海关特殊监管区域外的保税加工货物为例，按工作流程的顺序，介绍保税货物的报关操作。

海关发布的加工贸易监管政策主要有：《中华人民共和国海关加工贸易货物监管办法》（海关总署令第 219 号发布，海关总署令第 235 号修改，海关总署公告 2018 年第 104 号调整）；《加工贸易边角料、剩余料件、残次品、副产品和受灾保税货物的管理办法》（海关总署令第 111 号发布，海关总署令第 235 号修改）；《关于精简和规范作业手续 促进加工贸易便利化的公告》（海关总署公告 2019 年第 218 号）。

海关总署令第 219 号（部分修改）

海关总署公告 2018 年第 104 号

海关总署令第 111 号（部分修改）

海关总署公告 2019 年第 218 号

学习目标

[知识目标]

1. 掌握保税货物的含义、特征及分类。
2. 熟悉海关对保税加工货物的管理和监管模式。
3. 掌握保税加工货物的报关程序及基本规定。

[能力目标]

1. 能办理保税加工货物前期手（账）册的设立。
2. 能办理保税加工货物核注清单申报及料件、成品报关。
3. 能办理保税加工货物后期报核等手续。

项目导入

浙江B机械制造有限公司从马来西亚以加工贸易方式进口柴油发动机，用于组装叉车。在完成生产后，将叉车成品出口到意大利，同时将其中的2台发动机内销至国内市场。

工作任务：

（1）申请电子化手册。

（2）保税料件进口报关。

（3）配合海关进行中期核查。

（4）成品出口报关。

（5）进口料件转为内销的进口报关。

（6）保税加工业务报核。

以合同为单元进行管理的电子化手册和以企业为单元管理的电子账册是海关对保税加工货物最主要的两种监管模式，二者在进出口数量控制、核销周期、余料结转等方面存在差异，其他方面的海关监管制度大体相同。中小型企业一般申请电子化手册开展保税加工业务，大中型企业多申请电子账册来开展保税加工业务。

保税加工货物报关程序包括手（账）册设立、料件进口报关、中期关务管理、成品出口报关、手（账）册核销五个阶段，如图5-1所示。

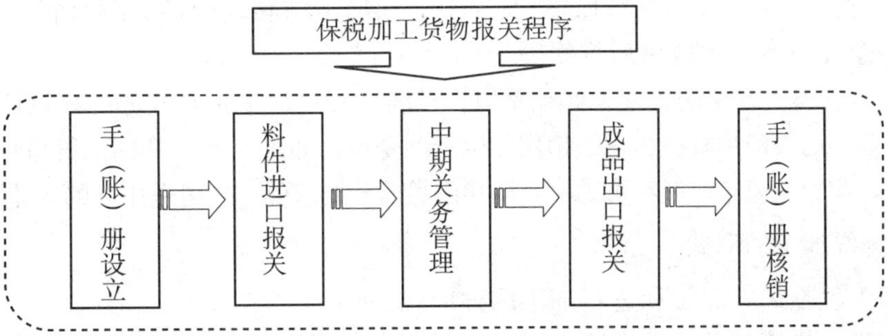

图5-1　保税加工货物报关程序

任务一　手（账）册设立

保税加工货物电子手（账）册设立的工作内容包括加工贸易经营企业自主申报生产能力信息、联网监管申请、建立商品资料、办理担保、建立电子手（账）册等步骤，如图5-2所示。

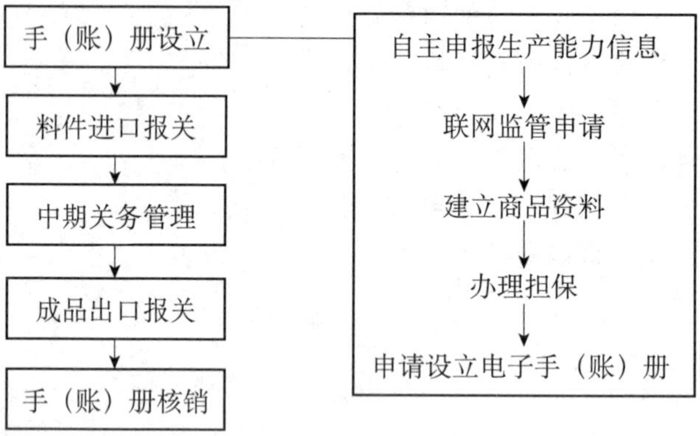

图5-2　保税加工货物电子手（账）册设立的工作流程

一、自主申报生产能力信息

（一）加工贸易企业的类型

1. 加工贸易企业的类型

加工贸易企业包括经海关注册登记的经营企业和加工企业。

经营企业是指负责对外签订加工贸易进出口合同的各类进出口企业和外商投资企业，以及经批准获得来料加工经营许可的对外加工装配服务公司。

加工企业是指接受经营企业委托，负责对进口料件进行加工或者装配，并且具有法人资格的生产企业，以及由经营企业设立的虽不具有法人资格，但是实行相对独立核算并已经办理工商营业证（执照）的工厂。

经营企业应当向加工企业所在地主管海关办理加工贸易货物的手册或账册设立手续。

2. 新监管模式适用的加工贸易企业类型

根据海关总署公告2018年第59号，海关总署决定2018年6月21日起全面推广实施"以企业为单元加工贸易监管模式"（以下简称新监管模式）改革。新监管模式的业务范围包括：账册设立（变更）、进出口、外发加工、深加工结转、内销、剩余料件结转、报核和核销、本企业或本集团的售后维修等。

实施新监管模式改革的企业，必须是以自己名义开展加工贸易业务的高级认证、一般认证生产型企业。海关信用等级为一般信用的生产型企业，如果企业内部加工贸易货物流和数据流透明清晰，逻辑链完整，耗料可追溯，满足海关监管要求的，也可适用新的新监管模式。

（二）保税加工的形式

保税加工包括来料加工和进料加工两种形式。

来料加工是指境外厂商提供原材料，委托境内工厂加工，产品由外方销售，我方收取工缴费。进料加工是指境内企业付汇从境外购买原材料，完成加工，成品销往境外。

来料加工和进料加工的相同点是“两头在外”，即原料来自国外，成品又销往国外。二者的区别如表 5－1 所示。

表 5－1　来料加工和进料加工的区别

加工形式	原料	货物的所有权	成品的去向
来料加工	境外厂商提供，不需要通过外汇购买	原料运进和成品运出属于同一笔交易，原料供应者即成品接受者	返给境外厂商（原料提供者）。境内企业不承担销售风险，不负盈亏，只收取加工费
进料加工	由我方支付外汇从国外购买	原料进口和成品出口是两笔不同的交易，均发生了所有权的转移	返销境外。境内企业赚取从原料到成品的附加价值，要自筹资金、自寻销路、自担风险、自负盈亏

（三）自主申报生产能力信息

根据商务部、海关总署 2018 年第 109 号公告，自 2019 年 1 月 1 日起，企业从事加工贸易业务不再申领“生产能力证明”，商务主管部门不再为加工贸易企业出具“生产能力证明”。企业开展加工贸易业务，须登录“加工贸易企业经营状况及生产能力信息系统”(https://ecomp.mofcom.gov.cn)，自主填报“加工贸易企业经营状况及生产能力信息表”（如表 5－2 所示），并对信息真实性做出承诺。企业做出不实承诺的，将被记入企业诚信记录，并依法采取降低海关信用等级等措施。

表 5－2　加工贸易企业经营状况及生产能力信息表

企业类型：○ 经营企业　　○ 经营加工企业　　○ 加工企业

<table>
<tr><td colspan="3">企业基本信息</td></tr>
<tr><td colspan="3">企业名称：</td></tr>
<tr><td colspan="3">统一社会信用代码：</td></tr>
<tr><td>海关注册编码：</td><td colspan="2">外汇登记号：</td></tr>
<tr><td>法人代表：</td><td>联系电话：</td><td>传真：</td></tr>
<tr><td>业务负责人：</td><td>职务：</td><td>手机：</td></tr>
<tr><td>业务联系人：</td><td>职务：</td><td>手机：</td></tr>
<tr><td colspan="2">企业地址：</td><td>邮政编码：</td></tr>
<tr><td colspan="3">企业性质：　☐ 国有企业　☐ 外商投资企业　☐ 其他企业</td></tr>
<tr><td colspan="3">海关认定信用状况：　☐ 高级认证企业　☐ 一般认证企业　☐ 一般信用企业　☐ 失信企业</td></tr>
<tr><td colspan="3">行业分类：</td></tr>
<tr><td colspan="3">进口料件：详情见附表
料件代码：　料件名称：　数量：　金额：　（美元）</td></tr>
<tr><td colspan="3">出口成品：详情见附表
成品代码：　成品名称：　数量：　金额：　（美元）</td></tr>
<tr><td colspan="3">人员信息</td></tr>
<tr><td>企业就业人数：</td><td colspan="2">其中从事加工贸易业务的人数：</td></tr>
<tr><td colspan="3">资产情况</td></tr>
</table>

续前表

<table>
<tr><td rowspan="2">外商投资企业填写（万美元）</td><td rowspan="2">注册资本：</td><td colspan="2">累计实际投资总额/资产总额：</td><td rowspan="2">外商本年度拟投资额：

外商下年度拟投资额：

直接投资主体是否世界500强企业：
□ 是　　□ 否</td></tr>
<tr><td>实际投资来源地：（按投资额度或控股顺序填写前五位国别/地区及累计金额）
1.
2.
3.</td><td>累计实际投资额（截至填表时）：

1.
2.
3.</td></tr>
<tr><td>内资企业填写（万元人民币）</td><td>注册资本：</td><td>资产总额（截至填表时）：</td><td>净资产额（截至填表时）：</td><td>本年度拟投资额：

下年度拟投资额：</td></tr>
</table>

<table>
<tr><td colspan="6">企业上年度经营情况</td></tr>
<tr><td colspan="3">总产值（万元人民币）：</td><td colspan="3">利润总额（万元人民币）：</td></tr>
<tr><td colspan="3">纳税总额（万元人民币）：</td><td colspan="3">工资总额（万元人民币）：</td></tr>
<tr><td colspan="6"></td></tr>
<tr><td colspan="6">本企业采购国产料件额（万元人民币）：（不含深加工结转料件和出口后复进口的国产料件，单位万元）</td></tr>
<tr><td colspan="2">加工贸易出口额占企业销售收入总额比例（%）：</td><td colspan="2">加工贸易转内销额（万美元）：</td><td colspan="2">内销征税额（万元人民币，含利息）：</td></tr>
<tr><td colspan="2">深加工结转总额（万美元）：</td><td colspan="2">转出额（万美元）：</td><td colspan="2">转进额（万美元）：</td></tr>
<tr><td colspan="3">国内上游配套企业家数：</td><td colspan="3">国内下游用户企业家数：</td></tr>
<tr><td colspan="6">企业生产能力</td></tr>
<tr><td colspan="2">厂房面积：（平方米）
□ 自有　□租用</td><td colspan="4">年生产能力：详情见附表
产品名称：　　产品代码：　　单位：　　数量：</td></tr>
<tr><td colspan="6">累计生产设备投资额（万美元）：（截至填表时）</td></tr>
<tr><td colspan="6">累计加工贸易进口不作价设备额（万美元）：（截至填表时）</td></tr>
<tr><td colspan="6">主要生产设备名称及数量：</td></tr>
</table>

序号	设备名称	单位	数量	是否租赁

<table>
<tr><td colspan="2">备注：</td></tr>
<tr><td>录入人员：</td><td>录入日期：</td></tr>
<tr><td colspan="2">企业承诺：
以上情况真实无讹并承担法律责任。</td></tr>
</table>

说明：1. 开展加工贸易业务的企业需登录 https://ecomp.mofcom.gov.cn 填报。

2. 有关数据如无特殊说明均填写上年度数据。

3. 如无特别说明，金额最小单位为“万美元”和“万元人民币”。

4. 涉及数值、年月均填写阿拉伯数字。

5. 进口料件和出口商品指企业从事加工贸易业务所涉及的全部进口料件和出口商品；数量和金额指企业当年加工能力最大值。

6. 进出口额、深加工结转额以海关统计或实际发生额为准。

7. 此信息表有效期自填报（更新）之日起一年。

二、联网监管申请

海关对加工贸易企业实施联网监管，是指加工贸易企业通过数据交换平台或者其他计算机网络方式向海关报送能满足海关监管要求的物流、生产经营等数据，海关对数据进行核对、核算，并结合实物进行核查的一种加工贸易海关监管方式。加工贸易企业向所在地直属海关提出书面联网监管申请，主管海关在接到申请后，经审核符合联网监管条件的，主管海关制发“海关实施加工贸易联网监管通知书”。

三、建立商品资料

根据海关总署公告2019年第218号（关于精简和规范作业手续 促进加工贸易便利化的公告），企业通过金关二期加贸管理系统办理加工贸易手册设立（变更）时，不再向海关申报设立备案资料库，直接发送手（账）册设立（变更）数据，海关按规定对企业申报的手册设立（变更）数据进行审核并反馈。但作为企业内部管理的需要，加工贸易企业需要建立好相关的商品资料。

（一）建立出口成品信息

加工贸易企业根据以往加工贸易的数据资料，结合自己的生产经营计划，编制出口成品信息表，如表5-3所示。

表5-3 出口成品信息表

成品名称	成品料号	HS编码	申报计量单位	法定计量单位	单价	币制	数量	总价	消费国

（二）建立进口料件信息

根据计划出口的成品信息，结合生产工艺，编制进口料件信息表，如表5-4所示。

表5-4 进口料件信息表

料件名称	料件料号	HS编码	申报计量单位	法定计量单位	单价	币制	数量	总价	原产国

（三）建立物料清单信息

物料清单（Bill of Material，BOM）是以数据格式来描述产品结构的文件，表明成品和料件的构成关系，是计算机可以识别的产品结构数据文件，它是联系与沟通企业各项业务的纽带。BOM表的样式如表5－5所示。

表5－5　BOM表样式

<table>
<tr><td colspan="12">XX公司　BOM表</td></tr>
<tr><td colspan="4">项目名称：</td><td colspan="2">成品料号：</td><td colspan="2">版本：</td><td colspan="2">客户：</td><td colspan="2">制作日期：</td></tr>
<tr><td colspan="3">阶数</td><td>料件料号</td><td>料件名称</td><td>类型</td><td>版本</td><td>材质</td><td>表面处理</td><td>单位</td><td>使用量</td><td>备注</td></tr>
<tr><td></td><td></td><td></td><td></td><td></td><td></td><td></td><td></td><td></td><td></td><td></td><td></td></tr>
<tr><td></td><td></td><td></td><td></td><td></td><td></td><td></td><td></td><td></td><td></td><td></td><td></td></tr>
<tr><td></td><td></td><td></td><td></td><td></td><td></td><td></td><td></td><td></td><td></td><td></td><td></td></tr>
<tr><td></td><td></td><td></td><td></td><td></td><td></td><td></td><td></td><td></td><td></td><td></td><td></td></tr>
<tr><td></td><td></td><td></td><td></td><td></td><td></td><td></td><td></td><td></td><td></td><td></td><td></td></tr>
</table>

（四）建立商品归并关系

企业通过金关二期加贸管理系统办理加工贸易账册设立（变更）时，不再向海关申报归并关系，由企业根据自身管理实际，在满足海关规范申报和有关监管要求的前提下，自主向海关申报有关商品信息。企业内部管理商品与电子底账之间不是一一对应的，归并关系由企业自行留存备查。

1. 商品归并的含义

商品归并关系，是指海关与联网企业根据监管的需要，按照中文品名、HS编码、价格、贸易管制等条件，将联网企业内部管理的“料号级”商品与电子手（账）册备案的“项号级”商品归并或拆分，建立“一对多”或“多对一”的对应关系。每个联网监管企业需要建立一份“企业物料表”及归并关系数据。商品归并的主要目的是便利企业通关，减少商品项的数量。

2. 商品归并的条件

同时满足以下条件的商品，才可归入同一个联网监管商品项号（海关另有规定的除外）：

（1）10位HS编码相同的。

（2）商品名称相同的。

（3）申报计量单位相同的。

（4）规格型号虽不同但单价相差不大的。

小案例

如何建立商品归并关系

某加工贸易企业向海关申请联网监管，企业部分归并前的料号级料件如下表所示。企业如何进行料件归并？

序号	品名	规格	商品编码	料号	单位
1	显示屏盖上	10×20	8529908900	6104463R01	个
2	显示屏盖下	10×20	8529908900	6104463R02	个
3	垫片	φ26	4016931000	0587986K01	个
4	电阻	0.25Ω	8533290000	0609591M49	个
5	电阻	0.6Ω	8533290000	0609591M49	千个

续前表

6	电阻	1.2Ω	8533290000	0609591M49	千个
7	电阻	2.8Ω	8533290000	0609591M49	千个
8	电阻	3.0Ω	8533290000	0609591M49	千个

分析：根据归并原则，将企业的料件进行如下归并：

归并前						归并后
序号	品名	规格	商品编码	料号	单位	对应序号
1	显示屏盖上	10×20	8529908900	6104463R01	个	1
2	显示屏盖下	10×20	8529908900	6104463R02	个	1
3	垫片	φ26	4016931000	0587986K01	个	2
4	电阻	0.25Ω	8533290000	0609591M49	个	3
5	电阻	0.3Ω	8533290000	0609591M49	千个	4
6	电阻	1.2Ω	8533290000	0609591M49	千个	4
7	电阻	2.8Ω	8533290000	0609591M49	千个	4
8	电阻	3.0Ω	8533290000	0609591M49	千个	4

归并后：

序号	品名	规格	商品编码	单位
1	显示屏盖	10×20	8529908900	个
2	垫片	φ26	4016931000	个
3	电阻	0.25Ω	8533290000	个
4	电阻	0.3Ω～3.0Ω	8533290000	千个

归并后，企业的申报品名级商品缩减为 4 个，可以简化企业的通关手续。

四、办理担保

加工贸易项下的料件进境时未办理纳税手续，适用海关事务担保（2017 年 8 月 1 日起在全国范围内取消加工贸易银行保证金台账制度）。

（一）担保金额

可以进行加工贸易的商品分为允许类和限制类两种类别。根据商务部、海关总署联合公告 2015 年第 63 号，加工贸易限制类商品目录共计 451 项商品编码（根据 2015 年海关商品编码制定，部分限制商品如表 5－6 所示）。

表 5－6　部分加工贸易限制商品

序号	海关商品编码	商品名称	限制方式	管理方式
1	3901902000	线型低密度聚乙烯	出口	
93	8003000000	锡及锡合金条、杆、型材、丝	出口	
96	0207120000	冻的整只鸡	进口	实转
99	1507100000	初榨的豆油	进口	实转
343	5212210029	未漂白其他混纺棉布	进口	
412	7212300000	其他镀或涂锌的铁窄板材	进口	实转

1. 无须担保的情况

（1）加工贸易的商品属于允许类商品、不实行“实转”的限制类商品。

（2）经营企业及其加工企业同时属于中西部地区①。

（3）加工贸易企业为高级认证企业或一般认证企业。

2. 需要提供担保的情况

（1）对管理方式为“实转”的商品编码，东部地区一般信用企业缴纳保税进口料件应缴进口关税和进口环节增值税之和50%的保证金。

（2）失信企业开展限制类商品加工贸易业务均须缴纳100%保证金。

（二）担保形式

企业办理担保业务可采用保证金或保函等形式。对于同一笔业务应采用同一种形式提供担保。以保函形式办理担保业务时，企业应向海关提交银行或者非银行金融机构的保函正本。以保证金形式办理担保业务时，企业应按海关开具的“海关交（付）款通知书”，以人民币缴纳保证金，将应征保证金款项交至海关指定的代保管款账户。

电子化手册模式下，手册核销结案后，企业可向海关办理担保退还手续。

五、申请设立电子手（账）册

企业可通过单一窗口“加工贸易手册”或“加工贸易账册”功能模块向海关申请企业资质和电子手（账）册。

（一）企业资质申请

申请电子账册的企业需要先办理“企业资质申请”，操作界面如图5-3所示。

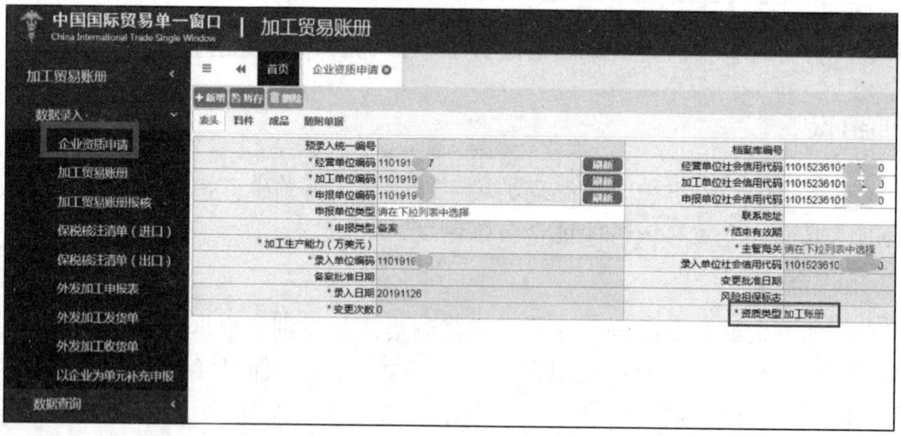

图5-3　单一窗口加工贸易账册企业资质申请操作界面

企业资质相当于原来的经营范围账册。申请企业资质时，需要填报以下信息：

1. 表头

表头内容包括：企业内部编号；经营单位名称及代码；加工单位名称及代码；申报单位

---

① 东部地区包括北京市、天津市、上海市、辽宁省、河北省、山东省、江苏省、浙江省、福建省、广东省。中西部地区是指除东部地区以外的其他地区。

名称及代码；申报单位类型（报关公司或加工企业）；结束有效期（按企业营业执照上的有效期）；加工生产能力等；资质类型（普通的电子账册或以企业为单元的电子账册）等。

2. 料件、成品表体

料件、成品表体包括商品编码（前 4 位）、商品名称。

3. 随附单据

上传海关要求的单据。

海关审核通过企业资质申请后，会在海关端生成“联网企业档案库”，产生 12 位编号，编号规则为：IE+4 位关区代码+2 位年份+4 位顺序号，如 IE5150180001。

（二）电子手（账）册申请

单一窗口的电子账册申请操作界面如图 5－4 所示，电子化手册录入界面与账册类似。

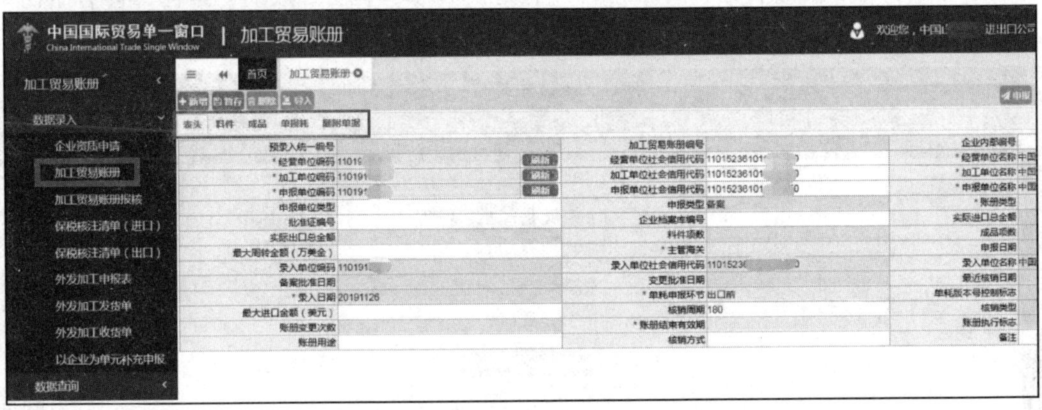

图 5－4　单一窗口加工贸易电子账册申请操作界面

电子手（账）册申请需要填报以下信息：

1. 表头

电子账册的表头内容包括：企业档案库编号；账册类型（E 账册、H 账册、耗料账册、工单账册、以企业为单元 E 账册）；单耗申报环节（成品出口前、报核前）；核销周期（申请普通 E 账册时有此项，不超过 1 年）或核销日期（申请以企业为单元 E 账册时有此项，不超过 1 年）；账册结束有效期（申请普通 E 账册时有此项，按营业执照）；最大周转金额（申请普通 E 账册时有此项）或最大进口金额（申请以企业为单元 E 账册时有此项）；核销类型（单耗核销）等。

电子化手册的表头内容包括：主管海关；手册类型（B 来料加工、C 进料加工、D 不作价设备）；经营单位编码及名称；加工单位编码及名称；申报单位编码及名称；加工企业地区代码；申报企业类型；监管方式；征免性质；进口合同号；出口合同号；有效期（按合同有效期申报，一般最长不超过一年），加工种类（如服装、家用电器等）；进口币制；出口币制；单耗申报环节（出口前、报核前）；加工生产能力等。

2. 料件、成品表体

表头保存之后可录入或导入表体内容，包括料件和成品的信息。金二系统全面支持料号级商品管理，因此企业直接录入料号级的商品名称和 8 位或 10 位商品编码。

3. 单损耗

单损耗，简称单耗，是指加工贸易企业在正常加工条件下加工单位成品所耗用的料件量，单耗包括净耗和工艺损耗。净耗是指在加工后料件通过物理变化或者化学反应存在或者转化到单位成品中的量。工艺损耗是指因加工工艺，料件在正常加工过程中除净耗外所必需耗用，但不能存在或者转化到成品中的量，包括有形损耗和无形损耗。工艺损耗率是指工艺损耗占所耗用料件的百分比。

上述几个概念之间的关系可用公式表示如下：

单耗＝净耗＋工艺损耗

单耗＝净耗/（1－工艺损耗率）

加工贸易单耗申报是指加工贸易企业在货物出口前或报核前向海关如实申报加工贸易单耗的行为。在申请电子手（账）册时需要录入单耗信息但暂不申报。

单一窗口加工贸易单损耗录入界面如图 5－5 所示。单耗录入的具体内容包括：料件和成品的序号、料号、商品名称、商品编码、单耗版本号、单耗有效期、净耗、有形损耗率、无形损耗率、单耗申报状态（分为未申报、已申报、已确定三种情况）、保税料件比例等。

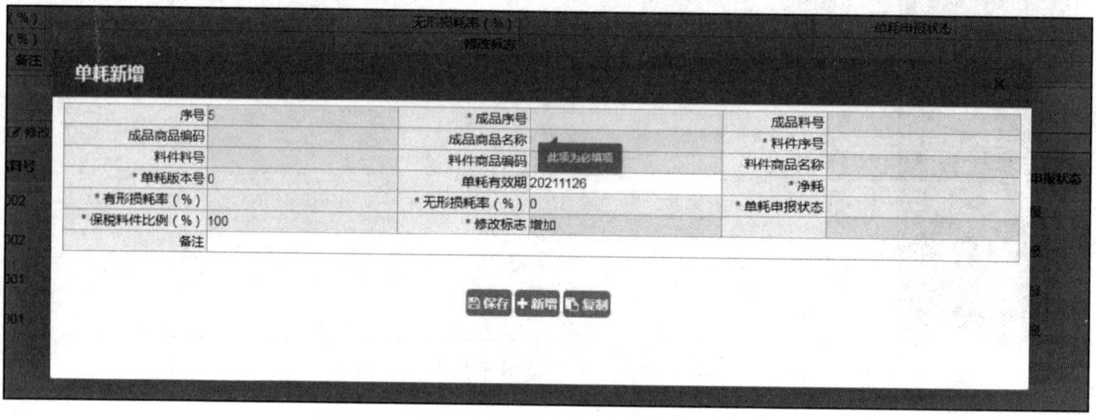

图 5－5　单一窗口加工贸易单损耗录入界面

4. 随附单据

上传海关要求的单据。申请电子化手册需要上传合同，一个加工贸易合同对应一个手册。

（三）电子手（账）册设立

企业的电子手（账）册申请获海关通过后，会生成 12 位编号。以企业为单元的电子账册编号规则为：E＋4 位关区代码＋核销类型代码＋0＋5 位顺序号，如 E5150B0A0001，核销类型（单耗核销、工单核销、耗料核销）为单耗核销时代码为 B。普通电子账册或电子化手册的编号规则为：E 或 B 或 C 或 D＋4 位关区代码＋2 位年份＋5 位顺序号，如 E515018A0001 或 C515020A0009 等，编号首位字母 E 表示电子账册，B 表示来料加工电子化手册，C 表示进料加工电子化手册，D 表示不作价设备电子化手册。

海关根据企业加工能力设定电子账册的最大周转金额/最大进口额，并对部分高风险或需要重点监管的料件设定最大周转数量。电子账册进口料件的金额、数量，加上电子账册剩余料件的金额、数量，不得超过最大周转金额/最大进口额和最大周转数量。

每一个企业一般只能申请建立一份电子账册，但是如果企业设有无法人资格独立核算的分厂，料件、成品单独管理的，经海关批准，可另建立电子账册。

企业提交齐全、有效的单证材料申报设立账册的，海关应当在规定时间内完成设立手续。需要办理税款担保手续的，经营企业按照规定提供担保后，海关办理账册设立手续。

加工贸易电子账册设立内容发生变更的，经营企业应当在账册有效期内办理变更手续。

任务二　料件进口报关

经营企业进口加工贸易货物，既可以从境外或者海关特殊监管区域、保税监管场所进口，也可以通过深加工结转方式转入。保税加工料件进口报关的工作流程如图 5-6 所示。

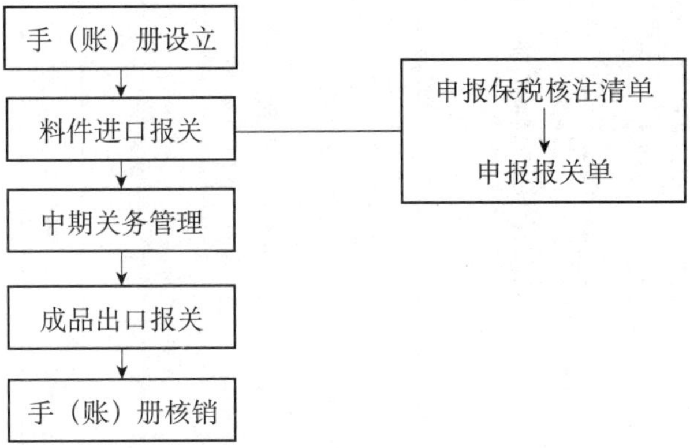

图 5-6　保税加工料件进口报关的工作流程

一、申报保税核注清单

根据海关总署公告 2018 年第 23 号（关于启用保税核注清单的公告），为推进实施以保税核注清单核注手（账）册的管理改革，实现与加工贸易及保税监管企业料号级数据管理有机衔接，海关总署决定自 2018 年 7 月 1 日起全面启用保税核注清单。相关企业应按照金关二期保税核注清单系统设定的格式和填制要求向海关报送保税核注清单数据信息，再根据实际业务需要办理报关手续。

单一窗口加工贸易保税核注清单录入界面如图 5-7 所示。录入数据并保存后企业可以打印核注清单进行核对，清单核对版样式如表 5-7 所示 。

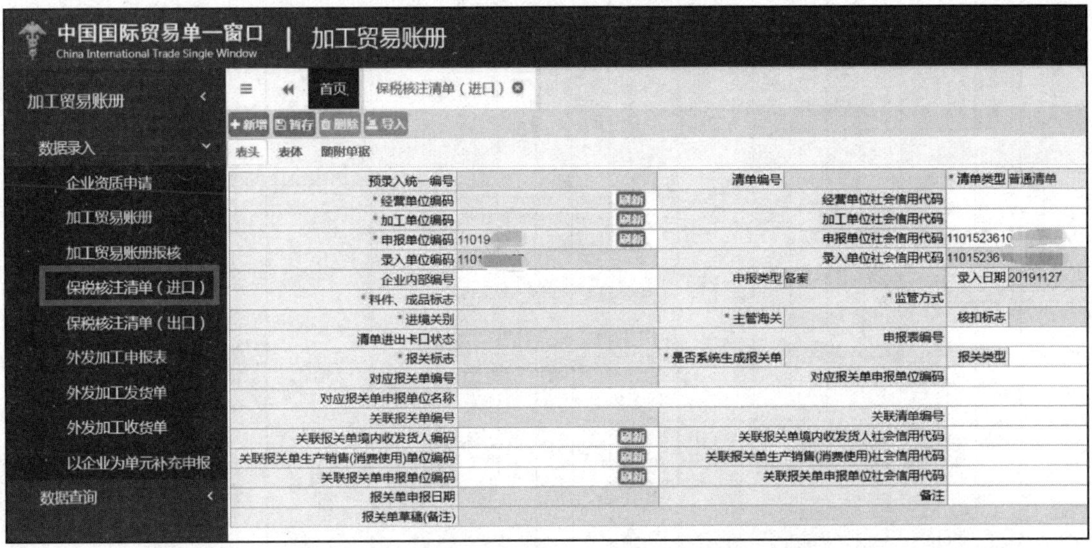

图 5-7　单一窗口加工贸易保税核注清单录入界面

表 5-7　保税核注清单（进口）
（仅供核对用）

预录入统一编号		清单编号		清单类型		手（账）册编号	
经营单位代码		经营单位社会信用代码		经营单位名称		加工单位编码	
加工单位社会信用代码		加工单位名称		申报单位编码		申报单位社会信用代码	
申报单位名称		录入单位编码		录入单位社会信用代码		录入单位名称	
录入日期		清单申报日期		清单进出卡口状态		核扣标志	
企业内部编号		进境关别		主管海关		启运国（地区）	
料件成品标志		监管方式		运输方式		申报表编号	
流转类型		报关标志		报关类型		报关单类型	
关联清单编号		关联手（账）册备案编号		对应报关单编号		对应报关申报单位代码	
对应报关申报单位社会信用代码		对应报关申报单位名称					
备注							

表体

商品序号	报关单商品序号	备案序号	商品料号	商品编码	商品名称	规格型号	原产国（地区）	最终目的国（地区）	币制	申报单价	申报数量	申报计量单位	申报总价	法定数量	法定计量单位	第二法定数量	法定第二计量单位	征免方式	单耗版本号

报关单草稿

报关单统一编号	商品序号	商品编码	商品名称	规格型号	申报单价	申报数量	申报计量单位	申报总价	币制	原产国（地区）	最终目的国（地区）

（一）保税核注清单的使用

1. 含义

保税核注清单是金关二期保税底账核注（以前用报关单核扣）的专用单证，属于办理加工贸易及保税监管业务的相关单证。保税核注清单是金关二期用来核扣手（账）册底账的。

2. 申报要求

保税监管企业使用金关二期保税底账办理保税监管货物进出口、结转、流转等手续时，须先向海关报送保税核注清单。核注清单在单一窗口的操作说明请参见本教材项目六。

（二）核注清单与报关单的区别与联系

1. 区别

保税核注清单是反映企业生产实际的料号级商品，用于核扣底账、核销、下厂核查。报关单（备案清单）用于通关，表体是经过归并汇总的项号级商品，两级数据需要保持一致。

2. 联系

企业报送保税核注清单后需要办理报关单（备案清单）申报手续的（核注清单表头的“报关标志”栏填“报关”），报关单（备案清单）申报数据的商品项由保税核注清单数据按企业的归并要求或系统的归并逻辑归并生成。核注清单与报关单的数量对应关系是一对一（需要报关时）或一对零（不需要报关时）。核注清单必须有保税底账（手册、账册）与之对应。

此外，为简化保税货物报关手续，在金关二期保税核注清单系统启用后，可以不再办理报关单（备案清单）的情形有：

（1）加工贸易货物手册管理模式下的余料结转。

（2）加工贸易货物销毁（处置后未获得收入）。

（3）加工贸易不作价设备结转。

（4）海关特殊监管区域、保税监管场所间或与区（场所）外企业间进出货物的［由区（场所）内企业申报的］。

（三）核注清单的监管状态

核注清单申报后，企业端可以看到“清单状态”信息依次为：申报成功→成功入海关库→审核通过（或退单）。

对不需要报关的核注清单，海关审核通过后，核注清单的核扣标志就显示为“已核扣”，表示该清单已经完成全部进程，已成功核扣底账数据。对需要报关的核注清单，海关预审核通过后，核注清单的核扣标志显示为“预核扣”，待相应的报关单结关后，核注清单的核扣标志会自动修改为“已核扣”，这时才表示该清单已经完成全部进程，已成功核扣底账数据。

（四）保税核注清单表头的填制规范

1. 预录入统一编号

本栏目填报核注清单预录入编号，预录入编号由系统根据接受申报的海关确定的规则自动生成。

2. 清单编号

本栏目填报海关接受保税核注清单报送时给予保税核注清单的编号，一份保税核注清单对应一个清单编号。

保税核注清单海关编号为18位，其中第1～2位为QD，表示核注清单，第3～6位为接受申报海关的关区代码，第7～8位为海关接受申报的公历年份，第9位为进出口标志（“I”为进口，“E”为出口），后9位为顺序编号。

3. 清单类型

本栏目按照相关保税监管业务类型填报，包括普通清单、分送集报清单、先入区后报关清单、简单加工清单、保税展示交易清单、区内流转清单、异常补录清单等。

4. 手（账）册编号

本栏目填报经海关核发的金关工程二期加工贸易及保税监管各类手（账）册的编号。

5. 经营企业

本栏目填报手（账）册中经营企业海关编码、经营企业的社会信用代码、经营企业名称。

6. 加工企业

本栏目填报手（账）册中加工企业海关编码、加工企业的社会信用代码、加工企业名称，保税监管场所名称［保税物流中心（B型）填报中心内企业名称］。

7. 申报单位编码

本栏目填报保税核注清单申报单位海关编码、申报单位社会信用代码、申报单位名称。

8. 企业内部编号

本栏目填写保税核注清单的企业内部编号或由系统生成流水号。

9. 录入日期

本栏目填写保税核注清单的录入日期，由系统自动生成。

10. 清单申报日期

申报日期指海关接受保税核注清单申报数据的日期。

11. 料件、成品标志

本栏目根据保税核注清单中的进出口商品为手（账）册中的料件或成品填写。料件、边角料、物流商品、设备商品填写“I”，成品填写“E”。

12. 监管方式

本栏目按照报关单填制规范要求填写。特殊情形下填制要求为：调整库存核注清单，填写AAAA；设备解除监管核注清单，填写BBBB。

13. 运输方式

本栏目按照报关单填制规范要求填写。

14. 进（出）口口岸

本栏目按照报关单填制规范要求填写。

15. 主管海关

主管海关指手（账）册主管海关。

16. 启运/运抵国别

本栏目按照报关单填制规范要求填写。

17. 核扣标志

本栏目填写清单核扣状态。海关接受清单报送后，由系统填写。

18. 清单进出卡口状态

清单进出卡口状态是指特殊监管区域、保税物流中心等货物，进出卡口的状态。海关接受清单报送后，根据关联的核放单过卡情况由系统填写。

19. 申报表编号

本栏目填写经海关备案的深加工结转、不作价设备结转、余料结转、区间流转、分送集报、保税展示交易、简单加工申报表编号。

20. 流转类型

本栏目填写保税货物流（结）转的实际类型。包括：加工贸易深加工结转、加工贸易余料结转、不作价设备结转、区间深加工结转、区间料件结转。

21. 录入单位

本栏目填写保税核注清单录入单位海关编码、录入单位社会信用代码、录入单位名称。

22. 报关标志

本栏目由企业根据加工贸易及保税货物是否需要办理报关单（进出境备案清单）申报手续填写。需要报关的填写“报关”，不需要报关的填写“非报关”。

23. 报关类型

需要办理报关单（备案清单）申报手续时填写，包括关联报关、对应报关。

报关标志填写“非报关”的，报关类型不用填写。

“关联报关”适用于特殊监管区域、保税监管场所申报与区（场所）外进出货物、区（场所）外企业使用 H2010 手（账）册或无手（账）册。其余货物填写“对应报关”。

24. 报关单类型

本栏目按照报关单的实际类型填写。

25. 对应报关单（备案清单）编号

本栏目填写保税核注清单（报关类型为对应报关）对应报关单（备案清单）的海关编号。海关接受报关单申报后，由系统填写。

26. 对应报关单（备案清单）申报单位

本栏目填写保税核注清单对应的报关单（备案清单）申报单位海关编码、单位名称、社会信用代码。

27. 关联报关单编号

本栏目填写保税核注清单（报关类型为关联报关）关联报关单的海关编号。海关接受报关单申报后，由系统填写。

28. 关联清单编号

涉及深加工结转、余料结转、设备结转的，由于是先报转入、后报转出，因此在申报转入核注清单时此栏为空，申报转出核注清单时，此栏要填写关联的转入核注清单的编号。

29. 关联备案编号

涉及深加工结转、余料结转、设备结转的，本栏目填写对方手（账）册备案号。

30. 备注（非必填项）

（1）涉及加工贸易货物销毁处置的，填写海关加工贸易货物销毁处置申报表编号。

（2）加工贸易副产品内销，在本栏内填报“加工贸易副产品内销”。

（3）申报时其他必须说明的事项填报在本栏目。

（五）保税核注清单表体的填制规范

1. 商品序号

本栏目填写保税核注清单中商品顺序编号。系统自动生成。

2. 报关单商品序号

本栏目填写保税核注清单商品项在报关单中的商品顺序编号，非必填项。若不填写，系统生成报关单草稿时，按系统设定的归并原则自动归并生成相应的商品项；报关企业也可根据实际需要，按海关的归并原则自己归并后人工录入报关单商品序号（部分归并）。

3. 备案序号

本栏目填写进出口商品在保税底账中的顺序编号。录入备案序号可调出备案商品信息。

4. 商品料号

本栏目填写进出口商品在保税底账中的商品料号级编号。由系统根据保税底账自动填写。

5. 商品编码

本栏目填报的商品编号由10位数字组成，由系统根据备案序号自动填写。

6. 商品名称、规格型号

按企业管理实际如实填写。

7. 币制

按报关单填制规范要求填写。

8. 数量及单位

按照报关单填制规范要求填写。

9. 单价、总价

按照报关单填制规范要求填写。

10. 原产国（地区）、最终目的国（地区）

按照报关单填制规范要求填写。

11. 征免方式

本栏目应按照手（账）册中备案的征免规定填报；手（账）册中的征免规定为“保金”或“保函”的，应填报“全免”。

12. 单耗版本号

本栏目适用加工贸易货物出口保税核注清单。本栏目应与手（账）册中备案的成品单耗版本一致。非必填项。

二、申报报关单

（一）报关单的生成

需要报关的核注清单预审核通过后，可以从核注清单表体的“报关单草稿”部分找到报关单统一编号，再登录货物申报系统，进入“货物申报”→“数据查询/统计”→“报关数据查询”界面，输入报关单统一编号，点击“查询”，调出报关单数据，补充表头信息后即可形成完整报关单数据，然后向海关申报。

符合下列条件的保税核注清单商品项可归并为报关单（备案清单）同一项商品：

1. 进口料件归并的条件

料号级料件的归并需要同时满足：10 位商品编码相同；申报计量单位相同；中文商品名称相同；币制相同；原产国相同。其中，根据相关规定可予保税的消耗性物料与其他保税料件不得归并；因管理需要，海关或企业认为需要单列的商品不得归并。

2. 出口成品归并的条件

出口成品的归并需要同时满足：10 位商品编码相同；申报计量单位相同；中文商品名称相同；币制相同；最终目的国相同。其中，出口应税商品不得归并；涉及单耗标准与不涉及单耗标准的料号级成品不得归并；因管理需要，海关或企业认为需要单列的商品不得归并。

（二）报关单的修改、撤销

货物进出口报关单（备案清单）需撤销的，其对应的保税核注清单应一并撤销。

货物进出口报关单（备案清单）修改项目涉及保税核注清单修改的，应先修改核注清单，确保清单与报关单（备案清单）的一致性。

报关单、保税核注清单修改项目涉及保税底账已备案数据的，应先变更保税底账数据。

（三）料件进口报关单的填制

1. 填制要求

报关的申报数据与前期的底账备案数据应当一致。

加工贸易料件报关单的部分栏目填报要求如表 5-8 所示。

表 5-8　加工贸易料件进口报关单部分栏目填报要求

<table>
<tr><th rowspan="2">项目
栏目</th><th colspan="2">料件进口</th><th>料件退换</th><th>料件复出</th><th colspan="2">深加工结转</th><th>料件内销</th></tr>
<tr><th colspan="2">进境</th><th>先出后进</th><th>出境</th><th>形式进口</th><th>形式出口</th><th>形式进口</th></tr>
<tr><td>监管方式</td><td>来料加工</td><td>进料对口</td><td>来/进料料件退换</td><td>来/进料料件复出</td><td colspan="2">来/进料深加工</td><td>来/进料料件内销</td></tr>
<tr><td>进境关别</td><td colspan="4">实际进境口岸海关</td><td colspan="3">接受申报的海关</td></tr>
<tr><td>征免性质</td><td>来料加工</td><td>进料加工</td><td>免填报</td><td>其他法定</td><td colspan="2">免填报</td><td>一般征税</td></tr>
<tr><td>备案号</td><td colspan="4">加工贸易手（账）册编号</td><td>转入手（账）册编号</td><td>转出手（账）册编号</td><td>手（账）册编号</td></tr>
<tr><td>运输方式</td><td colspan="4">实际进出境运输方式</td><td colspan="3">其他运输</td></tr>
<tr><td>运输工具名称</td><td colspan="4">实际进出境运输工具名称</td><td colspan="3">免填报</td></tr>
<tr><td>启运国/运抵国</td><td colspan="4">实际启运国/运抵国</td><td colspan="3">中国</td></tr>
</table>

续前表

项目 栏目	料件进口	料件退换	料件复出	深加工结转		料件内销
	进境	先出后进	出境	形式进口	形式出口	形式进口
备注		出境时填报原进口报关单号		转出手（账）册编号	转入进口报关单号；转入手（账）册编号	“活期”
备案序号	手（账）册对应料件序号			转入手（账）册对应料件序号	转出手（账）册对应料件序号	手（账）册对应料件序号
征免	全免					照章征税

2. 料件进口的数量控制

电子化手册管理模式下，进口料件和出口成品的数量受合同备案数量限制，用一次少一次，如表 5－9 所示。

电子账册管理模式下，进口料件的数量不得超过周转量剩余值，报关单总金额不得超过电子账册最大周转金额的剩余值（如表 5－10 所示）；如果电子账册对某项下料件的数量进行限制，那么报关单上该项商品的申报数量不得超过其最大周转量的剩余值。

表 5－9　电子化手册模式数量控制

电子化手册料件	可进口量 1 000	可进口量 700	可进口量 200	料件备案数量 1 000	成品	可出口量 1 000	可出口量 700	可出口量 300	成品备案数量 1 000
	期初	进口 300	进口 500	有效期		期初	出口成品 300	出口成品 400	有效期

表 5－10　电子账册模式下周转数量控制

电子账册料件	可进口量 1 000	库存 300 可进口量 700	库存 100 可进口量 900	库存 600 可进口量 400	库存 100 可进口量 900	……	进口料件最大周转量 1 000 成品数量不限制
	期初库存 0	进口 300	出口耗用 200	进口 500	出口耗用 500		

小贴士

保税加工货物的监管特点

保税货物分为保税加工货物和保税物流货物两种类型。保税加工货物是指经海关批准未办理纳税手续进境，在境内加工、装配后复运出境的货物。保税物流货物是指经海关批准未办理纳税手续进境，在境内储存后复运出境的货物，也称作保税仓储货物。

海关对保税加工货物的管理特点，可以归纳为以下几点：

（1）备案保税。加工贸易料件经海关以受理备案的形式批准后才能保税进口。

（2）纳税暂缓。料件进口时暂时免税，后面根据料件流向确定是否征税，即用于出口的部分免税，不用于出口的部分征税。

（3）监管延伸。海关对保税加工货物的监管，在时间和地点两方面都需要延伸。地点方面，料件进口后进行加工、装配的地方都是海关监管的场所。时间方面，料件在进境地被提取后，海关一直要监管到加工、装配后复运出境或者办结正式进口手续并核销结案为止。

（4）核销结关。保税加工货物经过海关核销后才能结关。

（5）证件管理。料件进口时除国家另有规定外免予交验进口许可证件，成品出口时凡属许可证件管理的，必须交验出口许可证件。

任务三　中期关务管理

加工贸易企业在完成料件进口工作后，应按海关监管规定完成料件的加工，并将加工后的成品返销境外。在保税加工生产的过程中，加工贸易经营企业需要严格按规定对保税货物进行中期关务管理，相关工作涉及外发加工、内销、余料结转、料件串换、料件退运或出口、放弃、销毁、受灾保税加工货物的处理等，如图 5－8 所示。

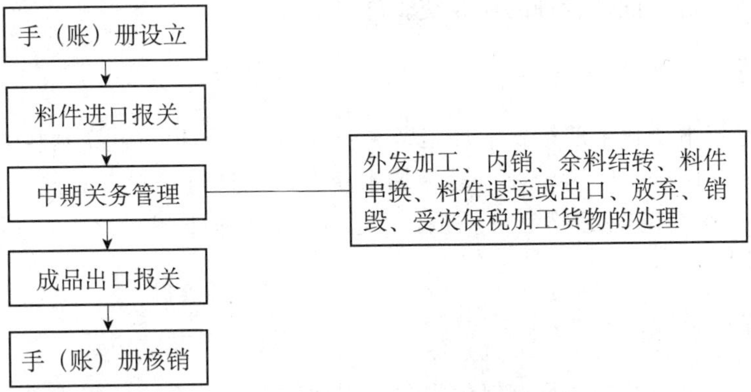

图 5－8　保税加工货物中期关务管理的工作内容

一、外发加工

外发加工，是指经营企业委托承揽者对加工贸易货物进行加工，在规定期限内将加工后的产品运回本企业并最终复出口的行为。承揽者，是指与经营企业签订加工合同，承接经营企业委托的外发加工业务的企业或者个人。

根据海关总署公告 2019 年第 218 号（关于精简和规范作业手续　促进加工贸易便利化的公告），企业通过金关二期加贸管理系统办理加工贸易外发加工业务时，应在规定的时间内向海关申报“外发加工申报表”，不再向海关申报外发加工收发货登记，实现企业外发加工一次申报、收发货记录自行留存备查。

经营企业开展外发加工业务，不得将加工贸易货物转卖给承揽者；承揽者不得将加工贸易货物再次外发。

经营企业将全部工序外发加工的，应当在办理备案手续的同时向海关提供相当于外发加工货物应缴税款金额的保证金或者银行、非银行金融机构保函。

二、内销

根据海关总署公告2019年第218号（关于精简和规范作业手续　促进加工贸易便利化的公告），企业通过金关二期加贸管理系统办理加工贸易货物内销业务时，直接通过保税核注清单生成内销征税报关单，并办理内销征税手续，不再向海关申报“内销征税联系单”。符合条件的企业可以在每月最后一个工作日前完成当月的内销保税货物集中内销申报（先销后税）。新监管模式下企业应于每月15日前对上月发生的内销保税货物集中办理纳税手续，但集中申报不得超过账册有效期或核销截止日期，且不得跨年。

内销剩余料件或者用剩余料件生产的制成品时，由主管海关对剩余料件按照规定计征税款和税款缓税利息后予以核销，料件属进口许可证件管理的还要交验许可证件，但剩余料件金额占该加工贸易合同项下实际进口料件总额3%以内（含3%）并且总值在人民币1万元以下（含1万元）时免予交验许可证件。

内销残次品时，根据其对应的进口料件价值，按剩余料件内销办理。

内销边角料或副产品时，根据边角料或副产品的报验状态确定税号，按适用的税率和审定的价格计征税款。边角料内销免征缓税利息，免于提交许可证件。副产品内销要征收缓税利息，属进口许可证件管理的还要交验许可证件。

三、余料结转

余料结转是指电子化手册模式下加工贸易企业向海关申报将剩余料件结转到另一个加工贸易合同使用，限同一经营企业、同一加工企业、同样进口料件和同一加工贸易方式。凡具备条件的，海关按规定核定单耗后，企业可以办理该合同核销及其剩余料件结转手续。

四、料件串换

由于加工贸易进口的料件具有保税性质，因此加工贸易进口的料件应当专料专用，但在符合条件的情况下，允许料件串换。企业申请内部料件串换的，应遵循以下原则：

（1）保税进口料件之间以及保税进口料件和非保税进口料件之间的串换，必须符合同品种、同规格、同数量的条件。

（2）保税进口料件和国产料件（不含深加工结转料件）之间的串换必须符合同品种、同规格、同数量、关税税率为零，且商品不涉及进出口许可证件管理的条件。

（3）经营企业因保税进口料件与非保税进口料件之间发生串换，串换下来同等数量的保税进口料件，经主管海关批准后，由企业自行处置。

五、料件退运或出口

经营企业进口料件由于质量存在瑕疵、规格型号与合同不符等原因，需要返还原供货商进行退换，以及由于加工贸易出口产品售后服务需要而出口未加工保税料件的，可以直接向口岸海关办理报关手续，留存有关报关单证，以备报核。

六、放弃

企业放弃剩余料件、边角料、残次品、副产品等，交由海关处理，应当提交书面申请。对符合规定的，海关将做出准予放弃的决定，开具加工贸易企业放弃加工贸易货物交接单。企业凭以在规定的时间内将放弃的货物运至指定的仓库，并办理货物的报关手续，留存有关报关单证以备报核。主管海关凭接受放弃货物的部门签章的加工贸易企业放弃加工贸易货物交接单及其他有关单证核销企业的放弃货物。

七、销毁

被海关做出不予结转决定或不予放弃决定的加工贸易货物或涉及知识产权等原因企业要求销毁的加工贸易货物，企业可以向海关提出销毁申请，海关经核实同意销毁的，由企业按规定销毁，必要时海关可以派员监督销毁。货物销毁后，企业应当收取有关部门出具的销毁证明材料，以备报核。

八、受灾保税加工货物的处理

对于受灾保税加工货物，加工贸易企业须在灾后 7 日内向主管海关书面报告，并提供证明材料，海关可视情况派员核查取证。

因不可抗力造成的受灾保税加工货物灭失，或者已完全失去使用价值无法再利用的，可由海关审定，并予以免税核销。

因不可抗力造成的受灾保税货物需销毁处理的，同其他保税加工货物的销毁处理一样。

因不可抗力造成的受灾保税加工货物虽失去原使用价值但可再利用的，按海关审定的受灾保税货物价格，按对应的进口料件适用的税率，缴纳进口税和缓税利息。其对应进口料件属于实行关税配额管理的，按照关税配额税率计征税款。

对非不可抗力因素造成的受灾保税加工货物，海关按照原进口货物成交价格审定完税价格照章征税。属于实行关税配额管理，无关税配额证的，按关税配额外适用的税率计征税款。

因不可抗力造成的受灾保税货物对应的原进口料件内销征税时，如属进口许可证件管理的，免予交验许可证件；反之，因非不可抗力造成的受灾保税货物对应的原进口料件内销征税时，如属进口许可证件管理的，应当交验进口许可证件。

小贴士

其他保税加工货物

除了加工后的成品，其他保税加工货物是指履行加工贸易合同过程中产生的剩余料件、边角料、残次品、副产品和受灾保税货物。

剩余料件，是指加工贸易企业在从事加工复出口业务过程中剩余的可以继续用于加工制成品的加工贸易进口料件。

边角料，是指加工贸易企业从事加工复出口业务，在海关核定的单耗标准内、加工过程中产生的、无法再用于加工该合同项下出口制成品的数量合理的废、碎料及下脚料。

残次品，是指加工贸易企业从事加工复出口业务，在生产过程中产生的有严重缺陷或者达不到出口合同标准，无法复出口的制成品（包括完成品和未完成品）。

副产品，是指加工贸易企业从事加工复出口业务，在加工生产出口合同规定的制成品（主产品）过程中同时产生的，且出口合同未规定应当复出口的一个或一个以上的其他产品。

受灾保税货物，是指在加工贸易企业从事加工出口业务中，因不可抗力原因或其他经海关审核认可的正当理由造成损毁、灭失、短少等导致无法复出口的保税进口料件和加工制成品。

对于履行加工贸易合同中产生的上述剩余料件、边角料、残次品、副产品、受灾保税货物，企业必须在核销周期内处理完毕。处理的方式有内销、结转、退运、放弃、销毁等。除销毁处理外，其他处理方式都必须填制报关单报关。

任务四　成品出口报关

经营企业出口加工贸易货物，既可以向境外或海关特殊监管区域、保税监管场所出口，也可以通过深加工结转方式转出。保税加工成品出口报关的工作内容如图5-9所示。

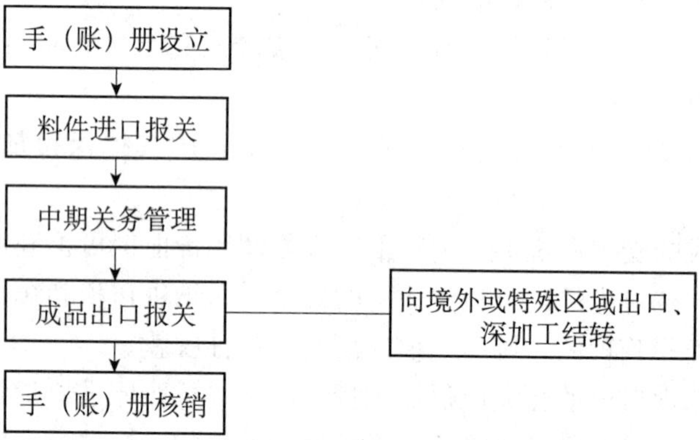

图5-9　保税加工成品出口报关的工作内容

一、向境外或特殊区域出口

向境外或特殊区域出口成品的报关程序与料件进口的报关程序相同，此处不赘述，申报数据按报关单填报规范进行填报。加工贸易成品报关单的部分填报内容如表5-11所示。

办理出口申报前，如果BOM发生变化时，必须同时进行BOM的版本号和单耗版本号变更申报。

表 5-11　加工贸易成品报关单的部分栏目填报要求

项目 / 栏目	成品出口		成品内销			成品退换	
			按料件征税	转减免税			
	出境		形式进口	形式进口	形式出口	进境	出境
监管方式	来料加工	进料对口	来/进料料件内销	按实际情况填报	来/进料成品减免	来/进料成品退换	
出境关别	实际出境口岸海关		接受申报海关			实际出境口岸海关	
征免性质	来料加工	进料加工	一般征税	征免税证明所批征免性质	免填报	免填报	
备案号	手（账）册编号			征免税证明编号	手（账）册编号		
运输方式	实际运输方式		其他方式运输			实际运输方式	
运输工具名称	实际运输工具名称		免填报			实际运输工具名称	
启运国/运抵国	实际运抵国		中国			实际启运国/运抵国	
用途			其他内销	企业自用		其他	
备注	料件费/工缴费		“活期”	转出手（账）册编号	转入征免税证明编号		
备案序号	手（账）册成品序号		手（账）册料件序号	征免税证明对应序号	手（账）册原出口成品对应序号		
征免	一般为全免，应征出口税的为照章征税		照章征税	全免			

二、深加工结转

加工贸易深加工结转（俗称转厂）是指加工贸易企业将保税进口料件加工的产品转至另一加工贸易企业进一步加工后复出口的经营活动。深加工结转与外发加工的区别在于：深加工结转是一次销售行为，结转给另外一家加工贸易经营企业后，由后者负责把商品复运出境，双方都需要向海关申报保税核注清单及报关单；外发加工只涉及一家加工贸易企业，货物所有权没发生变换，外发加工不需要向海关申报保税核注清单和报关单。

根据海关总署公告 2019 年第 218 号（关于精简和规范作业手续　促进加工贸易便利化的公告），海关对加工贸易深加工结转业务不再进行事前审核。企业通过金关二期加贸管理系统办理加工贸易深加工结转业务时，不再向海关申报“深加工结转申报表”和收发货记录，在规定的时间内直接向海关申报保税核注清单及报关单来办理结转手续。

任务五　手（账）册核销

加工贸易手（账）册核销的工作流程如图 5-10 所示。

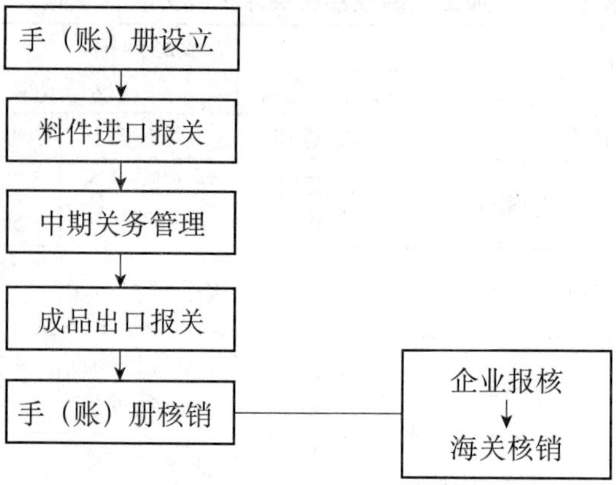

图5-10 保税加工货物电子手（账）册核销的工作流程

一、企业报核

电子化手册模式下，企业报核是指加工贸易合同报核，企业在加工贸易合同履行完毕或终止合同并按规定对未出口的货物进行处理后，按照规定的期限和规定的程序，向海关申请核销、结案的行为。

电子账册模式下，企业报核是指按照报核周期，对本核销周期内核注清单、库存情况进行申报的行为。

（一）报核时间

电子化手册模式下，经营企业应当在规定的期限内将进口料件加工复出口，并自“加工贸易手册”项下最后一批成品出口之日起或“加工贸易手册”到期之日起30日内向海关报核。经营企业对外签订的合同因故提前终止的，应当自合同终止之日起30日内向海关报核。

电子账册模式下，核销周期一般为180天，最长365天，首次账册的核销起始日期从账册设立日期开始计算。企业应当在核销周期截止日起30天内报核，也可以在账册有效期内提起报核，如果存在特殊情况无法报核的，应向主管海关及时通报情况。

（二）报核前准备

1. 单损耗申报

单损耗安排在成品出口前申报的，则每次成品出口前企业要在手（账）册中申报单损耗情况。

单损耗安排在报核前申报的，则企业要在报核前把本期所有出口成品涉及的单损耗情况在手（账）册中一次申报。

报核前，单损耗的申报状态应为“已申报”，否则海关核销时核扣不到成品耗用料件的数量。在加工过程中造成的损耗需要在报核前进行边角料内销申报处理。

2. 底账核扣

报核前，企业需要确认手（账）册涉及的所有核注清单数据状态为“海关终审通过”，核扣标志为“已核扣”，关联的核注清单数据对碰异常已经全部处理完成。

3. 核销盘点

企业向主管海关递交盘点计划，由主管海关确定是否下厂监督盘点。盘点结束后及时向海关递交盘点报告。

（三）报核方式

1. 正常报核

即企业自主核定保税进口料件的耗用量并向海关如实申报的行为。

企业登录单一窗口的加工贸易账册子系统，在“加工贸易账册报核”功能模块录入数据进行报核，如图 5－11 所示。企业按海关要求进行核算，准确、详细地填报本期保税进口料件的应当留存数量、实际留存数量等内容，以电子数据向海关申请报核。

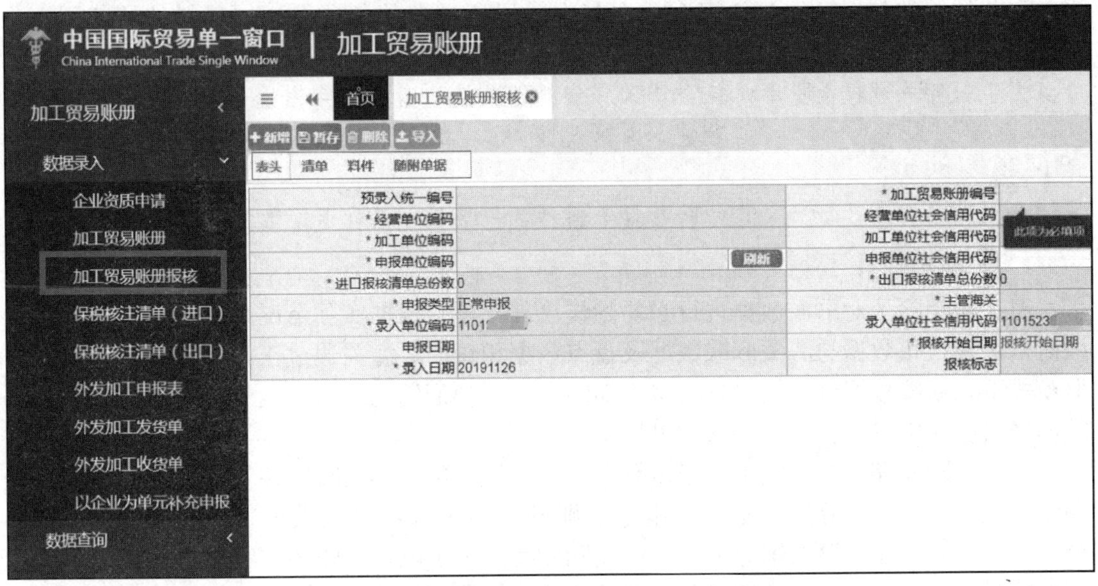

图 5－11　单一窗口加工贸易账册报核操作界面

企业可自主选择采用单耗、耗料清单和工单等保税进口料件耗用的核算方式，向海关申报当期核算结果，并办理核销手续。企业申报核算结果时，应报送本核销周期内的下列数据：

（1）申请核报加工贸易账册的相关材料。

（2）进、出、转、销和期末实际库存数据。

（3）边角料、残次品、副产品、受灾保税货物、销毁货物的相关情况。

（4）料件、成品退换情况。

（5）国内购买料件情况。

（6）消耗性物料情况。

（7）企业需要申报其他情况的补充说明。

2. 补充申报

在新监管模式下，在账册核销周期结束前，企业对本核销周期内因突发情况和内部自查自控中发现的问题，主动向海关补充申报，并提供及时控制或整改措施的，海关对企业的申报进行集中处置。

3. 差异申报

如果核销数据与实际库存数据存在差异的，在海关下发差异数据后，企业在申报补税核注清单后再次报核。

二、海关核销

核销是指加工贸易经营企业加工复出口或者办理内销等海关手续后，凭规定单证向海关报核，海关按照规定进行核查以后办理解除监管手续的行为。海关应当自受理报核之日起30日内予以核销，特殊情况需要延长的，经直属海关关长或者其授权的隶属海关关长批准可以延长30日。

（一）核销目的

海关核销的基本目的是掌握企业在某个时段所进口的各项保税加工料件的使用、流转、损耗的情况，确认是否符合以下的平衡关系：

料件总进口数量＝总耗合计＋剩余料件数量＋调出料件数量＋剩余残次品及边角料数量＋内销数量

其中，

调出料件数量＝余料结转数量＋料件复出数量＋料件退换数量＋深加工结转数量

（二）核销处置

海关核销除了对书面数据进行必要的核算外，还会根据实际情况采取盘库的方式。经核对，企业报核数据与海关底账数据及盘点数据相符的，海关通过正式报核审核。电子账册模式下，系统根据核算结果自动将本期结余数转为下期期初数；电子化手册模式下，海关向经营企业签发“核销结案通知书”。

企业实际库存量多于电子底账核算结果的，海关会按照实际库存量调整电子底账的当期结余数量；企业实际库存量少于电子底账核算结果且可以提供正当理由的，对短缺部分，联网监管企业按照内销处理；企业实际库存量少于电子底账核算结果且联网监管企业不能提供正当理由的，对短缺部分，海关将移交缉私部门处理。

加工贸易货物的手（账）册设立和核销的单证自加工贸易手（账）册核销完成之日起留存3年。

小贴士

电子账册模式联网监管的特点

1. 一本账册

一家企业原则上只建立一本电子账册（电子化手册是每一个加工贸易合同备案一个手册），不存在余料在不同手册间结转的问题，所有物流进出口数据即可全部实时体现在一本电子账册上，易于企业跟踪过程和部门协作。

2. 周转控制

电子化手册是根据合同备案数量来控制料件和成品的进出口数量，可进口料件的余量会随着不同批次的料件进口而逐渐减少。电子账册采用设定周转量来控制料件进口的数量，对成品出口数量不限制，可进口料件的余量会随着成品出口消耗的料件量而恢复一部分，在最大周转量范围内呈弹性波动。

3. 分段备案

账册设立时先备案进口料件，在生产出的成品出口前（包括深加工结转）再备案成品及申报准确、实际的单损耗情况，有利于企业准确报核。

4. 滚动核销

采取按一定时间段的核销，取代按单一合同的核销，实现滚动核销，提高了海关核销工作的准确性和效率。

操作示范

一、申请设立电子化手册

浙江B机械制造有限公司（统一社会信用代码9133100077××××448K）在申报"加工贸易企业经营状况和生产能力信息表"以后，建立了料件和成品信息，向海关申请设立了电子化手册，编号为C290520A1111。

二、保税料件进口报关

根据本次料件进口合同（如表5-12所示），浙江B机械制造有限公司制作了进口料件资料（如表5-13所示）、出口成品资料（如表5-14所示）等信息。

表5-12　料件进口合同

BUN CORP.，LTD.

SALES CONFIRMATION

ZHEJIANG B MACHINE MANUFACTURING COMPANY　　Date：JUN. 19，2020

Contract No.：WKEZC08245A

Jiefang Road，Luqiao，Taizhou City，
Zhejiang Province，China
Tel：+86-576-8822××××
FAx：+86-576-8241××××

1. 货号：

Name of Commodity & Specifications	Quantity	Unit Price	Amount
MITSUBISHI ENGINE FOR FORKLIFT ART. NO.：MT-S31	10 UNITS	USD 8 200.00	USD 82 000.00
TOTAL：10 UNITS			USD 82 000.00 FOB KELANG

2. 包装：

PACKING：To be packed in strong wooden cases(s)

3. 包装唛头

SHIPPING MARK：N/M

续前表

4. 装运港：
PORT OF SHIPMENT：Kelang，Malaysia
5. 目的港：
PORT OF DESTINATION：Shanghai，China
6. 装运期：
TIME OF SHIPMENT：Before Oct. 12，2020
7. 付款：
PAYMENT：BY L/C AT 90 DAYS FROM DELIVERY ORDER DATE
8. 保险：
INSURANCE：To be covered by the Buyer
9. 原产地：
ORIGIN：Malaysia

ACCEPTED AND CONFIRMED BY（双方签字盖章）
（买方）ZHEJIANG B MACHINE MANUFACTURING COMPANY （卖方）BUN CORP.，LTD.
(signature) (signature)

表 5-13 进口料件资料

经营单位名称：浙江B机械制造有限公司

序号	方式	商品编码	料件名称	规格型号	数量	单位	单价	总价	原产地	备注
1	进口	8408909210	柴油发动机	压燃，工程机械用，输出功率100千瓦，型号MT-S31	10	台	8 200美元	82 000美元	马来西亚	限制
总计			进口料件总值							

表 5-14 出口成品资料

经营单位名称：浙江B机械制造有限公司

序号	商品编码	成品名称	规格型号	数量	单位	单价	总价	消费国
1	8427109000	叉车	XC204	8	台	60 000美元	480 000美元	意大利

该批料件的HS编码为8408909210，经过查询（如图5-12所示）得知该商品的监管条件代码为“6O”，其中的“O”表示进口新旧机电产品需要事先取得自动进口许可证。但由于该批货物以加工贸易保税料件身份进口，因此在料件进口环节不用提交自动进口许可证。

商品编码	8408909210				
商品名称	转速<4650r/min柴油发动机,14<功率<132.39kw(品目8426-8430所列工程机械用)				
申报要素	0:品牌类型;1:出口享惠情况;2:用途;3:输出功率;4:品牌;5:型号;6:转速;7:GTIN;8:CAS;				
法定第一单位	台	法定第二单位	千瓦		
最惠国进口税率	8.4%	普通进口税率	35%	暂定进口税率	-
消费税率	-	出口关税率	0%	出口退税率	16%
增值税率	16%	海关监管条件	6O	检验检疫类别	无
商品描述	转速<4650r/min柴油发动机,14<功率<132.39kw品目8426-8430所列工程机械用				

图 5-12 监管条件查询结果

在确定商品信息后，公司登录“单一窗口→加工贸易→加工贸易手册→保税核注清单(进口)”功能模块，按规定格式录入并申报了当次进境的料号级保税核注清单数据。核注清单被海关审核通过后，按核注清单表体的报关单草稿编号在单一窗口的“货物申报”系统调出报关单表体数据，将报关单上的剩余各项填写完毕后生成完整的进口报关单，向海关进行申报。

三、中期核查申报

料件从上海运达台州后，浙江B机械制造有限公司即按计划安排成品的生产。其间，公司按海关要求定时进行中期核查申报，报送加工贸易保税料件/成品的仓储和生产等物流数据。

四、成品出口报关

浙江B机械制造有限公司按计划完成了成品的生产，在申报了保税核注清单（出口）、出口报关单后，办理了成品出口申报。

五、进口料件内销的报关

由于有剩余保税料件内销，浙江B机械制造有限公司补齐进口监管证件（如表5-15所示），撰写补税报告（如表5-16所示），委托浙江AA报关行申报了保税核注清单（出口）(打印核对版如表5-17所示)，获海关审核通过后申报了料件内销的进口报关单（如表5-18所示，其中运费按比例分摊），办理了内销料件的正式进口报关手续，补缴了进口税费等。

表5-15 中华人民共和国自动进口许可证

1. 进口商： Importer 浙江B机械制造有限公司	3. 自动进口许可证号： Automatic import licence No. 2020××××××
2. 进口用户： Consignee 浙江B机械制造有限公司	4. 自动进口许可证有效截止日期： Automatic import licence expiry date 2020-12-31
5. 贸易方式： Terms of trade 一般贸易	8. 贸易国（地区）： Country/Region of exportation 马来西亚
6. 外汇来源： Terms of foreign exchange 银行购汇	9. 原产地国（地区）： Country/Region of origin 马来西亚

续前表

<table>
<tr><td colspan="3">7. 报关口岸：
Place of clearance
××海关</td><td colspan="3">10. 商品用途：
Use of goods
直接销售</td></tr>
<tr><td colspan="3">11. 商品名称：
Description of goods
柴油发动机</td><td colspan="2">商品编码：
Code of goods
8408909210</td><td>商品状态：
Status of goods
新</td></tr>
<tr><td>12. 规格、型号
Specification</td><td>13. 单位
Unit</td><td>14. 数量
Quantity</td><td>15. 单价
Unit price</td><td>16. 总价
Amount</td><td>17. 总值折美元
Amount in USD</td></tr>
<tr><td>MT-S31</td><td>台</td><td>2</td><td>8 200</td><td>16 400</td><td>16 400</td></tr>
<tr><td>18. 总计 Total</td><td>台</td><td>2</td><td></td><td>16 400</td><td>16 400</td></tr>
<tr><td colspan="3">19. 备注
Supplementary details
一批一证</td><td colspan="3">20. 发证机关签章：
Issuing authority's stamp

21. 发证日期：
Licence date
××年××月××日</td></tr>
</table>

表 5-16　补税报告

××海关：

我司在贵关办理的进料加工电子化手册，手册号 C290520A1111，现将部分柴油发动机内销，数量 2 台，总价人民币 1 016 800 元（不含税），现申请上述保税料件转为进口按有关规定补税。

特此申请，望予审核批准！

浙江 B 机械制造有限公司

××年××月××日

六、自主报核

浙江 B 机械制造有限公司核算了周期内加工贸易的单耗结果，报送了电子化手册的相关材料、期末实际库存数据、国内购买料件情况等信息，向海关申请手册核销。海关对数据进行审查核对后，通过了该手册的核销。

问题探究

A 公司从事服装的进料加工业务，长期进口保税布料。某年 7 月，另一加工贸易经营企业 B 公司（与 A 公司同属于一家集团公司）因自己的保税料件未能及时进口分三次向 A 公司借用某规格的保税布料若干，加工成服装后出口境外，B 公司承诺自己的保税布料进口后归还相同数量的同规格布料。其间，B 公司因为集团公司内部费用分摊向 A 公司进行了资金转账支付。

讨论：

A 公司对保税料件的管理存在什么问题？面临的风险是什么？

表 5-17　保税核注清单（进口）

QD2905111122223333

（仅供核对用）

预录入统一编号	202000000012345678	清单编号	QD2905111122223333	清单类型	普通清单	手（账）册编号	C290520A1111
经营单位代码	331033K001	经营单位社会信用代码	9133100077××××448K	经营单位名称	浙江B机械制造有限公司	加工单位编码	331033K001
加工单位社会信用代码	9133100077××××448K	加工单位名称	浙江B机械制造有限公司	申报单位编码	331033001M	申报单位社会信用代码	913310060002221111
申报单位名称	浙江 AA 报关行	录入单位编码	331033001M	录入单位社会信用代码	913310060002221111	录入单位名称	浙江 AA 报关行
录入日期	20201023	清单申报日期	20201024	清单进出卡口状态		核扣标志	预核扣
企业内部编号		进境关别	台州海关	主管海关	台州海关	启运国（地区）	马来西亚
料件成品标志	料件	监管方式	进料料件内销	运输方式	其他方式运输	申报表编号	
流转类型		报关标志	报关	报关类型	对应报关	报关单类型	进口报关单
关联清单编号		关联手（账）册备案编号		对应报关单编号	290520201000000000	对应报关申报单位代码	331033001M
对应报关申报单位社会信用代码	913310060002221111	对应报关申报单位名称	浙江 AA 报关行				
备注							

表体

商品序号	报关单商品序号	备案序号	商品料号	商品编码	商品名称	规格型号	原产国（地区）	最终目的国（地区）	币制	申报单价	申报数量	申报计量单位	申报总价	法定数量	法定计量单位	第二法定数量	法定第二计量单位	征免方式	单耗版本号
1	1	7	6666666	8408909210	柴油发动机	4 | 3 | 用途：工程机械用 | 输出功率 100 千瓦 | 品牌：LION | 型号 MT-S31 | 转速 2 000r/min	马来西亚	中国	美元	8 200	2	台	16 400	2	台	1 985	千克	照章征税	

报关单草稿

报关单统一编号	商品序号	商品编码	商品名称	规格型号	申报单价	申报数量	申报计量单位	申报总价	币制	原产国（地区）	最终目的国（地区）
I2020000111111	1	8408909210	柴油发动机	4 | 3 | 用途：工程机械用 | 输出功率 100 千瓦 | 品牌：LION | 型号 MT-S31 | 转速 2 000r/min	8 200	2	台	16 400	美元	马来西亚	中国

表 5-18　中华人民共和国海关进口货物报关单

预录入编号：　　　　海关编号：290520201000000000　　（台州海关）　　　　页码/页数：

境内收货人（9133100077××××448K） 浙江B机械制造有限公司	进境关别（2905） 台州海关		进口日期		申报日期	备案号 C290520A1111
境外发货人 BUN CORP.，LTD.	运输方式（9） 其他方式运输		运输工具名称及航次号		提运单号	货物存放地点 台州市路桥区
消费使用单位（9133100077××××448K） 浙江B机械制造有限公司	监管方式（0644） 进料料件内销		征免性质（101） 一般征税		许可证号	启运港（CHN000） 中国境内
合同协议号 WKEZC08245A	贸易国（地区）（MYS） 马来西亚		启运国（地区）（CHN） 中国		经停港（CHN000） 中国境内	入境口岸（330502） 台州
包装种类（92） 再生木托	件数 2	毛重（千克） 2 063	净重（千克） 1 985	成交方式 FOB	运费 USD/680/3	保费 0.3 ｜ 杂费

随附单证
随附单证1：保税核注清单 QD2905111122223333，自动进口许可证 2011×××××
随附单证2：合同；发票；委托报关协议（电子）

标记唛码及备注
N/M

项号	商品编号	商品名称及规格型号	数量及单位	单价/总价/币制	原产国（地区）	最终目的国（地区）	境内目的地	征免
1	8408909210	柴油发动机 4｜3｜用途：工程机械用｜输出功率100千瓦｜品牌：LION｜型号 MT-S31｜转速 2 000r/min	2台 1 985千克	8 200.00 16 400.00 美元	马来西亚 （MYS）	中国 （CHN）	（33119/331004） 台州/路桥区	照章征税 （1）

特殊关系确认：否　　价格影响确认：否　　支付特许权使用费确认：否　　自报自缴：否

申报人员 申报单位	申报人员证号 浙江AA报关行	电话	兹申明以上内容承担如实申报、依法纳税之法律责任 申报单位（签章）	海关批注及签章

思考练习

一、不定项选择题

在线自测：项目五

二、实务操作题

东部某金属制品有限公司 A（一般信用企业）经批准从日本购进不锈钢材（进口自动许可证管理范围商品、加工贸易限制类商品）5 吨，每吨价值 1 500 美元，加工产品为手表表带。A 公司在加工过程中，由于技术改进等原因节省进口保税料件若干。生产完毕后产生了若干边角料，公司进行了内销处理。

请回答下列问题：

1. A 公司办理边角料内销时，适用的监管政策包括（　　）。

A. 无须商务主管部门批准

B. 不征收缓税利息

C. 按单耗关系折算成原料计征税款

D. 按报验状态进行商品归类

2. A 公司进口料件不锈钢材时，除申报货物报关单外，还应向海关提交下列单证（　　）。

A. 生产能力信息表　　B. 自动进口许可证

C. 发票　　D. 提单

3. 剩余进口保税料件有哪些处理途径？

项目六

跨境电商货物报关[①]

跨境电子商务是指分属不同关境的交易主体，通过电子商务平台达成交易、进行支付结算，并通过跨境物流送达商品、完成交易的一种新型国际贸易模式。在政府的扶持政策推动下，近年来跨境电子商务产业迅速发展，总体规模增长快，成为我国对外贸易的重要增长点，对我国经济发展的贡献也在不断增长。

跨境电子商务既有出口贸易，也有进口贸易。出口贸易分为企业对企业（B2B）批发业务、企业对个人（B2C）零售业务、个人对个人（C2C）零售业务等业务类型，进口贸易主要是企业对个人（B2C）零售业务。本项目以跨境电商B2C业务的类型为线索，介绍跨境电商B2C一般出口模式、跨境电商B2C特殊区域出口模式、跨境电商B2C网购保税进口模式、跨境电商B2C直购进口模式的报关流程。由于跨境电商监管政策处于试点阶段，各地海关具体规定也有不同，因此本教材内容仅供参考，具体要求以本地海关的规定为准。

① 根据海关总署公告2020年第75号，跨境电商B2B业务分跨境电商B2B直接出口（代码9710）、跨境电商出口海外仓（代码9810）两种监管方式。这两种监管方式的报关模式都有两种：一是清单申报模式，适合单票金额在5 000元及以下且不涉证、不涉检、不涉税的货物，申报流程参照9610出口；二是报关单申报模式，适合单票金额在5 000元以上或涉证、涉检、涉税的货物，报关流程参照0110出口，但报关前要申报交易订单（9710）或海外仓订仓单（9810）等跨境数据，并且要注意报关单的监管方式为9710或9810，随附单据类别代码填写10000004（跨境电商B2B出口单证），随附单据编号填写电商订单（9710）或海外仓订仓单（9810）编号。由于跨境B2B货物的报关流程分别参照9610或0110模式，本教材不再介绍。

学习目标

[知识目标]

1. 了解跨境电子商务的业务类型。
2. 熟悉跨境电商货物通关的相关监管政策。
3. 熟悉不同跨境电商货物通关模式的操作流程。

[能力目标]

1. 能办理跨境电商货物的商品备案。
2. 能填报跨境电商货物的报关数据。
3. 能设计跨境电商货物的通关作业流程。

项目导入

杭州XX网络科技有限公司（统一社会信用代码913301××××3051224M）经营跨境电子商务的进口业务，在2019年8月以网购保税模式进口一批奶粉，用于电商平台销售。

工作任务：

（1）货物进口前制作商品备案表。

（2）根据贸易单据填报进口货物报关单。

任务一　跨境电商B2C一般出口模式通关

一、跨境电商B2C出口通关的模式

跨境电商B2C出口贸易是指电子商务企业、个人通过电子商务交易平台实现零售进出口商品交易的跨境零售贸易。其出口通关模式分为两类。

第一类模式是一般出口模式（9610出口），指跨境电商或其代理人按监管方式代码为9610（电子商务）的政策规定办理出口通关手续，采用“清单核放，汇总申报”的方式，电商出口商品以邮政、快件方式分批运送，海关凭清单核放出境，定期把已核放清单数据汇总形成出口报关单，电商企业或平台凭此办理结汇、退税手续。

第二类模式是特殊区域出口模式（1210出口），指电商企业或电商平台把整批商品按一般贸易报关进入海关特殊监管区域或场所，企业实现退税；对于已入区退税的商品，境外网购后，海关凭清单核放，由邮政、快递企业分送出区离境，海关定期将已放行清单归并形成出口报关单，电商企业或平台凭此办理结汇手续。

除此之外，也有一些跨境电商企业或个人选择不按监管方式代码为9610（电子商务）的政策要求办理出口通关手续，仅将跨境电商平台上销售的商品通过国际邮政、国际商业快件等渠道报关出口，但跨境电商或其代理人没有根据海关总署2016年第26号公告的政策要求向海关进行相关备案并传输相关交易电子数据，这种操作模式下的出口商品属于行邮物品的范畴，不适用9610和1210出口监管政策。

二、跨境电商B2C进出口监管政策

海关总署公告2018年第194号规定了对跨境电子商务零售进出口商品的有关监管政策。此外，2020年海关总署公告2020年第44号、第45号也出台了新的退货监管政策。主要内容如下：

（一）适用范围

跨境电子商务企业、消费者（订购人）通过跨境电子商务交易平台实现零售进出口商品交易，并根据海关要求传输相关交易电子数据的跨境电子商务零售进出口商品。

海关总署公告
2018年第194号

（二）企业管理

跨境电子商务平台企业、物流企业、支付企业等参与跨境电子商务零售进口业务的企业，应当依据海关报关单位注册登记管理相关规定，向所在地海关办理注册登记；境外跨境电子商务企业应委托境内代理人向该代理人所在地海关办理注册登记。

跨境电子商务企业、物流企业等参与跨境电子商务零售出口业务的企业，应当向所在地海关办理信息登记；如需办理报关业务，向所在地海关办理注册登记。

参与跨境电子商务零售进出口业务并在海关注册登记的企业，纳入海关信用管理，海关根据信用等级实施差异化的通关管理措施。

（三）通关管理

（1）对跨境电子商务直购进口商品及适用"保税电商"（监管方式代码1210）进口政策的商品，按照个人自用进境物品监管，不执行有关商品首次进口许可批件、注册或备案要求。但对相关部门明令暂停进口的疫区商品和对出现重大质量安全风险的商品启动风险应急处置时除外。

适用"保税电商A"（监管方式代码1239）进口政策的商品，按"跨境电子商务零售进口商品清单"尾注中的监管要求执行。

（2）海关对跨境电子商务零售进出口商品及其装载容器、包装物按照相关法律法规实施检疫，并根据相关规定实施必要的监管措施。

（3）跨境电子商务零售进口商品申报前，跨境电子商务平台企业或跨境电子商务企业境内代理人、支付企业、物流企业应当分别通过国际贸易"单一窗口"或跨境电子商务通关服务平台向海关传输交易、支付、物流等电子信息，并对数据真实性承担相应责任。

直购进口模式下，邮政企业、进出境快件运营人可以接受跨境电子商务平台企业或境外跨境电子商务企业境内代理人、支付企业的委托，在承诺承担相应法律责任的前提下，向海关传输交易、支付等电子信息。

（4）跨境电子商务零售出口商品申报前，跨境电子商务企业或其代理人、物流企业应当分别通过国际贸易"单一窗口"或跨境电子商务通关服务平台向海关传输交易、收款、物流等电子信息，并对数据真实性承担相应法律责任。

（5）跨境电子商务零售商品进口时，跨境电子商务企业境内代理人或其委托的报关企业应提交“中华人民共和国海关跨境电子商务零售进出口商品申报清单”（以下简称“申报清单”），采取“清单核放”方式办理报关手续。

跨境电子商务零售商品出口时，跨境电子商务企业或其代理人应提交“申报清单”，采取“清单核放、汇总申报”方式办理报关手续；跨境电子商务综合试验区内符合条件的跨境电子商务零售商品出口，可采取“清单核放、汇总统计”方式办理报关手续。

“申报清单”与“中华人民共和国海关进（出）口货物报关单”具有同等法律效力。

（6）开展跨境电子商务零售进口业务的跨境电子商务平台企业、境外跨境电子商务企业境内代理人应对交易真实性和消费者（订购人）身份信息真实性进行审核，并承担相应责任；身份信息未经国家主管部门或其授权的机构认证的，订购人与支付人应当为同一人。

（7）跨境电子商务零售商品出口后，跨境电子商务企业或其代理人应当于每月 15 日前（当月 15 日是法定节假日或者法定休息日的，顺延至其后的第一个工作日），将上月结关的“申报清单”依据清单表头同一收发货人、同一运输方式、同一生产销售单位、同一运抵国、同一出境关别，以及清单表体同一最终目的国、同一 10 位海关商品编码、同一币制的规则进行归并，汇总形成“中华人民共和国海关出口货物报关单”向海关申报。

允许以“清单核放、汇总统计”方式办理报关手续的，不再汇总形成“中华人民共和国海关出口货物报关单”。

（8）“申报清单”的修改或者撤销，参照海关“中华人民共和国海关进（出）口货物报关单”修改或者撤销有关规定办理。

除特殊情况外，“申报清单”“中华人民共和国海关进（出）口货物报关单”应当采取通关无纸化作业方式进行申报。

（四）税收征管

（1）对跨境电子商务零售进口商品，海关按照国家关于跨境电子商务零售进口税收政策征收关税和进口环节增值税、消费税，完税价格为实际交易价格，包括商品零售价格、运费和保险费。

（2）跨境电子商务零售进口商品消费者（订购人）为纳税义务人。在海关注册登记的跨境电子商务平台企业、物流企业或申报企业作为税款的代收代缴义务人，代为履行纳税义务，并承担相应的补税义务及相关法律责任。

（3）代收代缴义务人应当如实、准确向海关申报跨境电子商务零售进口商品的商品名称、规格型号、税则号列、实际交易价格及相关费用等税收征管要素。

跨境电子商务零售进口商品的申报币制为人民币。

（4）为审核确定跨境电子商务零售进口商品的归类、完税价格等，海关可以要求代收代缴义务人按照有关规定进行补充申报。

（5）海关对符合监管规定的跨境电子商务零售进口商品按时段汇总计征税款，代收代缴义务人应当依法向海关提交足额有效的税款担保。

海关放行后 30 日内未发生退货或修撤单的，代收代缴义务人在放行后第 31 日至第 45 日内向海关办理纳税手续。

（五）场所管理

（1）跨境电子商务零售进出口商品监管作业场所必须符合海关相关规定。跨境电子商务监管作业场所经营人、仓储企业应当建立符合海关监管要求的计算机管理系统，并按照海关要求交换电子数据。其中开展跨境电子商务直购进口或一般出口业务的监管作业场所应按照快递类或者邮递类海关监管作业场所规范设置。

（2）跨境电子商务网购保税进口业务应当在海关特殊监管区域或保税物流中心（B型）内开展。除另有规定外，参照公告规定监管。

（六）检疫、查验和物流管理

（1）对需在进境口岸实施的检疫及检疫处理工作，应在完成后方可运至跨境电子商务监管作业场所。

（2）网购保税进口业务：一线入区时以报关单方式进行申报，海关可以采取视频监控、联网核查、实地巡查、库存核对等方式加强对网购保税进口商品的实货监管。

（3）海关实施查验时，跨境电子商务企业或其代理人、跨境电子商务监管作业场所经营人、仓储企业应当按照有关规定提供便利，配合海关查验。

（4）跨境电子商务零售进出口商品可采用“跨境电商”模式进行转关。其中，跨境电子商务综合试验区所在地海关可将转关商品品名以总运单形式录入“跨境电子商务商品一批”，并需随附转关商品详细电子清单。

（5）网购保税进口商品可在海关特殊监管区域或保税物流中心（B型）间流转，按有关规定办理流转手续。以“保税电商”（监管方式代码1210）海关监管方式进境的商品，不得转入适用“保税电商A”（监管方式代码1239）的城市继续开展跨境电子商务零售进口业务。网购保税进口商品可在同一区域（中心）内的企业间进行流转。

（七）退货管理

1. 跨境电商零售进口商品的退货

在跨境电子商务零售进口模式下，跨境电子商务企业境内代理人或其委托的报关企业（以下简称“退货企业”）可向海关申请开展退货业务。跨境电子商务企业及其境内代理人应保证退货商品为原跨境电商零售进口商品，并承担相关法律责任。

退货企业可以对原“申报清单”内全部或部分商品申请退货。

退货企业在“申报清单”放行之日起30日内申请退货，并且在“申报清单”放行之日起45日内将退货商品运抵原海关监管作业场所、原海关特殊监管区域或保税物流中心（B型）的，相应税款不予征收，并调整消费者个人年度交易累计金额。

2. 跨境电商零售出口商品的退货

申请开展退货业务的跨境电子商务出口企业、特殊区域内跨境电子商务相关企业应当建立退货商品流程监控体系，应保证退货商品为原出口商品，并承担相关法律责任。

退货企业可以对原“出口货物报关单”“申报清单”或“出境货物备案清单”所列全部或部分商品申请退货。

跨境电子商务出口退货商品可单独运回也可批量运回，退货商品应在出口放行之日起1年内退运进境。

（八）其他

（1）从事跨境电子商务零售进出口业务的企业应向海关实时传输真实的业务相关电子数据和电子信息，并开放物流实时跟踪等信息共享接口，加强对海关风险防控方面的信息和数据支持，配合海关进行有效管理。

跨境电子商务企业及其代理人、跨境电子商务平台企业应建立商品质量安全等风险防控机制，加强对商品质量安全以及虚假交易、二次销售等非正常交易行为的监控，并采取相应处置措施。

跨境电子商务企业不得进出口涉及危害口岸公共卫生安全、生物安全、进出口食品和商品安全、侵犯知识产权的商品以及其他禁限商品，同时应当建立健全商品溯源机制并承担质量安全主体责任。鼓励跨境电子商务平台企业建立并完善进出口商品安全自律监管体系。

消费者（订购人）对于已购买的跨境电子商务零售进口商品不得再次销售。

（2）海关对跨境电子商务零售进口商品实施质量安全风险监测，责令相关企业对不合格或存在质量安全问题的商品采取风险消减措施，对尚未销售的按货物实施监管，并依法追究相关经营主体责任；对监测发现的质量安全高风险商品发布风险警示并采取相应管控措施。海关对跨境电子商务零售进口商品在商品销售前按照法律法规实施必要的检疫，并视情发布风险警示。

（3）跨境电子商务平台企业、跨境电子商务企业或其代理人、物流企业、跨境电子商务监管作业场所经营人、仓储企业发现涉嫌违规或走私行为的，应当及时主动告知海关。

（4）涉嫌走私或违反海关监管规定的参与跨境电子商务业务的企业，应配合海关调查，开放交易生产数据或原始记录数据。

海关对参与制造或传输虚假交易、支付、物流“三单”信息、为二次销售提供便利、未尽责审核消费者（订购人）身份信息真实性等，导致出现个人身份信息或年度购买额度被盗用、进行二次销售及其他违反海关监管规定情况的企业依法进行处罚。对涉嫌走私或违规的，由海关依法处理；构成犯罪的，依法追究刑事责任。对利用其他公民身份信息非法从事跨境电子商务零售进口业务的，海关按走私违规处理，并按违法利用公民信息的有关法律规定移交相关部门处理。对不涉嫌走私违规、首次发现的，进行约谈或暂停业务责令整改；再次发现的，一定时期内不允许其从事跨境电子商务零售进口业务，并交由其他行业主管部门按规定实施查处。

（5）在海关注册登记的跨境电子商务企业及其境内代理人、跨境电子商务平台企业、支付企业、物流企业等应当接受海关稽核查。

三、跨境电商 B2C 一般出口模式通关流程

跨境电商 B2C 一般出口模式的通关流程如图 6－1 所示。

（一）前期准备

1. 企业备案

海关总署针对跨境电商发布的各项监管政策主要是为了鼓励跨境零售贸易规范有序发展，使跨境电商企业可以便捷办理通关手续。

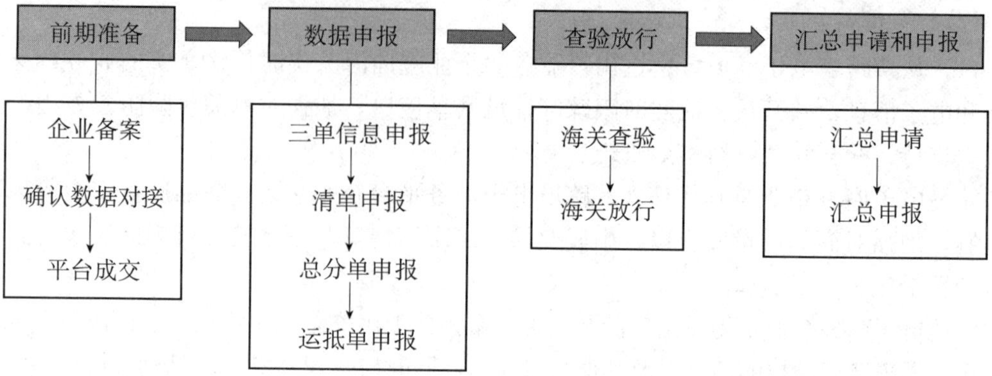

图 6-1　跨境电商 B2C 一般出口模式通关流程

在获得入驻的跨境园区管委会以及当地口岸相关监管部门的认可之后，跨境电商企业先完成海关注册登记，然后登录当地电子口岸网站，注册为企业用户，并将盖有公章的资料邮递或者上门递送至当地电子口岸相关部门。完成电子口岸注册登记手续之后，企业登录地方跨境电子商务通关服务平台（如杭州综试区的“跨境一步达”，网址为 https://www.kjeport.com，登录界面如图 6-2 所示），进行开展跨境业务的企业备案。

2. 确认数据对接

在 9610 监管模式下，企业在发送订单信息、物流信息、商品清单信息时，都需要事先与当地电子口岸或数据分中心做好数据对接工作，确认已经向当地数据分中心申请到数据传输 ID 和并做好了申报系统的数据对接工作。

3. 平台成交

数据对接完成后，电商企业就可以把商品上传到跨境电商平台进行展示，国外消费者在电商平台上下单并完成支付后即可形成订单。

图 6-2　“跨境一步达”登录界面

（二）数据申报

1. 三单信息申报

根据现行政策，跨境电子商务零售出口商品在向海关申报前，电子商务企业或其代理人、支付企业、物流企业应当分别通过跨境电子商务通关服务平台如实向海关传输订单、支付单、运单等电子信息。由于试点期间未能与国外第三方支付平台进行数据联网，因此暂不需要提供支付信息。

国外消费者在跨境电商平台上下单并完成支付后形成跨境 B2C 出口的订单信息，由电商企业或其代理人申报。

跨境电商企业将订单的商品打包交物流企业后，形成运单信息，由物流企业或其代理人申报。例如：使用中国邮政小包寄送包裹的物流面单如图 6－3 所示，上面包含运单信息。物流企业将各电商企业的货物集中后运至指定监管区域（如国际邮政、国际机场、指定跨境园区、跨境监管场所等），然后统一送往机场仓，一批货物对应一个航空运单。

图 6－3　中国邮政小包物流面单

2. 清单申报

跨境 B2C 出口清单的申报一般都委托当地有申报资质的代理申报企业操作。代理申报企业根据海关要求开发自己的申报系统，在完成报文数据传输测试后，即可代理各电商企业和物流企业向当地电子口岸或海关数据分中心推送订单、运单、清单数据。由于每个代理申报企业都是根据自己的实际情况开发个性化的申报系统，因此其登录及管理界面各不相同，但清单申报的数据要求是一样的，操作流程也基本相同。

下面以某代理报关企业为例，介绍清单申报的基本流程：

（1）接收清单资料。电商企业或物流企业按代理申报企业的要求制作申报资料并发给代理报关企业，代理申报企业运营部接收数据资料。申报资料的内容必须符合海关公布的“申报清单”的填制规范要求。

（2）导入清单数据。代理申报企业登录企业申报系统将委托企业发送的申报数据导入，导入成功后修改航班日期，然后由系统生成推送数据，分为订单数据、运单数据、清单数据三种。

（3）清单推送。企业将系统生成的推送数据批量推送给当地电子口岸（如图 6-4 所示），电子口岸推送给当地数据分中心（如果企业系统直接与数据分中心对接，则企业直接将数据推送给数据分中心），当地数据分中心再推送给海关总署。按现行规定，企业必须先推送订单、运单数据，清单必须等订单、运单同时收到海关总署的入库成功回执后才可以推送。

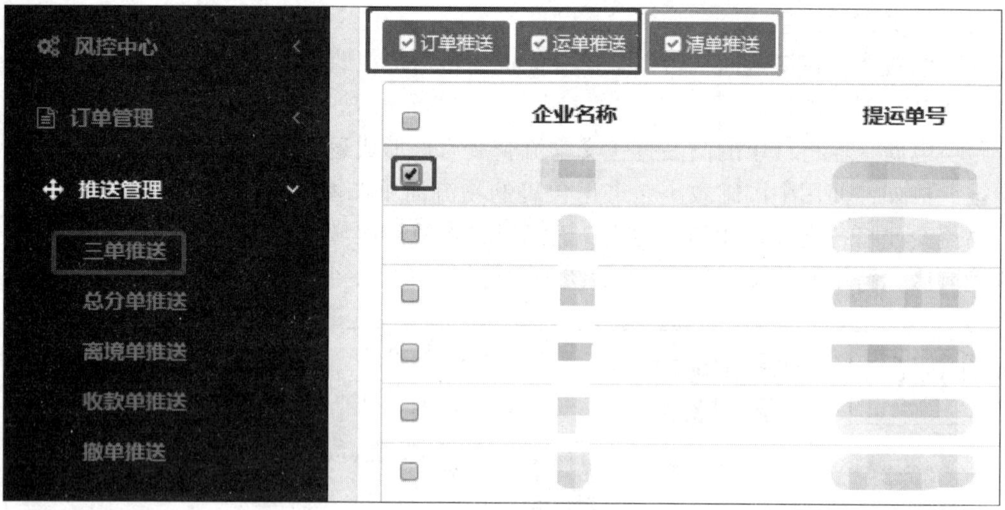

图 6-4　企业申报系统的三单推送界面

（4）查看海关回执。订单、运单、清单推送后，海关总署系统接收企业的数据，并进行数据校验，校验通过后入库，同时向企业发送入库成功或失败回执。如申报成功，可在企业的申报系统查询到相关数据。

单一窗口的“跨境电商出口”系统的“清单管理”功能模块也提供清单的录入、申报、查询等操作，如图 6-5 所示。

图 6-5　单一窗口“跨境电商出口”系统的清单管理界面

3. 总分单申报

在清单成功申报后，代理申报企业向海关推送总分单。一个总分单对应一个航空运单，包括申报企业、口岸、航班日期、重量等货物的所有信息。

4. 运抵单申报

跨境货物运抵机场监管场所后，监管场所经营企业向海关发送跨境货物的运抵报告，然后代理清单申报企业可以查看清单的海关放行或查验回执。

（三）查验放行

目前海关对出境的跨境电商货物实行集中申报、集中办理放行手续。以检疫监管为主，基于商品质量安全的风险程度，实施监督抽查。货物抵达机场口岸海关监管库后，企业核实重量件数，打印好提单，申请海关关员去监管库抽取查验件。抽完查验件后海关在提单上盖进仓确认章放行。

（四）汇总申请和申报

如果跨境电商企业无须退税，海关直接按清单核放，后续无须汇总申报。如需退税，代理报关企业每月月初汇总上月清单数据集中向海关汇总申报，生成报关单。

1. 汇总申请

根据现行政策规定，需要退税的电商企业要在海关放行货物后一个月内进行汇总申报。特殊情况需延期报关的，需经海关同意。延期最长不得超过三个月，超过三个月未形成报关单申报的清单，不再办理报关手续。

跨境电子商务零售商品出口后，跨境电子商务企业或其代理人应当于每月 15 日前（当月 15 日是法定节假日或者法定休息日的，顺延至其后的第一个工作日），将上月结关的“申报清单”进行汇总申请。

2. 汇总申报

申报企业向通关服务系统导入汇总申请单数据后，海关根据汇总申请单数据生成汇总结果单和汇总报关单。汇总申请单与汇总结果单的对应关系为 1∶n，汇总结果单与汇总报关单的对应关系为 1∶1。

汇总申报完成后，企业可查询到汇总报关单信息，再根据报关单信息去完成后续的出口退税操作。

任务二 跨境电商 B2C 特殊区域出口模式通关

特殊区域①出口模式在业内又被称为保税出口模式，与一般出口模式最大的不同在于“提前备货”，相当于企业把国外的“海外仓”搬到了国内的特殊监管区域里。开展跨境电商出口业务的企业在货物出售前，提前将跨境商品运入海关特殊监管区域对应的仓库中，随后根据平台订单情况将货物在区内打包成小包（B2C）或大包（B2B）出口。小包出口是指电商企业把电商平台成交的每一个小包裹直接交物流企业运给境外的消费者个人；大

① 特殊区域包括海关特殊监管区域和保税监管场所。海关特殊监管包括出口加工区、保税物流园区、保税区、保税港区、综合保税区、跨境工业园区 6 种类型，保税监管场所包括保税仓库、出口监管仓库、保税物流中心（A 型）、保税物流中心（B 型）4 种类型。

包出口是指电商企业先把货物批量运往境外的海外仓，再根据后续订单由海外仓直接配送给境外的消费者个人。

一、跨境电商B2C特殊区域出口模式的业务流程

特殊区域出口模式的业务操作流程如图6-6所示。

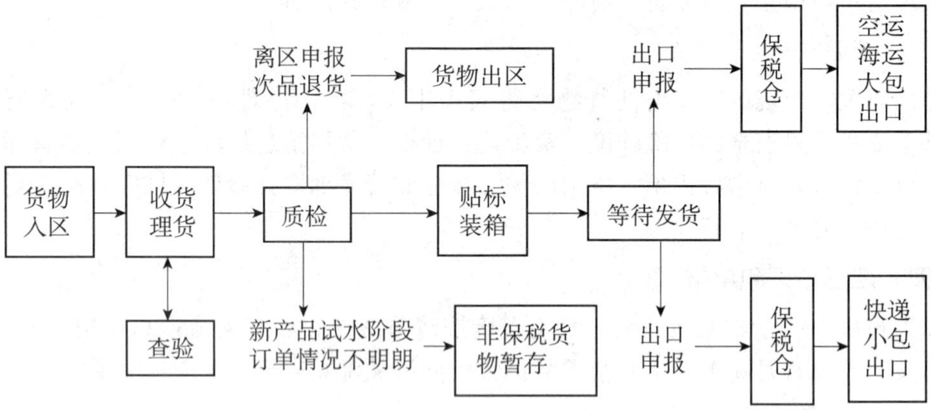

图6-6　特殊区域出口模式的业务操作流程

（一）货物入区

国内企业根据海外市场预期，将物品提前备货运进特殊区域跨境电商保税仓库（以下简称保税仓），根据不同的市场预期，分两种方式：一是有明确的市场预期，报关入区，区外企业可提前办理退税、结汇等手续；二是市场预期不明，按照暂时进出区方式存入保税仓的非保税区域，如未完成交易，可退出区外。

（二）区内准备

出口备货在保税仓内集中，电商企业在电商平台上架销售后向海关推送订单信息，保税仓内实现多供应商产品套装组合、集拼等功能。

（三）出口

根据电商订单信息汇总报关。根据订单的主体和运输方式的不同，打包成小包（B2C）或大包（B2B）出口。

（四）退换货

退换的物品可从境外进入保税仓内，在保税状态下完成理货，实现重新上架销售出口，与海外仓联动，满足电商要求，降低海外理货成本。

二、跨境电商B2C特殊区域出口模式通关流程

跨境电商B2C特殊区域模式的通关流程如图6-7所示。

（一）前期准备

1. 申请外贸经营权

跟其他跨境电商进出口业务一样，从事B2C电商特殊区域出口模式的跨境电商企业，

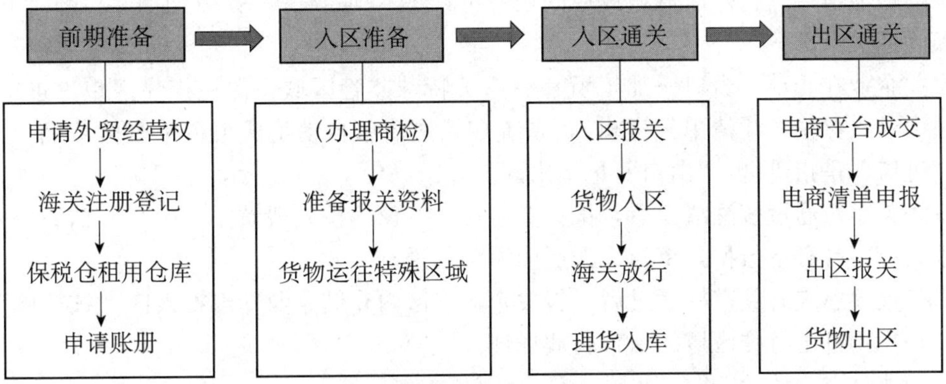

图 6-7　跨境电商 B2C 特殊区域出口模式通关流程

需要事先获得进出口经营权，办理手续也相同。

2. 海关注册登记

因为跨境电商业务也属于进出口贸易范围，跨境电商企业均需要在海关进行注册登记，获得 10 位海关注册编码。

3. 保税仓租用仓库

与一般出口模式不同，从事 B2C 特殊区域出口模式的跨境电商企业因为要在特殊区域的保税仓存储货物，一般需要入驻特殊区域（如出口加工区）并租用区内公共保税仓的仓库。

4. 申请账册

海关对进出特殊区域的货物实施电子账册管理，保税监管场所经营企业或仓储企业需要向海关申请适用于特殊区域的电子账册，方便海关进出特殊区域货物的监管。

（二）入区准备

1. 办理商检

一般商品在出口贸易中不需要办理商检手续，但少数商品需要办理商检手续，这要根据海关对不同货物的监管政策来定，可按货物的 HS 编码查询货物的监管条件。如果需要办理商检手续，应在报关前完成。

2. 准备报关资料

B2C 特殊区域出口模式下，跨境电商企业需要先将拟销售的货物整批运进特殊区域，这一阶段的操作属于 B2B 贸易的性质，因此跟一般贸易货物进入特殊区域的报关基本相同。

由于特殊区域属于"境内关外"，货物进入特殊区域时，跨境电商企业需要准备好整批货物的相关资料，包括发票、箱单、合同、载货清单等，交给代理报关企业报关。

3. 货物运往特殊区域

跨境电商企业将货物分批运到企业仓库，然后安排货车统一运往特殊区域。

（三）入区通关

1. 入区报关

跨境电商企业一般委托区内仓储企业（一般同时有仓储和报关服务）进行报关。入区前，区内仓储企业先申报保税核注清单，再申报出口报关单，最后申报货物入区的核放单。保税核注清单、特殊区域核放单的填写请参考本项目任务三“跨境电商B2C网购保税进口模式通关”部分。

报关企业在“单一窗口→加工贸易→海关特殊监管区域→保税核注清单（进口）”功能模块中录入保税核注清单（进口），系统在核注清单自动生成报关单表体草稿。核注清单的“进口”是指进区，“出口”是指出区。

待海关审核通过核注清单后，报关企业在单一窗口按一般贸易（0110）监管方式补充出口报关单所有必填数据，审核无误后向海关发送。

出口报关单被海关审核通过后，报关企业（区内仓储企业）申报入区“核放单”。“核放单”是货物进出特殊区域的卡口验放凭证。

2. 货物入区

货物到达特殊区域通过卡口前，需要办理车单关联手续，即将运输车辆、装载货物与入区“核放单”数据进行关联，方便特殊区域海关对货物进出进行监控和管理。车辆入区时，卡口凭入区“核放单”验放。

3. 海关放行

货物入区以后，特殊区域海关直接放行或查验后放行。

4. 理货入库

海关放行后，区内仓储企业进行理货，并将货物存入保税仓库。

（四）出区通关

1. 电商平台成交

货物入区存入保税仓之后，电商企业在跨境电商平台销售货物，成交以后形成订单信息、运单信息和支付信息，分别由电商企业、物流企业、支付企业或其代理人将相关数据发送给海关。

2. 电商清单申报

电商企业或其代理人根据订单、运单、支付单信息并根据海关规定整理、导入“申报清单”，确认电商清单数据无误后向海关发送。特殊区域海关审核“申报清单”数据无误后放行电商清单。

3. 出区报关

在小包出口业务中，电商清单放行后，特殊区域的报关企业向海关申报保税核注清单（出口），核注清单商品项信息通过电商清单表体导入。在大包出口业务中，因为还没有实际订单形成，所以无须申报电商清单，但要申报出境商品的核注清单，核注清单被海关审核通过后，报关企业再向海关申报“中华人民共和国海关出境货物备案清单”（特殊监管区以“备案清单”替代“报关单”，二者内容相同）。无论哪种出口业务，货物出区前，报关企业（区内仓储企业）都要填报货物运离特殊监管区域的出区“核放单”。

4. 货物出区

保税仓库根据订单和运单信息，将同一目的地的零售货物集中在一起，贴快递单后进行打包，做好出运准备。

在保税仓库打包的同时，仓储企业在出区“核放单”被海关审核通过后办理车单关联，然后装载货物的车辆凭出区“核放单”出区，即可将货物运往境外。

任务三　跨境电商 B2C 网购保税进口模式通关

跨境电商 B2C 网购保税进口适用的海关监管方式有两种情况：试点城市适用监管方式代码 1210（保税电商），以 1210 方式进口的货物按个人自用进境物品监管，不执行首次进口许可的相关要求；其他非试点城市适用的监管方式代码为 1239（保税电商 A），执行“跨境电子商务零售进口商品清单”尾注中的一线准入许可监管要求，即执行有关商品首次进口许可批件、注册或备案要求，而 1210 模式则不需要，其他通关流程没有区别。

跨境电商 B2C 网购保税模式进口的具体业务流程如图 6－8 所示。

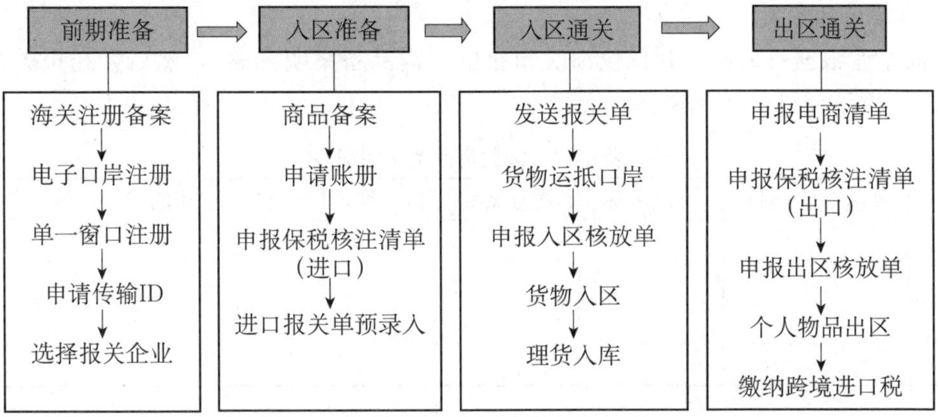

图 6－8　跨境电商 B2C 网购保税进口通关流程

一、前期准备

跨境电商 B2C 网购保税进口的前期准备包括电商企业取得外贸经营权、办理海关注册（企业备案）、电子口岸企业用户注册、单一窗口企业用户注册、跨境贸易数据传输 ID 申请。前期准备完成后，即可在本地的跨境电商通关服务平台申报主体备案，最后完成申报系统与海关中国电子口岸设在本地的数据分中心做好系统对接等工作，之后就可以开展跨境数据的申报了。在开展业务前，跨境电商企业还需要选择有跨境业务报关资质的报关行作为通关代理。

跨境电商正面清单

二、入区准备

以网购保税模式从事跨境电子商务零售进口业务的，应当在海关特殊监管区域或保税物流中心（B 型）内开展。在将货物运入特殊监管区之前，还需要做好入区准备工作。

跨境直邮进口商品负面清单

（一）商品备案

1. 准备商品备案资料

跨境电商企业根据采购产品信息表进行商品 HS 归类，并根据海关正面清单以及商检负面清单（禁止携带、邮寄进境的动植物及其产品名录）筛选出可以做跨境进口的产品，制作成商品备案资料，样式如表 6－1 所示。

表6-1　商品备案资料

序号	品名	商品编码（HS编码）	商品信息（品牌、组成成分、功能、用途、包装方式、生产商等）	规格型号	数量单位	原产国	备注（图片、链接等商品说明信息）

2. 办理商品备案

电商企业根据海关要求制作供海关审批的“商品备案明细表”，然后委托报关行提交给海关，内容如表6-2所示。

表6-2　海关商品备案明细表

清单序号	项号	HS编码	商品名称	料号名称	料号编码	申报单位	币制	原产国	申报要素

供海关审批的商品备案明细表在先前供检务审批的商品明细表基础上要在最左侧添加一列清单序号，填入该税号商品在“跨境电子商务零售进口商品清单”（正面清单）上对应的序号。正面清单的内容可登录财政部等网站查询，清单不定期更新。财政部等13个部门联合公布2020年1月1日起实施的正面清单如图6-9所示。

附件：跨境电子商务零售进口商品清单（2019年版）

序号	8位税号	商品描述	备注
1	02101900	干、熏、盐制的其他猪肉	仅限网购保税商品
2	02102000	干、熏、盐制的牛肉	仅限网购保税商品
3	03061100	冻岩礁虾和其他龙虾	仅限网购保税商品
4	03061200	鳌龙虾(鳌龙虾属)	仅限网购保税商品
5	03061490	其他冻蟹	仅限网购保税商品
6	03061500	冻挪威海鳌虾	仅限网购保税商品
7	03061611	冻冷水小虾虾仁	仅限网购保税商品

图6-9　跨境电子商务零售进口商品清单（2019年版）

（二）申请账册

由于保税进口货物需要在海关特殊监管区域或保税物流中心（B型）存放一段时间，因此跨境电商企业需要申请物流账册。海关通过对物流账册底账、核注清单、核放单等信息的管理来监控保税货物的流向。无论是传统贸易还是跨境电子商务，海关特殊监管区域内保税货物的通关流程大体相同。

跨境电商委托的报关企业申请物流账册时，要登录单一窗口应用列表的“加工贸易”下的“海关特殊监管区域（金二）”或“保税物流管理（金二）”（如图 6－10 所示）进行相关操作，以下以“海关特殊监管区域（金二）”为例介绍。

图 6－10　海关特殊监管区域系统登录界面

在“海关特殊监管区域（金二）”系统中，选择“数据录入”下的“物流账册”功能模块，可以实现物流账册的备案新增、修改、删除、查询、变更等功能（如图 6－11 所示），主要内容包括表头（物流账册企业基本信息）、表体和随附单据等数据，其中表头的账册用途应填写为“进口跨境电商”，表体信息暂时不用录入，待后续货物运入特殊监管区域后（核放单的状态为“已过二卡”）系统会自动返填。

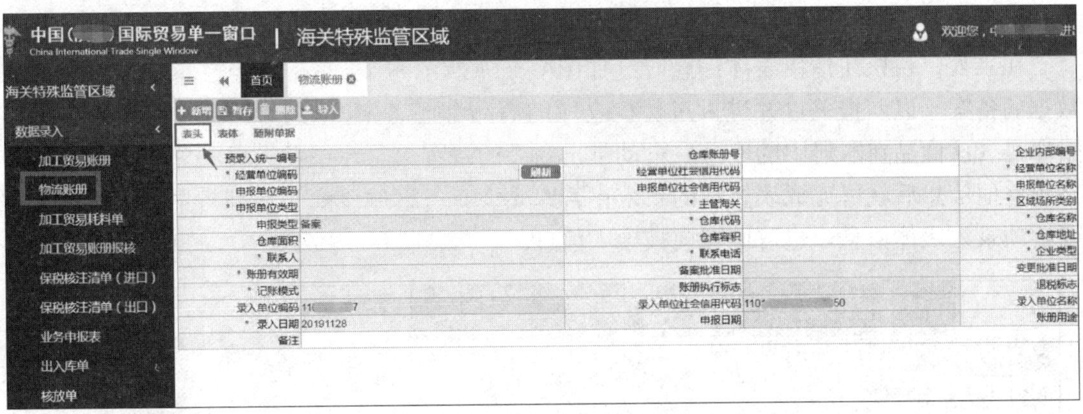

图 6－11　物流账册表头操作界面

报关企业按规定录入相关信息后提交海关，海关审核通过后完成物流账册设立，企业可查询到账册信息，包括自动生成的账册编号（特殊监管区域为 T 打头，B 型保税物流中心为L打头），如图6-12所示。由于这个账册是用来监控保税仓库货物进出情况的，因此这个账册编号可以理解为保税仓库账册编号。

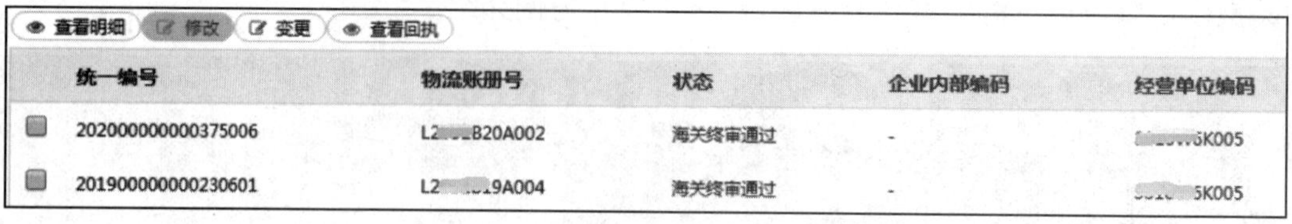

统一编号	物流账册号	状态	企业内部编码	经营单位编码
20200000000375006	L2[illegible]B20A002	海关终审通过	-	[illegible]K005
20190000000230601	L2[illegible]19A004	海关终审通过	-	[illegible]K005

图6-12　物流账册查询结果界面

（三）申报保税核注清单（进口）

在“海关特殊监管区域”系统中，可进行保税核注清单的操作，有保税核注清单（进口）和保税核注清单（出口）两种类型，这里的进口是指进区，出口是指出区。

在查询到舱单信息后，报关企业可录入保税核注清单（进口），核注清单表头中的清单类型为“普通清单”，手（账）册编号为物流账册编号，料件成品标志为“料件”，监管方式为“保税电商”，报关标志为“报关”，是否系统生成报关单为“生成”，报关类型为“对应报关”，如图6-13所示。

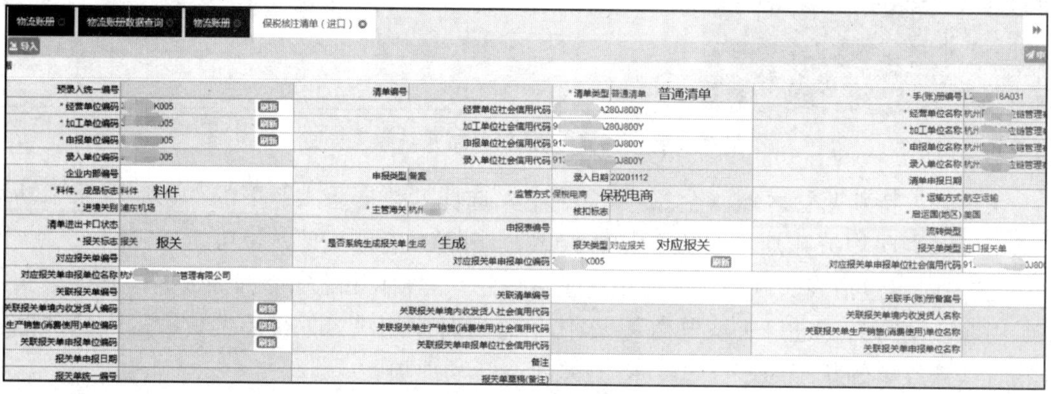

图6-13　保税核注清单（进口）表头操作界面

在录入保税核注清单表体信息时（如图6-14所示），若商品已经在系统完成了底账数据的备案（以前报关过并进入过保税仓库的商品都已备案），则可以通过录入商品的备案序号（该商品在账册中的序号）自动带出商品的备案信息，报关人员补充交易数量、价格等其他信息后就可完成表体项的录入；若原先没有备案过该商品，则备案序号不填，需要逐项录入表体信息，也可以按模板导入信息。

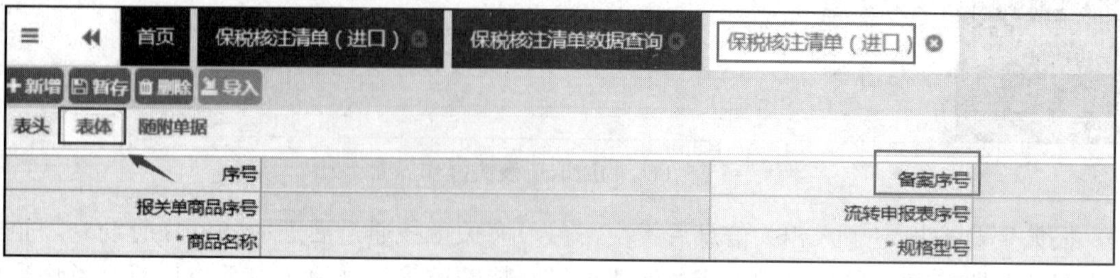

图6-14　保税核注清单（进口）表体操作界面

核注清单申报成功后，可在“数据查询”功能模块查询到该核注清单的管理信息，系统生成核注清单编号（以 QD 打头），核注清单的数据状态为“预审批通过”，核扣标志为“预核扣”，如图 6-15 所示。

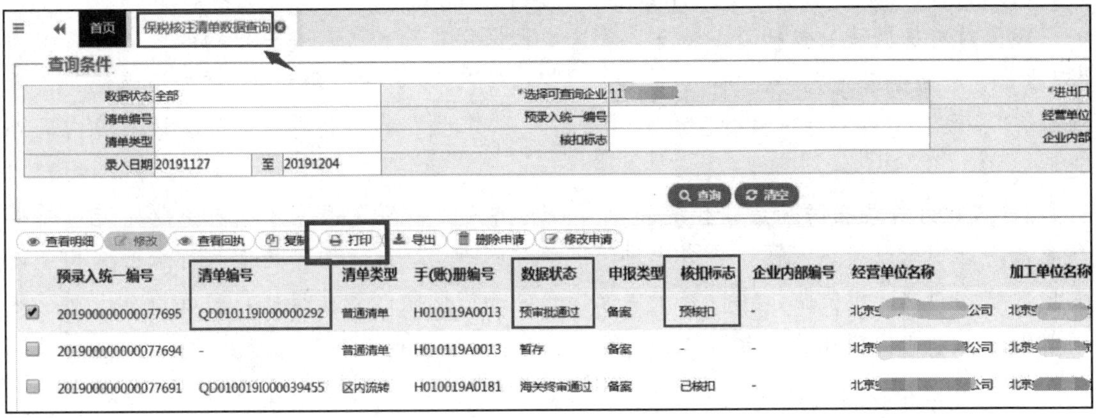

图 6-15 保税核注清单（进口）数据查询操作界面

（四）进口报关单预录入

核注清单申报成功后，金二系统会在核注清单中自动生成一份报关单草稿编号和报关单草稿表体内容，报关人员就可以进行进口报关单预录入的操作。报关单申报前，在单一窗口“货物申报”系统中先按报关单草稿编号查询、调出该报关单草稿，将表头、表体信息补充后即可形成完整报关单数据，然后保存报关单数据。

报关单也可在“货物申报”系统中的“进口报关单整合申报”或“进境备案清单整合申报”功能模块手工录入所有信息。

与一般贸易项下报关单内容相比，跨境电商企业的报关单录入需要注意以下几点：

（1）境内收货人、消费使用单位一般是特殊监管区域内的仓储企业，申报单位可以是仓储企业，也可以是其他报关企业。

（2）备案号为账册编号，监管方式为保税电商，征免性质不用填写。

（3）境内目的地是指定的特殊监管区域，如浙江杭州出口加工区（代码 33015）、杭州保税物流中心（代码 3316W）等。

（4）随附单证代码为保税核注清单的代码“a”，随附单证编号栏为核注清单编号。

（5）备注栏要输入跨境电商的企业名称，注明“跨境电子商务”等。

三、入区通关

在货物运抵特殊监管区以后，该批商品并未在电商平台出售，属于准备上架零售的货物，因此要暂时存放在园区内的保税仓库。在货物入库之前，还需要办理一线入区的通关手续。

（一）发送报关单

跨境电商 B2C 网购保税进口模式实际上是 B2B2C 模式，分为 B2B 和 B2C 两个阶段，一线入区属于 B2B 性质，二线出区属于 B2C 性质。按目前的监管政策，跨境电商货物一线入区既可以按通关一体化模式报关，也可以按转关模式报关。

小贴士

什么是“一线”“二线”

我国对特殊区域（包括海关特殊监管区域和保税监管场所）进出货物的监管可概括为“双线监管十账册管理”。双线即“一线”和“二线”，实行“一线放开”“二线管住”监管原则。“一线”指海关特殊监管区域与境外之间，“二线”指海关特殊监管区域与境内区外之间。

“一线放开”是指特殊区域和境外之间的进出货物，允许特殊区域内企业凭进口舱单信息，将货物先行提运入区，再办理进境备案手续。“二线管住”是指对特殊区域和境内其他区域之间的进出货物，实行智能化卡口、电子信息联网管理模式，完善清单比对、账册管理、卡口实货核注的监管制度。

1. 通关一体化模式报关

通关一体化模式下，一线入区货物的电子申报操作与一般贸易货物相同。报关单发送后，可在海关总署网站“我要查”等平台查询报关单回执状态，一般在“通关无纸化审结”后会进入“人工接单”，那么报关企业就需要按主管海关要求打印好载货清单等接单材料，并附报关单，前往接单窗口递交材料。在货物运抵一线口岸后，若无查验等海关处置，报关单会直接被海关放行。

2. 转关模式报关

跨境电商B2C网购保税进口货物可以按直转转关的模式报关，即从入境口岸转关到特殊监管区进行报关，业务操作流程如图6-16所示。转关模式与一体化报关模式的区别在于：转关的货物先进后报，一体化报关的货物先报后进。

转关模式下，企业向口岸申报转关单，类型为跨境电商，转关商品品名可以总运单形式录入“跨境电子商务商品一批”。货物转关申报后、入区前企业申报入区核放单（类型为卡口登记货物）先入区。入区后，现场海关按规定对转关单完成核销，场站公司完成理货后，企业申报核注清单（进口）、报关单、入区核放单［类型为一线一体化进出区（一线转入）］，然后由现场海关对进区核放单做虚拟过卡，完成报关单结关、核注清单核扣。

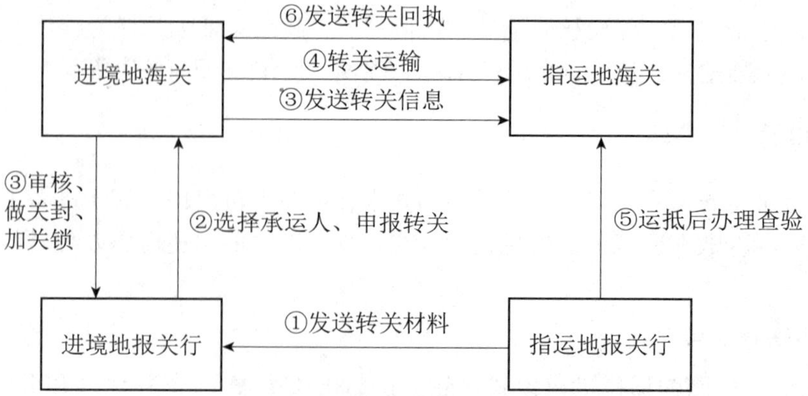

图6-16　进口直转转关操作流程

（二）货物运抵口岸

国外供货商安排承运人将货物运抵我国境内口岸，并向境内跨境电商企业寄来贸易业务单据，包括发票、装箱单、提单等。境内跨境电商企业准备好此批货物的明细单（如表 6－3 所示），以便报关企业办理货物的进口报关和提货手续。

表 6－3　进口货物明细单

序号	项号	备案料号	商品编码	品名	规范申报	商品名称	申报数量	申报单位	净重（Kg）	毛重（Kg）	单价	总价	币制	原产国	EAN编码

（三）申报入区核放单

报关单放行以后，可以申报核放单。核放单是货物进出海关特殊监管区域要办理的卡口放行凭证。在“海关特殊监管区域”系统中，选择“数据录入”下的“核放单”功能模块，可进行核放单的新增、修改、删除、查询、暂存、申报、打印等操作，如图 6－17 所示。

图 6－17　核放单录入操作界面

入区核放单表头的核放单类型为“一线一体化进出区”（转关模式下入区时核放单类型为“卡口登记货物”，报关后核放单类型为“一线一体化进出区”），进出标志为“入区”。

核放单表头的“绑定类型”是指监管运输车辆与车辆所载货物的对应情况，有一车一票、一车多票、一票多车三种情况。每个核放单只能录入一辆承运车辆信息，一票多车就要录入多个核放单。

核放单的表体信息可以通过“关联单证”输入关联的核注清单编号，系统会加载对应的表体信息。一车多票时需关联所有核注清单。一票多车时需关联同一核注清单。

（四）货物入区

海关特殊监管区域有两道卡口，在车辆进外卡前，完成进区核放单录入，其中需录入车牌号。车辆至外卡口时，取IC卡，抬杆进外卡，至场站处做车（运输车辆）卡（IC卡）关联与车（运输车辆）单（核放单）关联。车辆至内卡口时，需校验核放单，有查验指令的车辆进查验区进行查验，无查验指令的车辆直接进内卡。车辆通过内卡口（二卡）后，核放单状态为“已过二卡”，对应的核注清单的数据状态为“海关终审通过”，核扣标志为“已核扣”，账册底账数据自动维护（第一次进口的商品会在账册中新增备案序号项，已有备案序号项的商品会直接核增该商品的底账数量）。

（五）理货入库

1. 海关检查

货物进入特殊监管区域之后，司机将承运车辆停于场站前，报关行联系区内的海关检查人员办理检查手续。检查顺利完成后，报关行找海关办理汽车载货登记簿（白卡）核销和舱单核销。舱单核销之后，可以登录海关网站进行状态查询，在理货状态栏显示为“正常理货”。

2. 理货、入库

查验货物之后，特殊监管区域的仓库工作人员要进行理货操作。拆开每一个箱子，给每一件商品贴上条码标签，然后放入跨境保税仓库货架。

四、出区通关

在进口货物保税入库完成之后，跨境电商企业将货物在电商平台上架销售。

（一）申报电商清单

1. 申报电商“三单”

在消费者个人购买了物品之后，电商平台将自动获得消费者身份信息，并记录个人订单信息。消费者下单以后，物流企业收到货物寄送的运单信息，支付企业收到该订单的支付单信息，这些信息分别由电商企业、物流企业、支付企业通过与海关系统对接好的申报系统发送到海关系统，经海关系统“三单对碰”审核通过后发回成功入库的回执。

2. 申报电商清单

1210/1239通关模式下跨境电商企业既可以通过企业申报系统自行申报清单信息，也可委托报关行代理报关。报关行可登录单一窗口的“跨境电商”系统的“跨境电商进口”下“清单管理”功能模块，在“待申报清单查询”界面可查询到清单数据，然后申报电商清单，如图6-18所示。跨境电子商务零售进口商品申报清单的打印版样式如表6-4所示。

海关跨境电商进口统一版系统对申报清单的账册编号、备案序号等信息进行校验，校验通过后放行清单，校验不通过的作退单处理。

图 6-18　电商清单操作界面

表 6-4　中华人民共和国海关跨境电子商务零售进口商品申报清单

清单详细信息

预录入编号		海关清单编号		申报类型		业务状态	
企业内部编号		申报口岸		进口口岸		入库时间	
电商企业代码		电商企业名称		电商平台代码		电商平台名称	
物流企业代码		物流企业名称		物流运单编号		订单编号	
区内企业代码		区内企业名称		账册编号		监管场所代码	
订购人		订购人证件类型	身份证	订购人证件号码		订购人电话	
启运国（地区）		许可证号		收货人地址			
运输方式		运输工具编号		航班航次号		提运单号	
运费		保费		币制		担保企业编号	
包装种类		件数		净重（KG）		毛重（KG）	
贸易方式		核注状态		备注			

清单表体信息

商品序号		企业商品名称		商品编码		规格型号	
商品货号		商品名称		条码		原产国（地区）	
贸易国（地区）		数量		计量单位		法定数量	
法定计量单位		第二法定数量		第二计量单位		单价	
总价		币制		账册备案料号		备注	

（二）申报保税核注清单（出口）

海关放行电商清单后，报关企业可在单一窗口的“海关特殊监管区域”系统申报保税核注清单（出口）。核注清单类型为“保税电商”，监管方式为“料件进出区”，运输方式为“其他运输”，报关标志为“非报关”。

在“清单类型”栏目录入“保税电商”后，系统弹出录入表体信息的录入方式，一般选择“联网查询”，如图6－19所示，也可选择手工录入。在“联网查询”方式下，点击“随附电商单→快速查询”菜单，选择要关联的电商清单编号，由系统自动获取合并后的电商清单表体信息。

出区的核注清单向海关申报成功后，由于后续不需要报关，因此核注清单的数据状态直接为“海关终审通过”，核扣标志为“已核扣”。

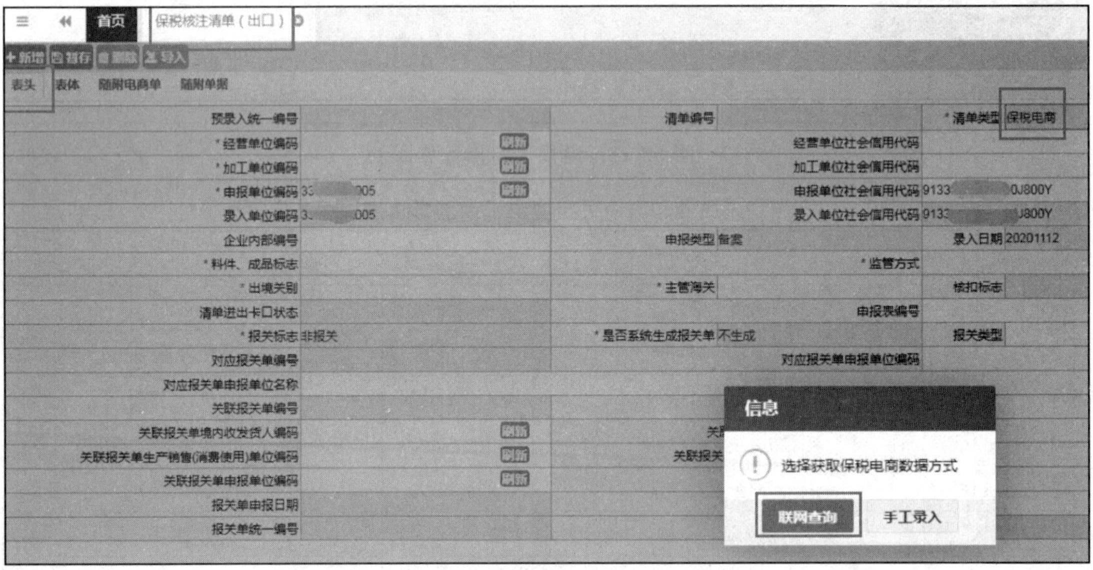

图6－19　保税核注清单（出口）表头操作界面

（三）申报出区核放单

核注清单申报通过后，报关企业可以申报出区核放单。核放单表头的核放单类型为“二线进出区”，进出标志为“出区”，绑定类型有一车一票、一车多票、多车一票三种情况。将核放单关联核注清单（出口），向海关申报成功后，核放单数据状态为“海关终审通过”，货物就可以出区。

（四）个人物品出区

海关放行电商清单后，仓库工作人员就可根据订单信息将售出的商品分别打包，并在包装上贴上国内物流面单准备派送，然后办理车单关联，通知载货车辆出区。货物出区后，系统自动扣减账册底账库存。

（五）缴纳跨境进口税

电子商务企业、电子商务交易平台企业或物流企业可作为跨境进口税的代收代缴义务人，申报币制为人民币。海关放行后30日内未发生退货或修撤单的，代收代缴义务人在放行后第31日至第45日内向海关办理纳税手续。

任务四　跨境电商B2C直购进口模式通关

跨境电商B2C直购进口业务的监管方式代码也是9610（电子商务），其通关业务流程如图6-20所示。

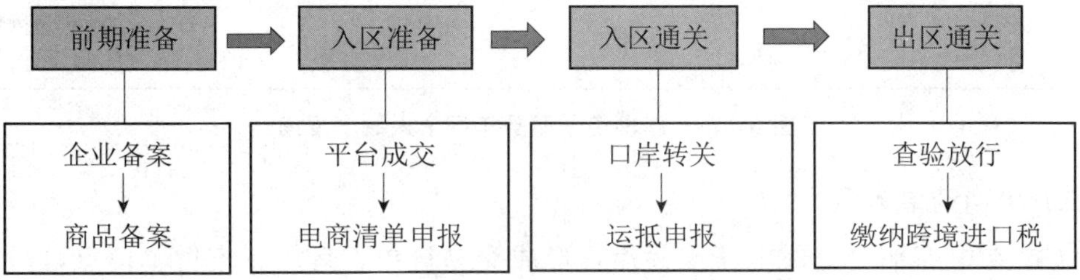

图6-20　跨境电商B2C直购进口业务通关流程

经营直购模式的跨境电子商务业务，首先是在电商平台销售形成个人物品订单，然后电商企业的海外分拨中心或海外仓以国际邮包或快件从国外集中发往跨境电商园区，再从跨境电商园区以快递邮件方式发往境内消费者。

一、前期准备

（一）企业备案

经营跨境电商B2C直购进口业务的企业也需要在海关办理注册登记，并在电子口岸和跨境电商服务平台办理企业备案。备案环节的相关手续与经营网购保税进口模式的跨境电商企业基本一致。

（二）商品备案

按照当前政策规定，凡经营跨境电子商务的企业，在其业务开展之前需要向海关办理商品备案。备案环节的相关手续与经营网购保税进口模式的跨境电商企业进行商品备案基本一致。

二、入区准备

（一）平台成交

在企业备案和商品备案完成后，跨境电商企业就可以把商品信息上传到企业的电商平台，供国内消费者选购。国内消费者浏览电商平台的商品后，对于自己看中的商品即可下单（完成个人注册提供身份信息后）。订单信息包括运单号、商品名称、申报金额、数量、重量、收件人姓名、收件人地址、收件人电话、身份证号码、订单号等。其中，姓名与身份证号必须准确，订单信息表上的姓名需与身份证号相对应，海关会通公安部户籍系统抽查验证。

其中，跨境电子商务年度个人额度可以在“互联网+海关”网站查询，登录海关总署网站的“我要查”，然后选择“跨境年度个人额度查询”，登录系统后可以查询自己的个人额度，如图6-21所示。

图 6-21　跨境电子商务年度个人额度查询

（二）电商清单申报

消费者在电商平台完成电子交易后，形成交易订单、运单、支付单信息，由电商企业/电商平台向海关发送订单数据，由物流企业向海关发送运单数据，由支付企业向海关发送支付单数据。海关跨境进口统一版系统接收三单数据后，由电商企业/代理申报企业在跨境电商企业申报端系统向海关申报清单。海关管理系统自动进行“三单对碰”，并检查申报单的逻辑关系，核对企业、商品、个人的备案情况。

此外，企业还需要在运抵前向跨境园区的场站公司发送跨境直购商品物流信息，包括航班信息、提运单号、运载车辆、物流运单编号等，以便场站公司做好货物入区准备。

三、入区通关

（一）口岸转关

直购模式进口的个人物品在运抵我国入境口岸以后，需要在口岸办理转关手续，将物品运输到跨境电子商务园区后再办理通关手续。

办理口岸转关时，需要准备的单证包括：跨境电子商务空转陆联系单（一式两联，如表 6-5 所示）、提单正本和复印件（复印件两份）、物品清单（一份，如表 6-6 所示）、汽车载货登记簿（白卡）（正本）。

表 6-5　跨境电子商务空转陆联系单

封志号：＿＿＿＿＿＿　　编号：＿＿＿＿　　第＿＿页

<table>
<tr><th>序号</th><th>运单号</th><th>件数</th><th>重量</th><th>预录入号</th><th>关锁号</th></tr>
<tr><td></td><td></td><td></td><td></td><td></td><td></td></tr>
<tr><td></td><td></td><td></td><td></td><td></td><td></td></tr>
<tr><td></td><td></td><td></td><td></td><td></td><td></td></tr>
<tr><td></td><td></td><td></td><td></td><td></td><td></td></tr>
<tr><td colspan="2">启运地海关盖章

签字：
日期：</td><td colspan="2">目的地海关盖章

签字：
日期：</td><td colspan="2">物流承运人盖章

签字：
日期：</td></tr>
</table>

表 6-6　物品清单

序号	航班号	总运单号	客户订单号	物流单号	品名	数量	收件人	省	市	详细地址	购买人身份证号

海关在系统内对舱单进行核注，并生成转关单号和预录入号；同时在空转陆联系单上批注转关单号；在汽车载货登记簿（白卡）、空转陆联系单签字并盖验讫章；在正本提单上盖转关章。

转关审核完成后，武警现场清点货物（无须查验的直接加封关锁），在机场海关加封关锁，由转出地（机场海关）签发关封。转关车辆在口岸海关加封海关关锁后开至目的地的跨境园区进行卸车、清关。

（二）运抵申报

直购商品运抵目的地跨境监管场所［特殊监管区域、保税物流中心（B 型）、跨境园区等］之后，园区场站公司要向海关申报运抵信息，海关系统将运抵信息与电商清单数据进行核对。如果监管场所是封闭管理的特殊监管区域、保税物流中心（B 型），货物在进入监管区卡口前要申报特殊区域核放单。

四、出区通关

（一）查验放行

直购进口的个人物品在跨境园区进行查验后即可放行，其间在园区停留的时间较短。

园区海关在受理申报后，凭转关资料对进入园区的监管货物进行拆解关锁，并在海关系统内，对已申报运单、订单数据进行审核。在场站指定场所将直购入境的个人物品在线过 X 光机，海关通过同屏比对，由现场报关人员协助对货物进行抽查。流水线检查没有问题后，海关放行货物。如果海关对货物有布控查验处置，海关会对货物实施查验，查验完成后无异常则放行货物，有异常则按海关规定处理。

如果监管场所是封闭管理的特殊监管区域、保税物流中心（B 型），货物在运离监管区前也要申报特殊区域核放单。货物运出园区之后，由快递公司按国内派送流程将物品送达国内消费者。

（二）缴纳跨境进口税

以直购模式进口的在跨境电商平台上购买的商品也需要缴纳跨境电商综合税，相关手续与跨境保税模式进口的商品相同。

操作示范

一、制作商品备案表

杭州XX网络科技有限公司与国外供应商签订了贸易合同（编号为××190233），在提交检务部门商品备案信息的基础上，为新增货物核对了正面清单（2019版）序号（如图6-22所示），编制了SKU号码，制作了供海关审批的商品备案明细表（如表6-7所示）。

259	18069000	其他巧克力及含可可的食品
260	19011010	配方奶粉
261	19011090	其他供婴幼儿食用的零售包装食品
262	19012000	供焙烘面包糕点用的调制品及面团
263	19019000	其他麦精制的其他税号未列名食品
264	19021100	未包馅或未制作的含蛋生面食

图6-22　正面清单序号查询结果

表6-7　海关商品备案明细表

账册号：W29×××00176											
清单序号	项号	HS编码	商品名称	料号名称	料号编码	申报单位	币制	申报要素	价格	SKU号	检务审批号码
260	1	1901101000	HiPP奶粉	荷兰HiPP喜宝奶粉1段600克/盒	55443322	盒	人民币	蛋白质11% 碳水化合物57% 脂肪28% 膳食纤维1% 矿物质2% 维生素等其他物质1%等|供婴幼儿食	88	NLHP1234	021111

二、填制报关单

杭州XX网络科技有限公司进口的货物将从上海浦东机场入境，然后转运到杭州保税物流中心进行保税存储。在货物运抵机场前，德国供货商将发票（如表6-8所示）、装箱单和运单副本（如表6-9所示）发送给了杭州XX网络科技有限公司。

杭州XX网络科技有限公司委托的代理报关企业杭州YY供应链管理有限公司的报关人员在单一窗口特殊监管区域系统申报入区保税核注清单成功后，核注清单表体自动生成一份报关单草稿编号和报关单草稿表体内容。在做好报关准备后，报关人员在单一窗口货物申报系统中先按报关单草稿编号查询、调出该报关单草稿，补充表头信息后形成完整报关单数据，然后保存报关单数据，打印出的报关单相关内容如表6-10所示。

表 6-8　商业发票

<table>
<tr><td colspan="7">COMMERCIAL INVOICE
商业发票</td></tr>
<tr><td colspan="3">DATE
日期　20190725</td><td colspan="4">INVOICE NO.
发票号　HZKJ6789</td></tr>
<tr><td colspan="3">SHIPPER/EXPORTER（complete name & address & telephone）
寄件人或出口商的详细名称、地址及电话

ABC YY Tech GmbH
Frankfurt，Germany
Tel：+49-3-12345678</td><td colspan="4">CONSIGNEE（complete name & address & telephone）
收件人的详细名称、地址及电话

HANGZHOU XX NETWORK TECHNOLOGY CO.，LTD.
ADD：470 BINWEN RD，HANGZHOU，CHINA
Tel：+86-571-12345678
Email：123456@163.com</td></tr>
<tr><td colspan="3">COUNTRY OF TRADE
贸易国　GERMANY</td><td colspan="4" rowspan="5">IMPORTER IF OTHER THAN CONSIGNEE
（complete name & address）
进口国详细名称（若与收件人非同一人）

Same Consignee</td></tr>
<tr><td colspan="3">COUNTRY OF EXPORT
出口国　NETHERLAND</td></tr>
<tr><td colspan="3">COUNTRY OF ORIGIN GOODS
货物原产地　NETHERLAND</td></tr>
<tr><td colspan="3">COUNTRY OF ULTIMATE DESTINATION
最终运抵目的国　CHINA</td></tr>
<tr><td colspan="3">TRADE TERMS
成交方式（CIF/FOB/DAP 等）　CIF</td></tr>
<tr><td>MARKS NO.
唛头</td><td>NO. OF PKGS
包装件数</td><td>DESCRIPTION OF GOODS
货品详细描述</td><td>QUANTITY（PIECE）
数量</td><td>UNIT
单位</td><td>UNIT VALUE（RMB）
单价</td><td>TOTAL VALUE（RMB）
总价</td></tr>
<tr><td>N/M</td><td>2 PALLETS</td><td>HIPP MILK POWDER</td><td>700</td><td>BOXES</td><td>88.00
CIF
SHANGHAI</td><td>61 600.00</td></tr>
<tr><td>TOTAL
总计</td><td colspan="2">700 BOXES ON 2 PALLETS</td><td>700</td><td>BOXES</td><td></td><td>61 600.00</td></tr>
<tr><td colspan="7">I DECLARE ALL THE INFORMATION CONTAINED IN THIS INVOICE TO BE TRUE AND CORRECT.
我确保以上发票所列内容真实正确。
ABC YY Tech GmbH</td></tr>
</table>

表 6-9 航空运单

999-43110906　　　　　　　　　　　　　　　　　　　　999-43110906

Shipper's name and address	Shipper's Account Number	Not negotiable Air Waybill ISSUED BY
ABC YY TECH GMBH FRANKFURT，GERMANY Tel：+49-3-12345678		Copies 1，2 and 3 of this Air Waybill are originals and have the same validity
Consignee's name and address	Consignee's Account Number	It is agreed that the goods described herein are accepted in apparent good order and condition (except as noted) for carriage SUBJECT TO THE CONDITIONS OF CONTRACT ON THE REVERSE HEREOF，ALL GOODS MAY BE CARRIED BY ANY OTHER MEANS. INCLUDING ROAD OR ANY OTHER CARRIER UNLESS SPECIFIC CONTRARY INSTRUCTIONS ARE GIVEN HEREON BY THE SHIPPER. THE SHIPPER'S ATTENTION IS DRAWN TO THE NOTICE CONCERNING CARRIER'S LIMITATION OF LIABILITY. Shipper may increase such limitation of liability by declaring a higher value for carriage and paying a supplemental charge if required.
HANGZHOU XX NETWORK TECHNOLOGY CO.，LTD. 470 BINWEN RD，HANGZHOU，CHINA TEL：+86-571-12345678		
Issuing Carrier's Agent Name and City		Accounting Information FREIGHT PREPAID
Agents IATA Code	Account No.	
Airport of Departure (Addr. of First Carrier) and Requested Routing ROTTERDAM，NETHERLAND		Reference number / Optional shipping information

To	By First Carrier	Routing and Destination	To	by	To	by	Currency	CHGS Code	WT/VAL PPD PP	WT/VAL COLL	Other PPD	Other COLL	Declared Value for Carriage	Declared Value for Customs
							USD						N. V. D	

Airport of Destination	Flight/Date	For Carrier Use only	Flight/Date	Amount of Insurance	INSURANCE
SHANGHAI，CHINA		BR758　08/02/19		NIL	INSURANCE-If carrier offers insurance and such insurance is requested in accordance with the conditions thereof indicate amount to be insured in figures in box marked "Amount of Insurance".

Handling Information

SCI

No. of Pieces RCP	Gross Weight	Kg lb	Rate Class	Commodity Item No.	Chargeable Weight	Rate/Charge	Total	Nature and Quantity of Goods (incl. Dimensions or Volume)
2 PALLETS	630 KG	K	Q		630 KG	$6.50/K	$4 095.00	HIPP MILK POWDER 107＊102＊120 CM＊2 PALLETS VOL：2.619 4 CBM
2	630 KG						$4 095.00	

Prepaid	Weight charge	Collect	Other Charges
$4 095.00			SECURITY CH：$53　FUEL CH：$281.40
	Valuation Charge		
	Tax		
	Total Other Charges Due Agent		Shipper certifies that the particulars on the face hereof are correct and that insofar as any part of the consignment contains dangerous goods，such part is properly described by name and is in proper condition for carriage by air according to the applicable Dangerous Goods Regulations Charges at Destination.
$334.40			
	Total Other Charges Due Carrier		Signature of Shipper or his agent
Total Prepaid		Total Collect	08/02/19 ROTTERDAM，NETHERLAND
$4 429.40			
Currency Conversion Rates		CC Charges in dest. Currency	Executed on (date)　At (place) Signature of issuing Carrier or as Agent
For Carrier's Use Only at Destination		Charges at Destination	Total Collect Charges

AWB No. 999-43110906

表 6－10　中华人民共和国海关进口货物报关单

预录入编号：　　　海关编号：　　　（杭州物流）　　　页码/页数：

<table>
<tr><td colspan="2">境内收货人（913301××××123123P8）
杭州 YY 供应链管理有限公司</td><td colspan="2">进境关别（2233）
浦东机场</td><td colspan="2">进口日期
20190803</td><td>申报日期</td><td colspan="2">备案号
L023311111111</td></tr>
<tr><td colspan="2">境外发货人
ABC YY Tech GmbH</td><td colspan="2">运输方式（5）
航空运输</td><td colspan="2">运输工具名称及航次号
BR758</td><td>提运单号
99943110906</td><td colspan="2">货物存放地点
杭州保税物流中心</td></tr>
<tr><td colspan="2">消费使用单位（913301××××123123P8）
杭州 YY 供应链管理有限公司</td><td colspan="2">监管方式（1210）
保税电商</td><td colspan="2">征免性质</td><td>许可证号</td><td colspan="2">启运港（NLD000）
荷兰</td></tr>
<tr><td colspan="2">合同协议号
××190233</td><td colspan="2">贸易国（地区）（DEU）
德国</td><td colspan="2">启运国（地区）（NLD）
荷兰</td><td>经停港（NLD000）
荷兰</td><td colspan="2">入境口岸（310302）
上海浦东国际机场</td></tr>
<tr><td colspan="2">包装种类（93/22）
天然木托/纸制盒</td><td>件数
2</td><td>毛重（千克）
630</td><td>净重（千克）
560</td><td>成交方式
CIF</td><td>运费</td><td>保费</td><td>杂费</td></tr>
<tr><td colspan="9">随附单证
随附单证 1：保税核注清单 QD203191111111111　　随附单证 2：发票；装箱单；提运单；合同</td></tr>
<tr><td colspan="9">标记唛码及备注
备注："跨境电商零售进口商品"　全国通关一体化　通关无纸化　XXX 跨境公司　L023311111111　N/M</td></tr>
</table>

项号	商品编号	商品名称及规格型号	数量及单位	单价/总价/币制	原产国（地区）	最终目的国（地区）	境内目的地	征免
1	1901101000	HiPP 奶粉 4｜3｜蛋白质 11% 碳水化合物 57%脂肪 28% 膳食纤维 1%矿物质 2%维生素等其他物质 1%等｜供婴幼儿食	560 千克 700 盒	110.00 61 600.00 人民币	荷兰 （NLD）	中国 （CHN）	（3316W/330109）杭州保税物流中心/杭州市萧山区	全免 （3）

特殊关系确认：　　价格影响确认：　　支付特许权使用费确认：　　自报自缴：否

申报人员　　申报人员证号　　电话　　兹申明以上内容承担如实申报、依法纳税之法律责任 申报单位　（913301××××123123P8）杭州 YY 供应链管理有限公司　　申报单位（签章）	海关批注及签章

问题探究

跨境电商作为一种新兴经济模式，对经济及社会的促进作用有目共睹。对企业而言，大大拓展了进入国际市场的路径，促进了各国企业间资源的优化配置与互利共赢；对消费者来说，可以更容易地购得世界各地物美价廉的商品。因此，跨境电商的发展得到了国家重视，陆续出台了各项扶持政策。为此，海关自2014年以来，出台了一些新的贸易监管方式，如9610、1210、1239等，来规范、促进跨境电商的健康、有序发展。

海关监管方式代码是为了满足对不同监管方式下进出口货物的监管、征税、统计作业要求而设置的。一般而言，这个代码包含四个数字，如一般贸易为“0110”，其中01是海关内部分类代码，10是海关统计代码。

讨论：

适用跨境电商的监管条件代码9610、1210、1239有何区别？

思考练习

一、不定项选择题

在线自测：项目六

二、实务操作题

请查询正面清单（2019版）的内容，找出相应商品在正面清单中的相应序号。

清单序号	项号	HS编码	商品名称
	1	1901101000	××奶粉
	2	3304200092	××睫毛修复液
	3	3304990012	××化妆水
	4	9617001910	××保温杯
	5	9617009000	××保温饭盒

参考文献

[1] 海关总署，http://www.customs.gov.cn.

[2] 互联网+海关，http://online.customs.gov.cn.

[3] 上海海关，http://shanghai.customs.gov.cn.

[4] 商务部，http://www.mofcom.gov.cn.

[5] 通关网，http://www.hscode.net.

[6] 归类通，https://hs.e-to-china.com.cn.

[7] 中国人民银行，http://www.pbc.gov.cn.

[8] 浙江电子口岸，https://www.zjport.gov.cn.

[9] 中国国际贸易单一窗口，https://www.singlewindow.cn.

[10] 雨果网，https://www.cifnews.com.

[11] 关务通（监管通关系列）编委会．通关实务操作与技巧［M］．北京：中国海关出版社，2013.

[12] 海关总署关税征管司．进出口税则商品及品目注释（2017年版）［M］．北京：中国海关出版社，2017.

[13] 海关总署关税征管司．中华人民共和国海关进出口商品规范申报目录（2018年版）［M］．北京：中国海关出版社，2018.

[14] 中国报关协会．关务基础知识（2020年版）［M］．北京：中国海关出版社，2020.

[15] 中国报关协会．关务基本技能（2020年版）［M］．北京：中国海关出版社，2020.

[16] 国务院关税税则委员会．中华人民共和国进出口税则［M］．北京：中国海关出版社，2020.

[17]《中国海关报关实用手册》编写组．中国海关报关实用手册（2020）［M］．北京：中国海关出版社，2020.

参考文献